先进文化传播文库 Xianjin Wenhua
Chuanbo Wenku

中华文化海外传播的理论研究与实践探索

衣永刚　张雪梅　主编

光明日报出版社

图书在版编目（CIP）数据

中华文化海外传播的理论研究与实践探索 / 衣永刚，
张雪梅主编 . -- 北京：光明日报出版社，2019.4
（先进文化传播文库）
ISBN 978 - 7 - 5194 - 5262 - 9

Ⅰ.①中… Ⅱ.①衣…②张… Ⅲ.①中华文化—文
化传播—研究 Ⅳ.①G125

中国版本图书馆 CIP 数据核字（2019）第 081547 号

中华文化海外传播的理论研究与实践探索
ZHONGHUA WENHUA HAIWAI CHUANBO DE LILUN YANJIU YU SHIJIAN TANSUO

主　　编：衣永刚　张雪梅

责任编辑：曹美娜　黄　莺　　　　　　责任校对：赵鸣鸣

封面设计：中联学林　　　　　　　　　责任印制：曹　净

出版发行：光明日报出版社

地　　址：北京市西城区永安路 106 号，100050

电　　话：010 - 63131930（邮购）

传　　真：010 - 67078227，67078255

网　　址：http：//book. gmw. cn

E - mail：caomeina@ gmw. cn

法律顾问：北京德恒律师事务所龚柳方律师

印　　刷：三河市华东印刷有限公司

装　　订：三河市华东印刷有限公司

本书如有破损、缺页、装订错误，请与本社联系调换，电话：010 - 67019571

开　　本：170mm×240mm

字　　数：228 千字　　　　　　　　　印　　张：16

版　　次：2019 年 4 月第 1 版　　　　　印　　次：2019 年 4 月第 1 次印刷

书　　号：ISBN 978 - 7 - 5194 - 5262 - 9

定　　价：89.00 元

目　录
CONTENTS

孔子学院——中外人文交流的平台

张雪梅[*]

在孔子学院总部/国家汉办的指导和关怀下,上海外国语大学积极对接总部纲领文件,不忘初心,牢记孔子学院的宗旨和使命,依托自身的历史积淀、办学特色和语言优势,对接国家战略需求,响应国家加强汉语国际推广的号召。在校领导的部署和指导下,充分发挥综合文化交流平台的作用,进一步推进孔子学院内涵发展,积极建设特色型、专业型孔子学院。

自 2007 年开展孔子学院工作以来,上海外国语大学始终秉持着"办一所,办好一所"的孔子学院治理理念,先后与意大利那不勒斯东方大学、日本大阪产业大学、秘鲁天主教大学、匈牙利赛格德大学、西班牙马德里自治大学、摩洛哥哈桑二世大学、乌兹别克斯坦撒马尔罕国立外国语学院、加拿大滑铁卢大学、美国纽约城市大学巴鲁克学院合作共建孔子学院。

目前,上海外国语大学在全球合作共建 9 所孔子学院,孔院建设数量处于上海高校前茅。孔院建立之初,也曾受到外界的质疑和来自国外媒体的

---

* 上海外国语大学孔子学院工作处处长,教授。

1

舆论压力,经历了前期孔院经费投入形式分歧,硬件、软件设施跟不上,师资力量严重缺乏和因中、外方文化差异造成的办学理念、教育模式不同等方面的问题。经过对话交流、磨合努力,我校合作共建孔子学院均健康平稳发展,呈现出蓬勃生机。

仅在2017年一年,上海外国语大学合作共建的9所孔子学院汉语班级总数升至1061个,学生数达11825人次;全年共计开展362场文化活动,吸引12万人次参加。一年年上海外国语大学孔子学院可持续发展会议召开、一场场高质高效孔子学院理事会举办、一批批优秀的孔子学院工作人员外派、一个个充实教育高访团、夏令营团组接待,上外孔子学院在推动中外文化、教育和区域交流等方面取得丰硕成果,也已成为上外教育国际化的一道亮丽风景线。

与此同时,上海外国语大学积极承办国家汉办"孔子新汉学计划"青年领袖团、教育高访团、本土教师特色团、夏令营学生团等来华团组项目。参加来华团组的人员包括国际知名企业和机构的青年领袖、海外教育官员及学校管理人员、从事汉语教学的本土教师以及初学汉语的学生群体。通过亲身经历当代中国,加强对中国的直观印象,增进中外人民了解友谊,为今后的合作打开新的局面、谱写新的篇章。

一、走出国门,让汉语之花世界绽放

孔子学院中方工作人员——中方院长、公派教师、汉语教师志愿者的选派是孔院工作处重要职责。孔子学院优秀人才选派,为海外孔院提供优质师资;全力支持孔子学院提高办学质量,吸引更多当地人学习汉语和中国文化;进一步促进合作院校间友好交流合作,优势互补,互利共赢。

"每一所孔子学院是中国向世界发出的一声问候,每一位孔子学院工作者则是一张向世界展示中国形象的名片。"至今,上海外国语大学已为孔子学院选派26名中方院长,35名公派教师,四百余名志愿者教师。

中方院长是孔院的负责人,全面负责孔子学院的办学和管理,在孔院内部运行、教学点外延拓展、参与国家项目、开展国别研究等多方面发挥着重要作用。上海外国语大学孔子学院的中方院长努力履行院长职责,是最为辛苦的群体。很多中方院长并非汉语言专业出身,但是为了完成这项神圣的使命,为了在孔子学院这个巨大的舞台上向世界人们讲述中国的新故事,他们全力投入到孔院的工作中去,充分发挥自己的专业特长,亲自站上讲台。他们凭借丰富的海外工作经验,用自己的跨文化交际知识和技能在工作中和外方院长及外方工作人员一起沟通、合作,共同完成孔院工作。中方院长除需与外方人员沟通协调,还要关怀中方教师、志愿者的工作与生活,适时地给予鼓励和关心,做好中方团队建设工作。在孔子学院,一个团结协作的团队是非常重要的,院长以一个家长的身份带领孔院大家庭共同克服各种苦难,展现了不怕苦难险阻的敬业精神与气魄。

公派教师不仅需要配合院长完成推广和促进汉语教学及中华文化宣传工作,还需要管理志愿者团队,尊重和重视每一位志愿者教师,并在中方院长的带领下有效地组织志愿者教师备课、写教案并确保教学工作顺利开展。配合院长积极组织各类学术和语言文化讲座及文化活动,如:文化展览、汉语演讲比赛、中国春节联欢晚会、汉语桥比赛等。公派教师与志愿者一起选拔和辅导汉语桥选手,从选手的朗读、答题、演讲、表演、包装、互动、跟踪指导、心理引导等方面进行强化培训。在他们的合作努力下,我校多所孔院的学生在汉语桥比赛中勇获佳绩,如:秘鲁天主教大学孔子学院的安德烈获得中学组全球5强、乌兹别克斯坦撒马尔罕国立外国语学院孔子学院康晓鑫获得大学组全球10强、摩洛哥哈桑二世大学孔子学院陈安逸获得全球30强。

汉语教师志愿者是汉语国际推广的重要力量。他们专业基础扎实、充满活力、身体力行、敬业奉献,将在学校学习所得、汉办岗前培训的知识与技巧应用到汉语课堂里,并结合当地的实际情况采用行之有效的方法,深得海外大中小学生的喜欢,有效地将汉语学习推广到当地社区,将海外孔院学生带入更广阔的汉语平台。同时,汉语教师志愿者在海外任教也是一次难得可贵的经历。这十个月,是汉语国际教育专业最佳的海外实践,是外语能力及跨文化交际能力的长期拓展训练,是个人生存生活能力的一场多方位的练兵,是研究生正式进入职场前最沉浸其中的实习。从事汉语教师志愿者,践行最光荣的使命,为青春写下最好的注脚。

二、亲历中国,观今日中国新时代新气象

以孔院为媒,以汉语为桥,上海外国语大学每年承办孔子学院总部/国家汉办多类别来华团组项目,迎接数百位爱华、友华、亲华人士来到中国。

很多参加上外来华团组项目的团员都是第一次来到中国,此前他们接受的关于中国的信息大多来自当地媒体和书籍。很多人对中国的印象都来自间接的经验,甚至会接收到片面、歪曲的负面报道。但是,他们怀着对东方文化的好奇,怀着对汉语的热爱,在孔院的组织下参加上外来华团组项目,探寻遥远而未知的东方国度。

在上外,团员们参加两周之内数十个课时的汉语强化课程,提升了直接与中国人对话交流、直接听读汉字材料的能力。参加各种精心安排的活动,来到上海之后他们亲身体验,亲眼所见,亲身所历,对中国产生了全新的认识。参观豫园、城隍庙、外滩,感受上海老城区深厚的人文底蕴;参观东方明珠塔和陆家嘴环球金融中心,体验蓬勃发展的现代都市魅力;亲身体验支付宝、共享单车等生活中的高科技应用,感受便利而时尚的上海生活脉搏。

亲历中国,亲历上海后,不少团员感慨道"现在我眼中的中国是美丽和平、包容友好、飞速发展的美好国度"。很多团员表示,上海是个美妙的熔炉,这里的繁华达到了国际一流水平,但又不缺乏普通市井的生活气息,生活的节奏可以很快也可以很慢,这里有刺激也有安逸。中国人很热情,让他们真正体会到了中国人所说的"有朋自远方来不亦乐乎";中国的饮食选择很多,各大菜系,各领风骚,各类小吃,各有魅力;中国的交通很便捷,高铁的速度让人惊奇,地铁网布局精妙,共享单车随处可用,极大便利了人们的生活。中国有太多让他们惊叹的东西,还有太多他们还没来得及去见识、体会、领悟的东西。

是的,如果想了解中国,你当来到这里,亲耳听闻汉语课程、中国文化讲座;亲手练写汉字笔画、制作中国艺术;亲眼看见改革开放给当代中国带来的经济发展、便利生活；亲身体验生态文明建设、坚持绿色发展观的今日美丽中国。期待，在深入的了解和理解之上，加强双边合作，携手筑梦和平友好的明日世界。

三、弦歌不辍，砥砺前行

孔子学院是中外人文交流的平台，上海外国语大学孔子学院工作在先进理念引领下，与时俱进，顺应历史潮流，不断开拓和探索，大踏步走在前进的路上。十多年来，上外孔子学院事业继往开来、开创辉煌。上外与九所孔院的合作院校携手同心，同舟共济，为促进双方国际化办学发展、推动中外人文交流、沟通中外人民心灵，促进多元多彩文明发展作出巨大贡献。

随着我校海外孔子学院的不断拓展和壮大，孔子学院发展也进入了提质增效的新时期，承接一个个新项目。2016 年上海外国语大学孔子学院海外高端翻译人才基地成立，2017 年上外外国语大学被国家汉办确定为孔子学院专职教师储备院校之一，2018 年开始承办汉语教师志愿者岗前培训项目。

上海外国语大学的孔院工作者是中外人文交流的"使者"。他们既是当代中国人和中国文化的形象大使，也是上外国际化的形象大使，是上外国际化平台的一部分。他们远离家乡，和亲人相处异地，克服各种生活上的不便，践行中国文化海外传播工作，辛勤耕耘，勤恳教学，做友好的民间人文使者，为增进中国和外派国人民之间的相互了解和友谊做出了积极的贡献！每位在海外孔院工作的汉语教师都是艰辛的探索者，为努力开展工作，办好孔子学院，"不忘初心，不辱使命"。向每位探索者、使者致敬！

发挥高校在"一带一路"建设中的
文化传播作用[*]

秦淑娟[**]

2013 年 9 月和 10 月,习近平主席在出访中亚和东南亚国家期间,先后提出共建"丝绸之路经济带"和"21 世纪海上丝绸之路"即"一带一路"倡议。"一带一路"倡议是拓展中国发展新空间、促进区域繁荣稳定发展、建构"命运共同体"的新举措,是中国成长为世界大国的战略性选择。"一带一路"建设的主要内容是"政策沟通、设施联通、贸易畅通、资金融通、民心相通"五个方面,其中,民心相通是"一带一路"建设的重要内容,也是关键基础。民心相通在于文化的相互理解和尊重,只有以文化先行带动民心相通,才能夯实各国"互联互通"的心理基础,才能实现"互联互通"的最终目标。高校是马克思主义理论的教育传播阵地,是社会主义核心价值观的弘扬和践行基地,是中华优秀传统文化传承的重要载体和思想文化创新的汇聚地,在对外文化传播方面具有独特的优势,理应承担起"一带一路"文化传播的重任,为中华文化走向"一带一路"、走进"一带一路"做出积极的贡献。

---

[*] 本文是 2017 年度上海学校德育决策咨文课题《上海高校与"一带一路"国家文化交流现状及对策研究》阶段性研究成果。

[**] 上海对外经贸大学马克思主义学院党总支书记、院长、教授。

一、文化传播在"一带一路"建设中的重要作用

"一带一路"建设文化先行。历史上的"丝绸之路",就是中西文化交流的一条通道。只有加强与沿线国家的文化交流,在交流中传播中华文化,传播中国提出"一带一路"倡议的理念,才能得到沿线更多国家的认同和支持,才能更好地推进"一带一路"倡议的实施与可持续发展。

1. 文化传播有利于凝聚"一带一路"建设的发展共识

"一带一路"沿线国家数量众多,涵盖东南亚、南亚、中亚、西亚、中东欧、北非等地区的60多个国家,地域广、人口多、文化差异大,多民族、多宗教集聚,各国政治立场、利益诉求、行为模式都存在着很大差别,对"一带一路"的倡议存在不同的理解。截至2016年6月,有100多国家积极响应,30多个国家签订了合作备忘录,但个别国家仍然疑虑重重。比如俄罗斯,对我国"一带一路"倡议虽然由不接受到接受再到积极参与,但疑虑没有完全消除,他们将"一带一路"视为是可取代俄罗斯倡导的欧亚一体化项目——欧亚经济联盟的竞争方案,认为这是中国的"西进"政策,与欧盟以东部伙伴关系计划进行"东扩"异曲同工。再比如印度,自我国"一带一路"倡议提出后,态度一直不明朗,并于2014年颁布了"季风:海上航线与文化景观"计划,简称"季风计划",该计划宣称未来将加强印度与印度洋地区国家的人文交流与合作、加深相互了解、增进相互关系。"季风计划"是印度反制中国"海上丝绸之路"的一个政策。要消除这些疑虑,首要而有效的手段就是通过文化传播与交流合作,发挥中华文化的魅力,发挥文化的涵化、聚化、内化和转化功能,进而达成消除偏见、化解歧见、汇聚力量、形成共建"一带一路"的发展共识。

2. 文化传播有利于促进"一带一路"各领域的相互合作

"一带一路"共建的内容相当广泛,涵盖了经济、科技、金融、文化等各个方面,而在当今时代,文化与经济、文化与科技、文化与金融、文化与各领域交融共进,文化在综合国力竞争中愈加凸显重要的地位。可以说,文化已经渗透到民族和国家的各个细胞,国家和地区间的任何领域的交流合作无一例外地包含着文化的因素,为此,在"一带一路"建设中要文化先行。通过传播中国优秀传统文化,传播当代中国先进文化,以"尊重差异、包容多样、互鉴共荣"的原则对待人类文化,通过跨文化传播与交流把文化的差异性当作互鉴共荣的资源,并使之成为政治、经贸、军事、社会等各领域交流与合作的"润滑剂""催化剂"。"一带一路"文化先行,不仅是对古丝绸之路精神的继承与发扬,更重要的是通过中华文化交流传播增强"一带一路"倡议的吸引力,从而促进各领域的合作共赢、互利共荣。

3. 文化传播有利于提升国家文化软实力,塑造良好国家形象

提高国家文化软实力,是我们党和国家的一项重大战略任务。党的十八大以来,习近平总书记多次在不同的场合,就国家文化软实力阐发了一系列重要论述。他指出,"提高国家文化软实力,关系'两个一百年'奋斗目标和中华民族伟大复兴中国梦的实现","要努力提高国际话语权,加强国际传播能力建设"。在习近平治国理政思想体系中,提高国家软实力建设是一项重要内容。"一带一路"倡议是我国传播中华文化、塑造良好国家形象的重要举措。"丝绸之路上的驼队,郑和下西洋的宝船,带出去的不仅有精美的丝绸和瓷器,更有灿烂的中华文化。""一带一路"本身就是中国优秀传统文化在当代的唤醒和延续,让世界感受到更加立体、鲜活、充满历史底蕴又与时代同步的中国传统文化。为此,我们要讲好中国故事,传播好中国声音,把"中国梦"同"一带一路"沿线国家周边各国人民过上美好生活的愿望、同地区发展的前景对接起来,促进中华文化走出去,提升中国的国际话语权和影响力,提升文化软实力。

二、高校在"一带一路"建设中的文化传播优势和面临的挑战

1. 高校对外文化传播的优势

高校的教育、科研资源丰富,担负着知识传播、文化传承和人才培养的重任,同时也是先进知识和文化的生产者和创新者,高校在知识与文化传播方面具有独特的优势,主要表现为:一是引领优势。高校是马克思主义、中国特色社会主义理论的教育传播阵地,是传承弘扬中华优秀传统文化和创新中国先

进文化的精神高地。高校积聚和创造的新思想、新理论、新知识和新技术辐射到社会,在对外文化传播中发挥引领作用。同时,高校在长期的建设和发展中形成的大学精神也具有价值导向作用,在传播中国人文精神、科学精神、创新精神中具有引领作用。二是人才优势。高校是人才培养的重要基地,为国家和社会培养造就了一批批德才兼备、锐意创新的高素质人才,他们既是"一带一路"建设的重要人才资源,同时也是中华文化的传播者。高校是青年人聚集的地方,高校的青年教师、青年学者处于事业上升期,工作积极热情,语言畅通,新媒体驾驭能力强,更善于跨文化沟通与协作,他们是文化创新的生力军,也是高校与"一带一路"国家文化传播的中坚力量;高校的青年学生,处于学习能力最强的人生阶段,他们运用互联网,与外部世界保持密切的信息交换,具备宽广的国际视野,他们热情开放,活力无限,喜欢交朋友,在与外国青年交往中传播中华文化,推动中华文化走出去。三是智库优势。高校的哲学社会科学工作者占全国哲学社会科学工作者的80%以上,而且国别与区域研究的主要力量也在高校,高校已成为国家和社会发展的重要智囊团。截至2016年,高校智库达到255家,占中国高校总数的27%。① 智库在文化传播中承担了重要角色。例如,复旦大学、北京师范大学、兰州大学和俄罗斯乌拉尔国立经济大学、韩国釜庆大学等46所中外高校联合成立了"一带一路"高校战略联盟,共同推动沿线国家和地区大学之间在教育、科技、文化等领域的全面交流合作。中国人民大学、北京语言大学、上海对外经贸大学等高校纷纷成立"一带一路"的相关研究院或研究中心,智库的专家学者在为"一带一路"建设提供政策咨询的同时,还可以与"一带一路"国家及城市智库开展交流,实地调研提供帮助,研究成果向社会各界进行传播,增进民心相通。四是学科优势。高校是重大科研项目的承接者,是创新型成果的生产者,高校拥有自由包容的学术环境、专业齐全的学科及科研机构、推陈出新的学术氛围,在文化科研创新上具有优越条件,广大师生在学习、教学、科研的过程中取得的创新成果,可以直接

---

① 王红茹. 高校智库建设与国家需求和实际问题相脱节?[EB/OL]. 经济网,2017 – 02 – 06.

对外传播。五是平台优势。高校有许多对外文化传播的平台。例如合作办学、互派留学生、合作开展项目研究、教师互访、校领导互访、学生交流等等。仅就留学生而言,据教育部统计,2015 年已有来自 202 个国家和地区的 397,635 名各类外国留学人员在我国 31 个省、自治区、直辖市的 811 所高等学校、科研院所和其他教学机构中学习。① 国家计划到 2020 年成为亚洲最大留学目的地国家,全年在内地高校及中小学校就读的外国留学人员达到 50 万人次,其中接受高等学历教育的留学生达到 15 万人。在此情形下,许多高校都成了"微型国际社会"。留学生数量的增多和生源地国别的多样化,带来的是多种文化"同在一个屋檐下"。中国学生和国际生分享同一个课堂、同一处食堂甚至同一间宿舍,在课程学习、学术研讨、社会实践、文体艺术、毕业就业、生活起居等诸多平台上时刻演绎着文化碰撞、交流和融合。因此,拥有众多来华留学生的高校,在"一带一路"国家文化交流方面已经架构了足够的交汇平台。六是校友优势。高校培养的学生遍布世界各地,这些校友作为丰富的人力资源和外交资源,在"一带一路"的文化传播中将发挥重要作用。以北京语言大学为例,学校有 183 个国家和地区的校友,这些校友在国家建设、国际合作、文化交流等方面发挥了积极作用。

2. 高校对外文化传播面临的挑战

"一带一路"倡议是全球治理的中国方案,主旨是互惠互利,是建立各国人民的利益共同体、命运共同体和责任共同体。自"一带一路"倡议提出后,截至 2016 年 8 月,中国同 30 多个沿线国家签署了共建"一带一路"合作协议、同 20 多个国家开展国际产能合作。但也要冷静地思考和分析发展中存在的风险、挑战及困难。高校在对外传播中华文化过程中也会受到来自各个方面的不利因素的影响,主要表现为:一是宗教文化、社会习俗差异的影响。宗教在"一带一路"沿线国家有着非常完整的分布格局,宗教本身不是风险,但在一定条件下可能会与政治、经济、社会等因素相互交织,成为各种矛盾冲突的爆发点。

---

① 刘奕湛. 教育部:2015 年中国外国留学生达 40 万人韩美泰留学生最多[EB/OL]. 新华社,2016 – 04 – 15.

然而,目前关于宗教风险的关注还很不够,相关研究也比较滞后。对于不同宗教文化形成的生活习惯、宗教信仰、生活方式、行为方式、价值观念、思维方式、民族心理和性格的差异化研究不够深入,这是中华文化对外传播中必须面对的问题。二是西方文化的强势传播。由于历史条件和经济发展水平和政治意识不同,发达国家在文化传播方面具有较强的优势。美国目前已控制了世界75%的电视节目和60%以上广播节目的生产和制作。每年向别的国家发行的电视节目总量达30万小时,有的"一带一路"国家的电视节目中,美国节目高达60%-80%,成了美国电视的转播站。美国在获得经济利益的同时,获得在这些国家的文化霸权地位,这对中华文化对外传播有一定的制约作用。三是语言障碍。"一带一路"沿线国家众多、民族众多,据教育部、国家语委发布的一则调查报告显示,"一带一路"覆盖的中亚、东南亚、南亚、西亚和东非等5个地区的主要语言200余种,官方语言超过40种,其中只有中国和新加坡把汉语作为官方语言,而目前我国高校能够教授的仅有20种。复杂的语言环境也是中华文化传播的制约因素。四是文化产品贸易中的文化内涵偏低。根据联合国贸发会议的数据统计,我国与"一带一路"国家文化产品贸易中物质类的文化产品占比较高,精神类的文化产品占比很低。例如,在2015年,中国出口到中东欧的文化产品中物质类的文化产品74.16%,出口到俄罗斯的文化产品中物质类的文化产品87.37%,文化产品中的物质类文化产品占比高表明中华文化在"一带一路"国家认可度偏低。五是文化传播人才缺乏。做好文化传播需要一支既懂英语又懂小语种,且了解他国国情和文化的高端复合型人才队伍。但就目前而言,主要缺乏懂小语种的人才,缺乏了解文化传播方式、文化传播规律的人才,缺乏了解"一带一路"国家国情和文化的人才,这就影响了中华文化的对外传播。

三、高校在"一带一路"建设中文化传播的对策

"一带一路"倡议赋予高校千载难逢的历史机遇,高校要认真研究"一带一路"不同国家、不同民族文化的特点,积极与"一带一路"国家高校开展教育、科

研等方面的国际合作,相互学习、相互借鉴和取长补短,承担起高校在"一带一路"建设中文化传播的历史责任和光荣使命。主要做法是:

1. 选择文化传播的核心区域和重点对象

"一带一路"沿线有60多个国家,每个国家拥有不同类型的高校,不同的国家、不同类型的高校的特点不同,我国高校在对外文化传播时不可能全部铺开,要对核心区域的重点高校进行实地考察。了解目标国的文化底蕴、文化习俗、宗教信仰,以及对中华文化的认同度等,调研目标高校的办学历史、学校发展现状、办学特色、国际办学情况等,必要时要进行实地调研和考察,在此基础上形成具有指导性建议的调研报告,为高校的对外文化传播制定切实可行的实施方案。比如,上海对外经贸大学确定重点区域是中东欧国家,重点高校是斯洛文尼亚的卢布尔雅那大学、克罗地亚的萨格勒布大学,斯洛伐克的考门斯基大学。

2. 加强人才培养,为文化传播提供人力支撑

人力资源是最大的资源,推动中华文化的对外传播需要各类人才。高校围绕"一带一路"建设制定人才培养计划,实施人才战略。加快培育一批既熟悉"一带一路"国家语言,又了解其国情和文化的高端复合型人才。要建立与文化传播相关的院系和专业,在开设专业课的同时要开设相关语言专业,针对不同语种培养语言类人才。加强对现有文化人才的培训和教育,可根据实际需要举办各类有针对性的讲座、培训,在实践中提高他们的自身素质。要加强与人才交流与合作,创造条件互派留学生,让"一带一路"国家更多年轻人来中国留学,学习汉语,了解中华文化和中国国情,感受中国改革开放取得的伟大成绩,学习中国哲学社会科学理论,同时让中国的年轻人前往"一带一路"国家学习他国语言,了解"一带一路"国家的情况,为"一带一路"建设提供语言支持。组织高校校长、专家学者之间的互访,也可以组织高校学生之间的"夏令营"、"冬令营",为文化传播努力打造一支有特色、高水平、具有国际影响力的文化传播人才队伍,为加快"一带一路"建设提供人才保障。

3. 打造校园文化特色品牌,推动高校校园文化走出去

品牌是通过文化因素凝结而成的独具特色的产品形象、学校形象,甚至是国家和民族形象,也是一个学校的灵魂、风格和气质的文化外观,要以现代的眼光来审视和认知我国高校文化的独特价值,要根据当代青年大学生对文化的需求,精心打造适合当代大学生的特色文化品牌,例如,上海中医药大学的中华医药文化、上海对外经贸大学的中华商务礼仪文化等;同时,举办"一带一路"高校校园文化交流展示会,把各具特色的高校文化通过不同的方式进行展示交流,增加各国高校之间的了解、加强文化交流、互通互融,为推进中国与"一带一路"国家的建设发展奠定民心基础。

4. 加强学科建设,提供文化传播的决策咨询。

推进"一带一路"倡议的实施,需要各方面的政策咨询。高校要密切关注党和国家事业发展全局性、战略性、前瞻性问题,聚焦"一带一路"倡议和中国文化、中国企业"走出去"战略,发挥学校学科优势,加强多学科交叉研究,发挥智库的作用,组织专家学者对经贸问题、人文交流问题、金融合作问题进行可能性论证,突出问题导向,积极回应"一带一路"建设中的重大理论和实践问题。要统筹协调校内外各方资源,加强与政府部门及其他政策研究机构的合作,为政府提供高质量的决策咨询建议,推动"一带一路"文化传播。

5. 构建文化+互联网的立体网络,打造新型文化传播平台

随着新兴技术的广泛应用和发展,依托互联网、云计算等新兴技术进一步拓展文化的传播渠道、创新传播方式、丰富传播内容、扩大传播范围,积极打造"文化传播+互联网"的立体传播空间。把诸如课堂教学内容、学术讲座、课堂讨论文学作品、学生各类大赛等在互联网上进行推送,将互联网融入传统对外文化传播方式中,不仅拓展了文化传播空间,同时也易于青年大学生的接受。

6. 办好孔子学院,提升文化传播能力

2004 年 11 月,在韩国首都首尔设立了中国的全球第一所"孔子学院",截至 2016 年底,中国在海外的孔子学院已经达到 510 家,遍布 140 个国家。孔子学院传播中国文化的影响正在日益扩大,目前传播内容主要涉及中国的语言

文化、绘画音乐、饮食服饰、行为思维、道德修养等等,孔子学院应继续拓展传播内容和空间,把中国改革开放所取得的成绩、中国治国理政的新思想新理念新战略传播出去,把孔子学院办成"一带一路"高校乃至世界各国人民学习汉语、了解中华文化、认同中国文化的园地,使孔子学院成为"一带一路"国家文化交流沟通的桥梁。

7. 以宗教信仰为纽带,开启文化传播新空间

"一带一路"是个宗教汇聚带,世界三大宗教汇聚此地,除此之外还存在着多种宗教,不同宗教之间的宗教制度和规范大不相同,彼此之间的宗教差异或矛盾也十分显著。例如,印巴分治和巴以冲突等问题都由来已久,中亚地区的宗教型恐怖主义也比较猖獗。因此,要充分发挥各高校宗教研究所的作用,比如中国人民大学佛教与宗教学理论研究所、四川大学的道教与宗教研究所、兰州大学的民族宗教研究所,对宗教产生的根源和发展、宗教的本质和功能、宗教信仰及其特征进行深入研究,为"一带一路"建设提供参考,同时可以与"一带一路"高校进行宗教文化交流和合作,传播先进的、不低俗的、不庸俗的、高尚的、有修养的宗教文化,改变外界在宗教领域对中国的刻板印象,消解和化解"一带一路"民众的误解和疑虑,树立正面的宗教形象,拓展"一带一路"文化传播空间,让宗教文化在"一带一路"建设中起到'和平大使'的作用。

互联网时代中国文化在西班牙语国家传播的路径与方式

——以安自在中西文化交流发展中心为例

陈　芷*

2016 年的夏天,一款名为 Pokemon Go 的手机游戏席卷了全球,男女老幼都拿着手机上街"抓精灵"。马德里的丽池公园在一个周末下午便聚集了五千余人,政府不得不派出大量警力维持秩序,并宣布民众不得在此集结。

这款游戏彻底破除了虚拟世界与现实世界本就已不甚清晰的界限。通过这款游戏,人们得以同时在虚拟和现实世界间游走。虽然这款游戏受到不少人的诟病,也造成了一些事故,有的玩家甚至付出了生命的代价,但我们应该停下来思索的是,这个世界到底发生了什么变化,而这些变化将如何影响新时代信息传播的途径和方式。

一、新时代信息传播方式的剧变

德国哲学家卡西尔认为,人是符号的动物,我们生活的世界充满了符号。在 21 世纪的今天,这个世界的符号无论从形式还是内涵上都在发生着重大变化。

---

* 上海外国语大学西方语系副教授。

（一）社会变革对信息传播方式的影响

从某种意义而言,人类发展史是一部从"动物变成植物"的历史(闵惠泉,2015:1)。在原始社会,人类不知疲倦的到处奔波,寻找食物和家园。直到一万年前,农业生产活动出现,人类从食物的采集者和游猎者变成了生产者。人类社会由此开始第一次大分工,人从动物变成了"植物",根植于大地。然而随着互联网的发展,人类在某种程度上正在重新"动物化"(同上),开启着一场伟大的"迁徙"——从有限的物理世界涌向无垠的数字星球。

今天,人类的生活与互联网息息相关,生活质量的好坏某种程度上是网络通讯质量决定的。起床时用手机查看天气预报、听新闻,上班前用网络查看交通情况,选择最佳路线;中午休息时在网上购物、用外卖应用订餐。人们用即时通讯工具与他人沟通,甚至与同事一桌之隔,也会用聊天工具确定下班之后的活动安排;此外,在网络上还有海量的书籍、音乐、视频、游戏……

人类开始了一场前所未有的征途:通往比特世界——一个全新的符号世界。

（二）比特世界里人类的新特征

在比特世界里,人类拥有了数字动物的全新特征。

1. 移动

古时中国人说"海内存知己,天涯若比邻。"可直到今天,人类与互联网的亲密友谊才算真正打破了时间与空间的界线。在比特世界,人们在家中可以和大洋彼岸的朋友视频通话;可以通过众多慕课网站学习新知识;可以浏览大英图书馆网页里希腊诗人在三千年前写的诗歌;可以在自家的客厅里向全世界出售网店里几千件商品。如果想知道世界某个角落正在发生的事,只需打开谷歌地图,从平面地图到三维立体实景展现应有尽有。如此广泛的移动性在几年以前是无法想象的。

2. 即时

人类从未如此关心过"现在"。谷歌网站上每两秒钟便会发布一个博客,每月提问数高达 900 亿次;Youtube 网站上每年会出现 6.5 万个新视频。

（K. Kelly,2015:19）。对互联网一代而言,"即时"是如此重要和迫切。人类无时无刻不在更新数据、信息以及我们手里的一切。

照片一是腾讯公司 2013 年为宣传 QQ 浏览器而推出的广告之一,广告词"我要的现在就要"喊出了一代年轻人的心声。20 世纪八九十年代出生的人是被速度喂养大的,"速食""动车""闪婚"这些热词伴随着他们的成长。他们不愿等待,追求快节奏的生活。"Live for now"正体现了腾讯公司对年轻一代消费者的深刻洞察。

3. 敏感

互联网时代有太多的现象是理性所无法解释的。正如法国哲学家帕斯卡所说,"心灵自有理性所不知的理由"。我们知道人的大脑分为左右两个半球,左脑主要负责逻辑、文字、语言、分析、数字、次序等,右脑则主要负责颜色、音乐、想象、空间感觉、直觉、图形等。自从电视机发明以后,以电视为代表的视频技术正把人类从理性思维引向感性思维。电视为了吸引观众的注意力,运用了丰富的色彩、闪烁的效果、精美的画面。其中逼真的视觉形象是文本时代无法企及的,它们日积月累刺激着观众的视听神经,持续强化着右脑的发育。80、90 后正是在这样的环境中成长起来的,因此他们会表现出更为感性的一面。

另一方面,电视节目每个镜头的平均时间是 3.5 秒,而人的大脑至少需要5 到 10 秒的时间来处理信息。因此现代人更多的是被动接收信息,而没有时间进行深入而持久的思考(徐昊,马斌,2015:124)。

4. 娱乐

传媒大亨默多克在与凤凰卫视总裁刘长乐的一次对话中曾说:"没有人会拒绝有趣和刺激的东西,连上帝也不会!"(默多克,刘长乐,2006:第九章)人类社会在经历了两次工业革命之后,大部分人都解决了温饱问题,享有或多或少的物质财富,于是开始更多关注精神世界的需求。

娱乐成为时代的必需品是大势所趋,企业也越来越娱乐化。在腾讯和谷歌等顶级互联网公司,员工上班无需打卡;IBM 公司更是允许某些员工在家上班;谷歌公司的员工可以带宠物上班……如此种种,不一而足。娱乐精神已经渗透到人类生活的方方面面。

二、比特世界里的西班牙语

既然人类社会开始了向比特世界的伟大迁徙,西班牙语作为世界第二大语言、全球 23 个国家的官方语言,它在互联网中的地位如何,西班牙语民众的民族秉性和信息传播特点又有哪些,我们将在本章讨论这些问题。

(一)西班牙语及其在国际互联网中的地位

根据塞万提斯学院 2015 年的年报《世界上的西班牙语》,截至 2015 年,全球使用西语的人口为 5.59 亿,占全球人口的 6.7%,仅次于汉语。根据《互联网世界的统计数据》,截至 2016 年 6 月 30 日,西班牙语是位列第三位的互联网语言,2.77 亿互联网用户说西班牙语,占全球网民的 7.9%。从 2000 年到 2016 年,西班牙语网络用户的增量为 1424%。在世界最主要的两大社交媒体 Facebook 和 Twitter 上,西班牙语是继英语之后被使用最多的语言。

(二)西班牙语民众的特点

正如前文提到,西班牙语是 23 个国家的官方语言,其语言文化的一个重要特征便是多样性。本节仅列举一些具有代表性的普遍特征。

1. 快乐

讲西班牙语的人可能是世界上最会享受生活的人。他们拥有阳光、美食、丰富多彩的历史文化、得天独厚的自然环境。近年来,西班牙陷入严重的经济危机,尽管如此,饭店酒吧还是人头攒动。每到周末,马德里太阳门广场盛况堪比上海外滩,熙熙攘攘,到处都是喝酒唱歌和开怀大笑的人群。

2016 年里约奥运会酣战之际,西班牙人也再次发挥了他们的幽默特性,在 Twitter 上调侃应开辟一些如吃披萨、吃甜甜圈、酒杯举重等奇葩项目。

2. 注重家庭

西班牙语国家由于笃信天主教,大都有极强的家庭观念,对于朋友关系也非常重视。有报道称,西班牙在 25% 的失业率前提下社会治安还相当稳定,与

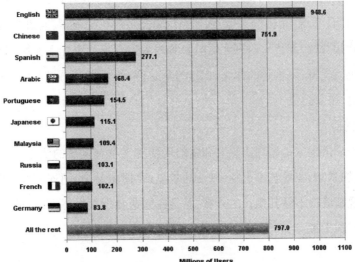

**Top Ten Languages in the Internet
in millions of users - June 2016**

Language	Millions of Users
English	948.6
Chinese	751.9
Spanish	277.1
Arabic	168.4
Portuguese	154.5
Japanese	115.1
Malaysia	109.4
Russia	103.1
French	102.1
Germany	83.8
All the rest	797.0

Source: Internet World Stats - www.internetworldstats.com/stats7.htm
Estimated total Internet users are 3,611,375,813 for June 30, 2016
Copyright © 2016, Miniwatts Marketing Group

图1 全球十大互联网语言

他们良好的家庭支撑有很大关系。在西班牙语国家街头,经常可以看到爷爷奶奶或者外公外婆接孙儿们放学回家。周末时三代甚至四代同堂一起聚餐的情形也很普遍。

这样的社会结构十分有助于社交媒体的推动,促使熟人圈经济在西班牙语国家拥有良好的发展空间。我们以 WhatsApp 和 Google 在西班牙的发展为例。WhatsApp 于 2010 年进入西班牙,仅仅 5 年之后,西班牙就成为欧洲使用 WhatsApp 人数最多的国家。Google 进入西班牙的时间要晚于其他国家,但是迅速占据了西班牙 90% 的搜索引擎市场。西班牙 IE 商学院教授 Enrique Dans 认为,"虽然没有社会学研究对这些现象进行科学分析,但是有一点必须承认,西班牙人非常相信家人或朋友的推荐,并且会在熟人圈炫耀自己使用某款应用或者平台。"(国家报 El País,2015 年 2 月 14 日)

3. 激情

相比中国人的中庸平和之道，西班牙人喜欢"非黑即白"，不走中间道路。从曾经的"日不落"帝国的辉煌，到如今深陷经济危机的泥潭，西班牙的历史始终波澜壮阔、跌宕起伏。西班牙语国家的艺术表现形式也让人血脉偾张，西班牙的弗拉门戈舞、阿根廷的探戈、古巴的萨尔萨、墨西哥的马里亚奇，每一种都激情四射，极具感染力。

4. 创造力

西班牙语国家是超现实主义和魔幻现实主义孕育发展的沃土。其中不乏达利、毕加索、米罗等艺术大师，以及马尔克斯、博尔赫斯、阿连德等文学巨匠。秩序和规则或许不是其擅长的领域，但是在创造和即兴发挥方面，他们在世界范围都堪称无敌。

三、中国文化对外传播中的主要问题

黎巴嫩诗人纪伯伦说："我们已经走得太远，以至于我们忘记了为什么而出发。"决定未来格局的，不是经济的规模，而是文明的力量。

不可否认，中国五千年的悠久历史文化所追寻的理念、价值观、行为准则具有普世价值。"天行健，君子以自强不息"倡导人类不断追寻并超越自我；"天人合一"则表达了与自然和谐相处的朴素理念；孔子所提出的"仁、爱、礼、智、信"也是帮助现代人重塑自我、从而构建和谐社会的经典准则。

季羡林先生曾指出，20世纪是"西学东进"，21世纪则是"东学西进"。在今天这样一个知识和技术触手可及的时代，不同的文明在未来又将如何交融以实现价值共享，人类文明又如何在多元背景下实现持续扬升，都是当代极具探讨价值的课题。

中国文化需要"走出去"是不争的事实，然而在现今的中国文化对外传播过程中，最突出的问题是中国人不会讲、讲不好中国故事。西方世界信息库里关于中国的认识是欠缺和片面的，对中国的政治立场以及中国人民的情感价值缺乏深层的了解，我们的话语体系与西方世界格格不入。此处我们将列举几个问题。

（一）价值观冲突

中国社会某些根深蒂固的传统和社会价值观难以为西方所接受。比如"孝亲"是人类最基本和原始的情感之一，但是这种价值观在中国的具体表现与西方思维大相径庭。在中国，"孝子"仿佛必须放弃甚至摧残个人生活，以全心全意照顾父母。西方人认为这种类似于"二十四孝"中的某些做法完全是反人性、反自然的。好莱坞电影《花木兰》虽借用了"木兰替父从军"的传奇故事，但是叙述切入点并不是女儿如何孝顺父亲、为父亲上战场，而是讲述了一个女性自我发现和成长的过程，这样的角度显然更容易为西方所接受。

（二）话语风格差异

中国对外宣传的语汇往往喜欢辞藻华丽、结构严整，多用比喻、排比、对仗等修辞手法。口号式、三点论、排比式、说教式随处可见，大话、空话、套话也层出不穷。但是在互联网时代，这样毫无新意又空洞无味的话语显然不能抓住受众的心。2008 年 2 月，《中国青年报》联合新浪网做过一项民意调查，在2166 名受访者中，超过 60% 的人希望官员能"少打官腔，说话直奔主题"（叶皓，2015：153）。如果连中国人自己都无法容忍自己的媒体宣传，那又指望西方民众有何反应呢？

（三）翻译错误

熊光楷将军曾于 2010 年撰文，讲述了"韬光养晦"这一成语由于翻译失当导致中国负面外交影响的故事。这个概念由邓小平同志于 1992 年首次提出，其核心意义是强调我们应保持低调，谦虚谨慎，不称霸，不搞对抗，集中精力抓好经济建设，一心一意谋求和平发展。但是美国政府在 2003 至 2007 年和 2009 年等六个年度的《中国军力报告》中都采用这样的英文表述"hide our capabilities and bide our time"，意即"掩盖自己的能力，等待时机东山再起"。此外，国外某些英文书籍和文章将"韬光养晦"译为"hide one's ability and pretend to be weak"，意即"隐藏能力、假装弱小"；"conceal one's true intention"，意即"隐藏真实目的"；"hide one's ambitions and disguise its claws"，意即"隐藏野心、收起爪子"。以上等等,不一而足,其中的潜台词无外乎:"韬光养晦"是中国在特定的内外形势下所采取的一种权宜之计,是在"隐蔽自己的真实意图","等待时机成熟再出手"。

这样的翻译偏差一方面是出于西方国家部分人士对华固有的政治偏见;但另一方面,国内专家在翻译和解释这个成语时也存在不少纰漏之处。例如,外语教学与研究出版社2006年出版的《新世纪汉英大辞典》,就将"韬光养晦"翻译为"hide one's capabilities and bide one's time",这与美国《中国军力报告》中的译法几乎如出一辙;外文出版社2007年出版的中英对照《生活中的中国智慧》一书,将"韬光养晦"解释为"一种为人的策略","在时机尚未成熟时,最好先隐藏自己的才能,等待合适的机会",其对应的英文表述是"to conceal one's fame and ability";"temporary retirement to bide one's time before going on the offensive"。

在对外宣传工作中,翻译是十分重要的。只有深入研究,深切了解语言表层和深层的含义,才能准确地将意思表述出来。

(四)表达方式欠缺

在上节中我们阐述了人类作为数字动物的特征:移动、即时、敏感和娱乐。但是中国的传统文化决定了中国人内敛含蓄、端庄厚重的性格特点。中国人在公开演讲的时候很少开玩笑,擅长逻辑推演,以理服人。毫无疑问,讲道理是必不可缺的,但是面对爱闹爱笑的西班牙语民众,则需要适当加入一些感情因素,多打"感情牌",少打"道理牌",才能取得事半功倍的效果。

四、互联网时代新媒体传播中国文化的方式:以安自在 Programa SOL 为例

安自在 Programa SOL 中西文化交流发展中心(下文简称"中心")是上海外国语大学西方语系西班牙语专业师生共同组建的自媒体,是世界上首个以汉西双语进行双向文化交流的公益多媒体交流平台。中心利用团队自身的多语种优势促进中国与西班牙语世界的文化对接,通过多种渠道进行双边文化交流及经济合作领域的研究与引导。

2014 年 3 月,中心建立西班牙语官网(www. programasol. com),并于两年后正式进军国际国内的主流社交媒体,涵盖微信、微博、Facebook 和 Twitter 等多个平台。目前安自在已经引起全球中国文化爱好者们的关注,官网拥有来自 104 个国家的注册用户 6000 余人。除了西班牙语国家,还有来自日本、法国、加拿大、俄罗斯、德国、巴西、韩国、荷兰、英国、印度等国家的访问。

微信公众平台上线 5 个月,粉丝近 3000 人,2016 年 7 月至 8 月近一个月时间文章阅读总数为 12146 次。在微信用户方面,近 80% 的用户使用简体中文,近 20% 的用户使用英语或西班牙语等。

(一)独具匠心的传播模式

习近平主席曾经说过:"中国需要更多地了解世界,世界也需要更多地了解中国。"安自在 Programa SOL 单周用西班牙语推送有关中国的故事,双周用汉语推送有关西班牙与拉美的故事,这样双语双向交流的模式真正做到了文化交流中的"互惠互利"原则。

在保证传播内容的权威、有效性方面,安自在存在两大优势:第一,建立了阵容强大的学术委员会,包括墨西哥学院资深汉学家、墨西哥总统府首席翻译 Liljana Arsovska、西班牙阿尔卡拉大学驻亚太地区代表 Rafael Martín Rodríguez、前任中国驻哥斯达黎加大使馆教育组负责人杨明、前任马德里孔子学院中方院长陈芷(笔者)等。安自在所有的西班牙语文章都需经由至少两位专家修改、审核后发出。第二,与众多权威机构合作,囊括几乎所有西班牙语国家的驻华使领馆以及塞万提斯学院、中国教育国际交流协会、拉美中国政治经济研究中心等。

安自在合作方给予的支持主要体现在以下两个方面:其一,内容素材支持。委内瑞拉驻沪副总领事 Francisco Zaragoza 先生、拉美中国政治经济研究中心的执行主席 Diego Mazzoccone 先生都曾为安自在供稿,哥伦比亚、墨西哥、智利等国家驻沪总领馆也都引荐了各自国家文化研究方面的专家。其二,合作举办活动。北京塞万提斯学院院长易玛女士对安自在倡导的理念非常赞同,并表示塞院将为安自在活动免费提供场地。目前安自在与上海塞万提斯图书馆联合举办的读书会活动已举办 6 次,吸引了上海及周边地区的西班牙语文学爱好者近千人。此外,安自在还将与墨西哥领馆共同推出虚拟旅游等活动,让更多中国人了解西班牙语世界。

（二）以小见大的传播内容

有效传播需要依靠真情实感。安自在的文章力求以小见大,抑或讲述普通老百姓的喜怒哀乐和日常点滴,抑或讲述语言学习中某个细节或易混淆点,不主张宏大叙事,也不倡导精英主义,而是通过大众喜闻乐见的语系讲好精彩故事。

安自在的所有内容分成"语言"、"文化"与"活动"三大板块。"语言"板块分为"趣言趣语"和"微问答"。"趣言趣语"的主旨在于让中国人学习有趣的西班牙语,让西班牙语人士学习有趣的汉语;而"微问答"是回答网友提问的板块。

在文化板块中,"万卷书"着重于知识普及;"万里路"提供旅游贴士;"在异乡"讲述中西文化碰撞、交流的小故事,以及离乡背井生活在异乡的酸甜苦辣。

安自在传播的内容包罗万象。所有的文章均从生活本身出发,让西班牙语人士一方面了解中国真实的生活状态,另一方面也能从中国文化里汲取养料。

团队在传播中国文化的同时,也十分注重文化对比。2016 年夏季,安自在推出"家乡的早餐"系列,针对中国各地以及西班牙、拉美各地的早餐进行比较,反响热烈。

（三）开发协作的互联网精神

安自在自建立之初,就十分注重贯彻互联网精神。平台推出的文章可以即时在中外主流社交媒体上搜索到,对于网友的提问或不同意见,团队以平等的态度展开交流和讨论。在 2016 年里约奥运会期间,平台推出专题文章探讨网络热词"洪荒之力"的西班牙语表达方式,并采用了安自在学术委员 Liljana

Arsovska 教授的译法。上线数小时便有众多网友在后台留言,对此安自在都耐心回复,逐一解答。

2016 年 5 月,安自在开始向社会征稿,并收到了许多西班牙语国家留学生以及国内相关人士的稿件,真正做到了协作与共享。安自在的关注者既是信息的接收者,也是制造者和传播者。按长尾理论来解释,其充分发挥了"民间"的力量,切实关注到老百姓这一潜移默化推动文化交流的天然使者。

(四)精益求精的工匠精神

器物有魂,匠人自恭。在这样一个浮躁功利的时代,安自在团队 23 名成员完全自发组织,没有分厘报酬,努力打造最好的中西交流平台。成员里有 10 名教师(大部分来自上海外国语大学、部分来自华东师范大学和上海师范大学)、10 名本科生(包括在校生和毕业生)及 3 名研究生。团队以模块化运作,成员有效分工、各司其职。随着安自在影响力的日渐扩大,也有越来越多的人表达了加入团队的意愿。

法国思想家卢梭说:"没有信仰,就没有真正的美德。"信仰和信念支撑着团队的每一位成员,他们致力于链接 13 亿中国人民与 5.59 亿西语世界,架起沟通两个语言国度的双向桥梁,让中国梦的彩蝶起舞于拉美,也让西班牙语国家的缤纷飘荡在华夏。这些新时代的青年身处一个伟大时代的转折点,成为中西两种文化的传播者和推动者。这是他们的使命和担当,也是互联网时代传播中华文明的杰出表率。

土耳其对外文化传播实践与启示

韩智敏　陈　清*

近年来,伴随着经济的迅速发展、国力的不断增强、国际地位的快速提升,作为二十国集团成员国之一和伊斯兰世界的强国,土耳其共和国积极对外传播本国的语言和文化,寻求国际认同,扩大国家影响力。其对外语言文化传播经历了由官方机构主导到由官助民办机构主导的转变,推广方式也从单边宣传、单向提供资金和设备逐步转变为更多地开展平等的双向交流。

一、土耳其实施对外文化传播的主要机构及其实践活动

土耳其从事对外文化传播活动的主要机构包括 20 世纪 90 年代初成立的官方机构 TİKA、21 世纪初成立的尤努斯·埃姆雷基金会及其下属研究院。

(一)TİKA 及其对外文化传播活动

1. TİKA 的性质

出于使用共同的语言、源自共同的祖先、拥有共同的文化传统的考虑,土耳其人一直将自身同中亚突厥语诸民族看作是同一个民族。1992 年土耳其抓住苏联解体、中亚突厥语各国纷纷独立、土耳其国内经济高速、国家实力平稳提升的有利时机,成立"突厥语国家合作及发展管理局"(TÜRK İSBİRLİĞİ

---

* 上海外国语大学东方语学院。

VE KALKINMA İDARESİ BASKANLIĞI,简称 TİKA),以中亚五国及其他使用突厥语族语言的国家和地区为抓手,开始进行国家主导的有计划、有步骤的对外语言文化传播活动。在专门的对外文化传播机构成立前,TİKA一直是土耳其开展对外文化传播的实际执行机构

2001年,土耳其颁布4668号法令,规定TİKA为直属于土耳其总理府的对外合作机构,主要职责是在总理府的全权管辖下,调动和协调政府各相关部门,以使用突厥语族语言的国家、土耳其裔聚居的国家和地区、土耳其相邻地区和国家为优先帮助合作对象,通过开展经济、贸易、科技、文化、教育等领域的项目合作,促进相关国家和地区发展。

2011年,TİKA根据政府颁布的656号法令进行了改组,更名为"突厥语国家合作和协作办公室"(TÜRK İSBİRLİĞİ VE KOORDİNASYON AJANSI BAS-KANLIĞI)。656号法令重新界定了TİKA的职责,突出了机构的沟通协调功能。改组后的TİKA虽然仍是总理府直属机构,但可以接受私人捐赠用于国外合作项目的开发。

2. TİKA 的对外文化传播活动及成效

TİKA的对外合作项目范围涉及经济、贸易、科学技术、社会文化、教育等诸多方面。但是基于机构成立时中亚突厥语国家脱离苏联各自独立的历史背景,TİKA成立以来,一直将推广本国社会文化和普及教育作为一项重点工作内容,其自主开展和协助土耳其政府部门开展的各类文化传播活动可以概括为两个阶段:

(1)1992—1999年,对外语言文字的大力推广阶段

这一时期,土耳其政府为加强同脱离苏联的五个突厥语国家的联系,进一步实现建立"突厥语国家联盟"的设想,力图实现各国在语言文字方面的统一。此设想的第一步就是制定并实施以土耳其所使用的拉丁字母为核心的统一字母表,然后逐步扩大各国之间的政治、经济联系。为尽快促成以土耳其拉丁字母为核心的突厥共同语字母表,土耳其成立了一个官方机构"突厥语国家教科文组织",并指派TİKA联合其他相关部门协助该组织执行文字统一及推广的

相关措施:向有关国家捐赠书籍、教材、打字机和印刷设备,并指导使用;组织土耳其语和突厥语专家研究如何创制 33 或 34 个字母组成的共同拉丁字母表;组织专门的文化支持基金;组织相关学术会议开展讨论。

作为总理府的直属机构,TİKA 在这一时期紧跟政府的政策脚步开展活动,积极推行突厥语文字的统一工作,更多地进行单方面的土耳其语和土耳其文化宣传。然而,刚刚独立的中亚突厥语各国更为关注的是政治制度的改变、经济建设的发展以及本民族文化的独立,此时 TİKA 开展的语言文化传播工作更多地只能停留在学术层面,集中在对于突厥语言本身的研究方面,可以说这一时期 TİKA 的对外文化传播工作进展较为缓慢。

(2)1999—2011 年,"突厥学研究项目"下的文化传播阶段

1999 年,TİKA 开始规划制定"突厥学研究项目"(TÜRKOLOJİ PROJESİ)。2000 年,该项目正式实施,TİKA 开展的大部分对外文化传播和教育合作被纳入该项目的总体规划内。突厥学研究项目的目的是构建突厥语族各国、土耳其周边邻国及友好国家之间的文化联系,扩大以土耳其语和土耳其文化为代表的突厥文化的影响,推广土耳其语以使其成为一门全世界接受的沟通用语。

突厥学研究项目主要包括以下具体工作:支持现有的突厥学研究机构,与国外高水平的院校合作共同开办新的突厥学研究机构;为突厥学研究机构提供硬件设施和书籍资料方面的支持;向突厥学研究机构派出研究和教学人员,并为这些机构培养当地的研究和教学人员;开设土耳其语普及培训班,向当地民众普及土耳其语;举办土耳其语夏令营活动,每年邀请国外学习土耳其语的优秀学生前往土耳其学习语言,感受土耳其历史文化。截至 2011 年,在突厥学研究项目的名义下,TİKA 共向国外派遣了 30 名土耳其语教职人员,并为国外培训机构培养了 47 名当地土耳其语教师;在 15 个国家和 2 个自治共和国建立了 23 个土耳其语系、18 个土耳其语培训班和 6 个土耳其文化中心。① 在积极

---

① 详见尤努斯·埃姆雷研究院网站。

同国外高等学府和文化研究机构建立合作关系的同时,TİKA 还和土耳其高等教育委员会(YÖK)签订协议,取得了土耳其国内大学突厥学系的学术支持,为土耳其语、土耳其历史文化、突厥语族语言、突厥历史文化等方面的研究搭建了良好的学术平台,高水平的学术研究也为语言及文化的对外推广打下了坚实的基础。

伴随着突厥学研究项目实施,TİKA 开展对外文化传播的工作范围进一步扩大,不再局限于中亚突厥语国家,对于之前奥斯曼帝国时期土耳其人大量居住的东欧及巴尔干地区也有所涉足。同时,对外文化传播的内容也更为丰富:土耳其语推广培训成为 TİKA 工作的重点之一,学术研究也从语言本身扩大到对于整个突厥历史文化的研究,保护修缮历史古迹,充分利用民众喜闻乐见的大众传媒等等。这一时期,土耳其政府和 TİKA 认识到文化推广中真诚性和不同文化间相互交流的重要性,并在 TİKA 的工作内容中有所体现。开放合作的态度使得 TİKA 同合作对象国的文化合作领域不断扩大,相互间的信任度不断提高。

(二)尤努斯·埃姆雷研究院及其对外文化传播活动

1. 名称的由来与机构的性质

鉴于 TİKA 的名称、工作对象和范围在开展对外文化传播活动时存在一定的局限性,2007 年,土耳其政府颁布 5653 号法令,并据此成立了民间公益组织尤努斯·埃姆雷基金会(Yunus Emre Vakfı,以下简称基金会)。2009 年,基金会下属对外语言和文化传播的具体执行机构尤努斯·埃姆雷研究院(Yunus Emre Enstitüsü,以下简称研究院)成立。

尤努斯·埃姆雷是 13~14 世纪活跃于西安纳托利亚地区的著名苏菲派诗人。诗人最重要的贡献,是在阿拉伯语和波斯语盛行的文学界,将当时仅作为日常口语的乌古斯突厥语运用在自己的诗歌作品中,从而扩大了突厥语在民间的影响力,为之后统一的奥斯曼帝国正式推行土耳其语准备了良好的民间基础和大量可以直接使用的语言材料。以语言来启迪民智,追求民族文化身份的独立,并通过不断创作新的作品对外介绍本国的语言和文化,8 个世纪以前著名诗人的实践活动与基金会及研究院成立的目的相合。出于这一原因，土耳其将对外语言文化传播机构以尤努斯·埃姆雷命名，在纪念伟大诗人的同时，也明确了机构的性质。正如当时的土耳其总理埃尔多安（Recep Tayyip Erdoğan）在研究院成立仪式上所言："研究院应该既是土耳其语教育和研究的中心，也是向外介绍土耳其语和文化的中心。"①

2. 研究院的对外文化传播活动及成效

作为对外语言文化传播的专门机构，自 2009 年开始，尤努斯·埃姆雷研究会逐步接管 TİKA 在国外开设的文化中心，参与这些文化中心的运营。通过国外各尤努斯·埃姆雷文化中心，研究院开展推广土耳其语言、文化和艺术相关的系列文化活动，吸引他国愿意了解土耳其文化、愿意同土耳其开展文化交流的普通民众及学术人员，增进土耳其同他国的文化交流和友谊。研究院具体的对外语言文化传播工作包括以下内容：

（1）在国外改建、新建尤努斯·埃姆雷文化中心，并推进文化中心相关工作

成立之初，在教育部及文化旅游部的指导下，研究院开展了对 TİKA 在国外建立的土耳其文化交流中心和土耳其语教育中心的接收工作。完成接收后，结合当地学习土耳其语及文化的需求，研究院对这些机构的发展和运营状况进行评估，决定改建和继续运营的模式。除了接收既有的国外文化机构并加以改造，研究院还扩大对外语言文化推广范围，新开设了一系列的文化中心。除对硬件设施进行改造之外，中心还认识到进行推广活动，首先要对本民族的语言文化有深刻的理解和剖析，获得对象国文化界和学术界的认可，因此研究院同样重视文化中心在学术方面的累积，通过提供奖助金、加强同国内外大学的合作等各种形式促进文化中心的学术研究不断深入。

（2）接手并继续执行突厥学研究项目

2011 年 9 月，尤努斯·埃姆雷基金会和 TİKA 签署协议，正式接手已经执

---

① İsa Sarl. Yunus Emre Vakfl Acllls Töreni ［J］. Yunus Emre Bülteni，Eylül 2009. P3

行了10年的突厥学研究项目。此举为研究院加大对外文化传播力度奠定了坚实的基础,同时专业机构和民间力量的加入也赋予项目执行更大的活力和创造力。

(3)举办土耳其语水平测试

该测试由研究院下设测试中心根据欧洲语言教学通行标准制定,其目的在于建立一套符合国际通行标准的土耳其语水平测试制度,以确立一套行之有效的标准用于检测土耳其语学习者的语言水平。出台该测试的另一目的是规范国外文化中心及土耳其语教育机构的教学标准。

(4)组织标准土耳其语教学材料编写

为保证土耳其语教学的质量,研究院下设土耳其语教育和学习中心YETEM,负责教学过程中使用的教材编撰和教具制作。YETEM根据欧盟委员会通用语标准和土耳其语外语教学应符合的原则,针对不同年龄阶段的学生编制课本、练习用书、教师教学用书和参考用书、标准读物、辞典及有声读物等。

(5)积极开展同国内外高校的合作

根据2012年的统计数据,研究院同土耳其国内32所知名高校签署了合作协议。根据协议,研究院可以使用大学内的设施和场馆举办活动,学校可以利用国外文化中心来进行学术活动,依托国外文化中心,双方联合开展传统文化和现代艺术相关的学术研究。研究院同国外大学的合作也推进迅速,研究院为国外大学开设的土耳其语语言文学/突厥学专业提供教学人员、教材、优秀学生培训和实习、硕博士奖学金、图书馆建设及教学设备等方面的全面支持。

(6)依托文化中心开展各类文化艺术活动

研究院成立后,依托各地文化中心开展了丰富多彩的文化艺术活动,例如:与国际多元文化青年理事会(COJEP)合作设立了国际银马电影和音乐奖(2011年)、同土耳其驻德国柏林大使馆联合举办"自由和90"土耳其艺术作品展(2013年)、参加伦敦语言教学用书展和荷兰儿童图书展(2013年)等。

至2014年底,研究院已在30个国家建立起38个文化中心,并同36个国家的 58 所高等院校签订了突厥学项目研究协议。2016 年 4 月研究院在美国开设了第一个北美联络处,目前其海外联络处数量已经达到 45 个①。在已建立的 38 个文化中心中,有 31 个开设了土耳其语课程。2014 年,在文化中心学习土耳其语的学生数量已达 9200 人,国外大学中学习土耳其语的学生数量达 7579 人,参与突厥学研究项目的学生数量达 2516 人②。

研究院的工作成效可以分为国家和民间两个层面:一方面,语言文化的传播对于国家间相互身份的认同和差异文化的接受起到了促进作用,有助于消除不同国家和民族之间的隔阂,促进地区稳定和平。具体来说,土耳其通过尤努斯·埃姆雷基金会及研究院开展的一系列活动,在促进自身更进一步融入西方文明的同时,也向西方国家展示了实行民主制度的伊斯兰文明独有的魅力;另一方面,民间力量在具体的语言文化传播工作中起到了主导作用,随之而来的是更为自由和多样的文化交流,各民族在交流过程中通过和他民族语言文化的比较,产生对于本民族语言文化进行深度剖析和解读的意识,这种由民间力量主导的自觉行为正是进一步促进语言文化传播和交流活动不可缺少的推动力。

二、土耳其对外文化传播活动的发展历程及其特点

土耳其对外文化传播经历了由官方机构 TİKA 主导到由官助民办的尤努斯·埃姆雷基金会及研究院主导的转变。从 TİKA 在建立之初进行的单边宣传、单向提供资金和设备支持来博取对象国的认可,到基金会和研究院以平等、双向交流的原则,展现真诚合作的态度及理念,不再将对外文化传播的目标区域半径锁定在使用突厥语的国家或者有土耳其裔居民居住的国家和地区,而是逐步和其他地区及国家进行接触,主动宣传自身独特的文化,力图在

---

① Yunus Emre Enstitüsü Amerika' da Faaliyetlerine Basladl, http://www. yunusemreensti-tusu. org/tr/faaliyethaberleri/yunus – emre – enstitusu – amerika – da – faaliyetlerine – basladi_2262

② Yunus Emre Enstitüsü 2014 Faaliyet Raporu, P6, P8, P120

更广大的范围内取得他国对自身国家身份的认同,促进各国与民族间相互理解和信任。同时,在符合政府外交及对外文化战略框架的前提下,民间力量在对外文化传播中所起的作用不断扩大。

土耳其文化传播活动不断发展完善的特点可以归纳为以下几点:

(一)根据国内和国际形势的变化,适时制定和调整对外文化传播战略,以达到最佳效果。

1992 年 TİKA 刚成立时即将突厥语国家和民族作为工作的重点对象,为增强土耳其语影响力,在中亚五国推行"突厥语国家联盟"的工作。其时,苏联解体后在中亚留下了巨大的权力真空,中亚五国都有摆脱原来苏联包括语言文化影响在内的各种影响的迫切意愿。尽快制定并推广属于本民族的语言文字,摆脱长久以来俄语的影响,是当时中亚五国在民族文化建设工作中所面临的巨大挑战和紧迫任务。土耳其政府和新成立的 TİKA 认识到这一国际形势变化可能为本国带来的巨大利益,积极开展工作,推动以土耳其语字母为核心的突厥语共同字母表的制定,极大地扩大了本国及其语言在这些国家的影响力。

进入 21 世纪后,伴随着本国经济的发展,国力的增强,适应世界多极化发展的趋势,土耳其适时调整语言文化推广战略和模式,改变先前单向推动的做法,积极开展交流与合作,同时扩大语言文化传播的范围,在全球范围内扩大国家影响力。

(二)开展真诚合作,加强不同民族间的相互理解。

维护本国利益,并非必须损害他国利益。土耳其在对外文化传播中努力通过真诚合作来加强不同民族间相互理解。虽然 2011 年土耳其政府才在 656 号法令中明确提出"利用文化交流和对话,消除不同民族和文化之间的偏见"①,但其实在进入新千年之后,TİKA 在开展具体的对外语言文化传播活动

---

① KHK/656 no. TÜRK İSBİRLİĞİ VE KOORDİNASYON AJANSI BASKANLIĞININ TESKİ LAT VE GÖREVLERİ HAKKINDA KANUN HüKMÜNDE KARARNAME,Madde 3(g)

中,已经开始更多地将精力集中在如何引导他国自愿接受和学习土耳其语言和文化,通过适当的引导和真诚的沟通态度建立土耳其同他国良好的双向文化交流关系。

(三)对外语言文化传播坚持政策的一致性和行动的持续性。

深入考察 TİKA 和尤努斯·埃姆雷研究院这一官一民两个机构的实践活动,不难看出土耳其在对外传播文化的实际操作中一直坚持政策的一致性和行动的持续性。尤努斯·埃姆雷基金会及研究院成立后完全继承了 TİKA 在执行对外文化传播过程中展现的真诚交流理念,在其成立目的中也有如下的论述:"为土耳其同他国发展友好关系提供助益,并同他国开展文化交流。"①由此可见,进入新千年后,在开展对外语言文化传播的过程中,双向性和真诚性一直是 TİKA 和尤努斯·埃姆雷基金会及研究院所坚持的原则。虽然在具体操作过程中,运作模式有所不同,但两机构开展的工作都充分体现了政府的外交理念和政策,以持续、不间断的方式积极对外推广本国语言文化,寻求别国认同,提升国家的国际影响力和地位。

三、土耳其对外文化传播实践对于我国相关工作的启示

2004 年 11 月 21 日,全球第一所孔子学院在韩国首都首尔挂牌。截至2015 年 12 月 1 日,全球 134 个国家(地区)已建立 500 所孔子学院和 1000 个孔子课堂。可以说,从发展速度和规模上看,我国在对外文化传播方面取得的成就是土耳其目前取得的相关成就无法比肩的。但是我们依然可以从土耳其对外文化传播机构的实践活动中发掘出有益的经验,以供我国的相关工作参考借鉴:

(一)完善法律法规,对语言文化传播机构给予法律保障,同时规范其活动,确保其健康持续发展。

土耳其政府为 TİKA 和尤努斯·埃姆雷基金会都制定了相应的法律,其所

---

① 5653 no. YUNUS EMRE VAKFI KANUNU Madde 1(1)

有行为既受到法律的规范和约束,又同时受到法律的保护。而根据相关报道,孔子学院的立法依然处于调研筹备阶段。缺少符合国际教育法律法规体系的法律框架,使得孔子学院在国外的发展缺少法理上的保护和支持。此外,孔子学院的内部管理仅仅依靠国家汉办制定的孔子学院内部章程,缺少稳定而坚实的法律基础,在孔子学院大规模发展的背景下对于规范孔子学院的设立和工作开展而言是很大的隐患。

孔子学院的大规模发展很大程度上依托于以下两条规章的执行:

1. 根据各国(地区)特点和需要,孔子学院的设置模式可以灵活多样。(孔子学院内部章程第八条)

2. 中国境外具有从事语言教学和教育文化交流活动能力且符合本章程规定申办者条件的法人机构,可以向孔子学院总部申办孔子学院。(孔子学院内部章程第九条)①

上述条款保证了孔子学院的快速发展,但问题在于,除了孔子学院本身的章程之外,是否有相关的法律依据来规范这样的灵活办学模式。笔者认为,应该加快制定和颁布相关法律法规,以法律形式明确孔子学院作为我国对外语言文化传播的使命和目标,确立国外学校资讯公告制度、合作机制和法律援助机制,规范办学方式,通过法律途径保障孔子学院的持续发展和对外语言文化推广活动的顺利有序开展。

(二)确立科学的评估体系,保证对外文化传播机构的运作质量。

无论是 TİKA 还是尤努斯·埃姆雷研究院,都有对于工作开展进行评估的制度。政府即便不直接参与对外文化传播机构的管理,也依然会在大政方针上进行较强的管控和指导。孔子学院的迅速发展和规模的扩大的确让人欣喜,但在注重质量的今天,推广效果和办学质量是衡量对外文化传播机构工作成功与否的关键,我们在追求"数"的同时,也要注重"量",在保证一定规模和数量的前提下,追求"高质高效"的原则,尽量挖掘已设立机构内部的发展潜

---

① 孔子学院总部/国家汉办. 孔子学院章程[EB/OL]. 孔子学院总部,2014 - 10 - 20.

力,而并非盲目地"铺摊子"。因此,建立和完善对外文化传播机构的审核监管制度和体系非常重要,应尽快建立起由政府部门和民间专业人士组成的联合督导机构,并完善质量监控和评估体系。

(三)开展深入的本国语言文化研究工作,促进对于对外文化政策的思考。

在推广语言文化的过程中,尤努斯·埃姆雷研究院和 TİKA 的重要区别之一是研究院自身非常注重对于土耳其及突厥语言和文化的研究,并出台一系列措施支持国内外有志于土耳其和突厥文化研究的学者。对于土耳其及突厥语言和文化的深入思考和研究有助于政府和相关民间机构对既有政策进行批判性的反思,进一步调整和完善对外语言文化传播政策以达到更好的效果。从研究院取得的工作成效来看,这样的思考是非常有必要的。研究院成立后,改变 TİKA 单方面宣传的做法,更多选择双向交流的形式开展对外文化传播活动,取得了良好效果。文化外交政策中的文化资源再丰富,资金再雄厚,如果忽视双向交流的原则,缺乏诚实合作的态度和长期可持续发展的文化外交眼光,文化传播工作容易引起推广对象的误读和反感,进而影响双方关系的持续健康发展,原本为促进外交关系而采取的文化传播工作反而可能成为国家间发展外交关系的"障碍和包袱"。

基于文化传播的中华乐教创新课程构建初探*

刘　昊**

随着"文化兴国"战略的提出,增强国家文化软实力,提高中华文化国际影响力显得紧迫而重要。至今,孔子学院已在上百个国家近 400 所教育机构落户,成为推广汉语和传播中国文化的重要文化交流机构。为进一步推动中西文化融合,"对外汉语专业""汉语国际教育专业"作为国家控制布点专业,近 20 年间在我国各高校逐步设立,由此类专业培养的学生通过较扎实的汉、英语能力的习得,对中国文化及中外文化交往史的全面了解,逐步成长为我国各驻外孔子学院教学的骨干力量。

艺术凝聚了一个民族的性格、文化和心理积淀,直接影响、建构人类的心理和情感。艺术作品的产生与其时代、社会、阶级、民族、文化背景、审美理想有着千丝万缕的联系,是人类精神生活的确证。不同的艺术形式、艺术种类在特定的社会经济、政治规范影响下,必然存在折射相应文化特点的共通性。艺术作为文化的直接载体,在海外汉文化的传播中起着重要的作用。

---

* 本文由教育部哲学社会科学研究重大课题攻关项目《大中小德育课程一体化建设研究》之子课题《大学艺术教育德育一体化的理论与政策研究》(项目批准号:3JZD046,项目合同号:13JZDH046)资助及上海外国语大学 2013 年度校级一般科研项目青年基金资助(编号:2013005)

** 作者简介:刘昊(1980 -),女、江苏扬州人,上海音乐学院博士研究生,上海外国语大学艺术教育中心,讲师,艺术教育方向。

一、以"艺术"为载体进行海外中华文化传播的现状分析

（一）艺术活动体验式

当前,各国孔子学院除了进行纯粹的汉语教学,以艺术为手段进行文化传播,主要体现在传统文化品牌的讲座或活动方面,艺术领域涉及京剧、中国民乐、民歌、民间舞蹈、书法、太极、武术等。总体来说,普遍存在艺术活动教师技能展示、学生简单体验的倾向。

授课教师多为国内对外汉语专业培养的研究生或当地华人,由于授课者没有接受过系统的艺术教育,其对艺术的理解往往建立在自身成长的经验和兴趣积累方面,故各地孔子学院艺术活动体验类课程受到了当地华人资源或授课教师自身特长的制约。

（二）艺术课程选修式

在海外进行汉语言传播和文化输出方面,部分海外学校开设了中华艺术方面的选修课程。如:至今为止已持续近 20 年的"亚洲戏剧项目",该项目由江苏省京剧院与夏威夷大学合作开展,由江苏省文化厅定期委派京剧艺术家到夏威夷大学对学生进行 6 个月左右的集中训练,并排演英语京剧剧目。通过多年的教学实践和广泛的多渠道的媒体宣传,中国艺术家在夏威夷大学的创作受到了当地美国大学生的喜爱。该校戏剧舞蹈系亚洲戏剧项目主任、京剧表演艺术家魏莉莎教授作为在夏威夷大学推广的实际参与者,认为用英语演唱京剧加速了学生学习京剧的进度,拓宽了学生对世界文化的理解和认识,但在文化认同、艺术革新的观念与接受京剧中的传统和美学价值观念相碰撞的问题等方面存在争议[1]。

2012 年 5 月日本樱美林大学与上海外国语大学艺术团进行京剧交流演出活动,据日本樱美林大学教授、梅葆玖先生关门弟子、原上海京剧院著名京剧演员袁英明介绍,日本樱美林大学长期以来开设中国传统文化特色课程,其中

---

[1] 汪人元. 从当前夏威夷大学的非汉语形式演出京剧论到梅派艺术精神[J]. 艺术百家,2010(3).

以京剧学唱为亮点项目。校内选修京剧课程的人数排在该校戏剧选修课程板块列表之首,该校学生随着学习中国京剧的深入,多数会对中国京剧产生浓烈兴趣。另一方面,对日本来沪学唱京剧的学生进行的问卷调查数据显示,选修京剧课程的日本学生普遍热爱这门艺术,但86%的学生在选修后,对产生中国京剧的文化背景、京剧脸谱的勾勒原因、京剧典型人物的动作、形体设计的较深层次文化动因都并不知晓,且相关思考较少。

(三)辅助语言教学式

从目前现有的孔子学院文化系列教材、对外汉语文化艺术系列教材可以看到,国内出现了从较为单一的艺术门类切入对外汉语教学的丛书,如陕西师范大学出版社出版的对外汉语文化艺术系列教材《唱民歌,学汉语》《看电影,学汉语》等。通过艺术形式进行语言教学方面也出现了较多的理论文章与小型实践尝试,如:在孔子学院以外的海外汉语教学中,美国纽约州宾汉顿大学的"sing in Chinese"以教唱中国民歌为形式,带领学生对民歌中反映出的艺术思想与文化特色进行分析[①],此类研究主要集中于使用外语歌曲、电影等进行英语教学,最终目的在于辅助外语语言学习而非促进文化传播。

二、基于文化传播的中华乐教创新课程构建的理论基础

(一)综合艺术课程理论

综合艺术课程,旨在解决长期以来艺术学科因门类不断细化而导致的学科壁垒问题,力图在同一人文主题的统领下,将各艺术门类内在的关联和艺术学习内容整合在一起。是近十年我国探求综合性改革的一种新型课程模式。

古希腊,作为西方音乐艺术发源地,当时的音乐艺术与戏剧、舞蹈紧密联系在一起。而在中国,早在先秦时代,便已对声、音、乐作了划分,认为声是自然发出的声音;音是有组织、有序的声音;而乐是指诗歌舞结合在一起的活动(《礼记·乐记》)。自古以来,中国对君子均要求琴棋书画的综合艺术素质,中

---

① 吴学忠. 跨文化交流背景下音乐融入外语教育的理论与实践研究:以歌曲在汉语和英语教学中的实践为例[D]. 上海:华东师范大学,2011:15-16.

国的书画、戏曲等艺术作品也充分融入了诗歌、书法、绘画、文学等艺术内容，均体现出朴素的综合艺术情怀。当前，关于基础教育阶段综合艺术课程的探索较为多见，理论基础主要依据 2001 年以来由教育部不断修订的《国家艺术课程标准》①及《国家艺术课程标准解读》。2011 年修订版的《标准》重新提出了中华民族传统文化诗、歌、舞、乐为一体的"乐教"传统的概念。进一步完善了国家艺术课程标准的若干内容。

（二）多元音乐教育与文化传播理论

在艺术教育与文化传播研究的交叉领域，现阶段的研究大致可分为以下几类：

1. 多元文化音乐教育理论

多元文化音乐教育作为跨文化交流的一种方式，已经成为当今世界音乐教育极为关注的一个焦点。Janet Field（2010）针对国际文凭组织的中学项目中通过音乐教育强化跨文化理解力进行了系统梳理，并最终提出，国际化课程的教学大纲的设计必须谨记以促进跨文化与跨国理解为重要目的。② Patricia Shehan Campbell（1992）认为，即使在普通音乐教育中，教师也必须将文化教学纳入考虑，而非单纯进行乐理教学。③ Peter Dunbar – Hall（2005）认为，一个以文化教育为目的的音乐课程大纲需体现出不同文化或政体对音乐的社会文化作用的不同理解④。

由联合国教科文组织下属机构国际音乐教育学会（ISME）推动开展的历届国际音乐教育大会，自 1953 年以来，越来越关注各国音乐教育参与世界各国文化的对话、推动世界多元文化发展的作用；在美国，1990 年于华盛顿召开的多

---

① 中华人民共和国教育部. 全日制义务教育音乐课程标准（实验稿）[Z]. 北京：北京师范大学出版社,2001.

② Field,J.（2010）. Middle school music curricula and the fostering of intercultural awareness [J]. Journal of Research in International Education,9,5 – 23.

③ Campbell S. P.（1992）. Cultural consciousness in teaching general music[J]. Music Educators Journal,78(9),30 – 36.

④ Dunbar – Hall P.（2005）. Colliding perspectives? Music Curriculum as Cultural Studies [J]. Music Educators Journal,91,33 – 37.

元文化研讨会,音乐人类学家和音乐教育工作者就美国课堂上面对白人、黑人、亚裔、西班牙裔、印第安人等不同族群,如何更全面地教授音乐文化课程展开了热烈的讨论,由此直接产生了国际领域中音乐教育审美哲学到实践哲学的转向。实践音乐教育哲学提出了不同文化语境中的音乐(musics)的概念,不再满足于将欧洲古典音乐体系作为主要的音乐课程教学内容,认为多元文化音乐教育能够在确定自我身份、激活自我文化审视方面发生作用;在我国,以管建华为代表的学者们在世界多元文化音乐教育的理论与实践方面也展开了一系列研究,认为这"将是人类社会发展在音乐教育中的一个新的起点,它将从音乐教育哲学,音乐教学内容,音乐教学方法上对世界音乐教育产生重要的影响"①。在世界范围内,音乐与文化的不可分割、以及文化在音乐教育中的重要地位得到了一致公认。

2. 传播学理论

将传播学理论引入艺术,尤其是音乐研究,是二十一世纪我国部分学者的研究热点,如曾遂今、汪森等研究者都在这一领域做出了自己的探索。如汪森的《从传播到传播学到音乐传播学》一文②,从标题便可看出其将传播学历史与理论引入的特点。又如曾遂今《音乐传播新探》③一文更是从音乐传播的过程、手段、效果、策略、形式等方面进行了论述,有着极强的传播学特点。2005年,学者曾遂今将音乐传播分为实践与理论两大层面,并指出实践层面为传播行为(如音乐形态的无媒体传播、媒体传播、音乐形态在传播过程中人们遵循的方法准则等),其研究领域主要涉及音乐这种艺术形态在动态的传播过程中对社会和人类发生的影响。特别需要说明的是,在其基础上产生的文化思考是基于音乐特性基础上的理论描述。

与以上研究相似的,基于某种艺术特性基础上的传播学理论还有影视艺术传播学等。

---

① 管建华. 音乐的跨文化交流与多元文化音乐教育[J]. 中国音乐,2003(1).
② 汪森. 从传播到传播学到音乐传播学[J]. 黄钟,2005(2).
③ 曾遂今. 音乐传播新探[J]. 中央音乐学院学报,1996(2).

3. 跨文化交际能力、跨文化理解力理论

"跨文化交际能力"是跨文化交际学中的重要概念,陈国明与 Starosta 将其定义为"互动者谈判文化意义与适当地在一个特殊环境下使用有效的沟通行为,以便确认双方多重认同的能力"。陈国明认为"跨文化交际能力包含三个相互依存的层面:认知层面的跨文化理解力(亦称跨文化意识,intercultural awareness)、情感层面的跨文化敏觉力(亦称跨文化敏感,intercultural sensitivity)与行为层面的跨文化效力(intercultural effectiveness)。跨文化理解力(Intercultural Awareness),代表跨文化沟通能力的认知面向,强调经由对自己与互动对方文化的理解,而改变对环境的个人观感的过程"①

三、中华乐教创新课程构建的理念

(一)面向对外汉语专业及海外汉语教学实践者

当前我国海外汉语文化教学的主要群体为具有对外汉语专业背景的研究生或具有海外汉语教学资质的高校教师,本课程基于我国高校具备一定中华文化素养要求的对外汉语、国际教育等专业而开设,实施一种以艺术"启智",以文化"修心"的课程模式,通过音乐艺术的内容打开文化高塔的窗口,引领学生通过感性的体验和丰富的联觉重新感受自身文化对个体及社会产生的影响,进而换一种角度思考海外中华文化的传播。

(二)以文化专题为主线,以音乐教育为主体,综合主要艺术门类

中华乐教课程提倡以音乐为主线,将艺术学科的知识、创作技能、文化背景、风格流派等内容进行综合,强调多种艺术学科的联系,不仅可以使学生有机会接触丰富的艺术信息,更能够帮助学生认识和理解本民族与世界各地艺术的历史、文化意蕴,感受其特色,形成对本民族文化的认同、热爱和对多元文化的尊重,参与文化的传承与发展。中华乐教课程,是在肯定单一艺术的艺术

---

① Triandis, H. C. (1977). Subjective culture and interpersonal relations across cultures. In L. LoebAdler (Ed.), Issues in crosscultural research. Annals of the New York Academy of Science, 285, 418 – 434.

活动体验式、课程选修式等现有模式外,构建一种涵盖音乐、舞蹈、戏剧、书法、服饰、影视等多种艺术门类的音乐教育课程,使之与单一艺术的传播相配合,形成互补,进而实现学生对艺术和对自身文化的理解。

(三)设计体现中国文化特点的单元模块

中华乐教课程,以集中体现中国文化特色的"文化专题"为主线,将中国传统艺术内容结合现当代艺术元素进行有效整合和巧妙构建,设计包括教学目标、教学内容、教学评价等在内的系统的艺术专题课程,使学生通过对中华艺术作品的分析与赏鉴,多角度认识中国文化结构的深层含义。在选材上,更侧重对中国文化的呈现;在教学方法上,更强调对相关文化热点的讨论,学生在日后的海外汉文化传播教学实践中,对中国文化的深层结构可以做到思路更加开阔。基本涉及的模块参考如下:

1. 模块一:中国女性与爱情
2. 模块二:中国英雄主义观
3. 模块三:中国民俗与民风
4. 模块四:中国家庭与伦理
5. 模块五:中国的现代化进程

以上模块设计旨在从中国的地域、民族性格、社会结构、多民族性、历史发展等多角度引领学生开展一系列的文化思考。

四、将艺术体验融入文化模块的中华乐教课程教学范式

上海外国语大学设有对外汉语专业本科专业,招收国际汉语教育专业研究生以及留学生汉语文化本科专业、孔子学院奖学金生等,其中,对外汉语本科专业向国际汉语教育专业输送在实践和理论方面更具素养的研究生人才,进入国际汉语教育专业研究生有一年时间直接参与本校海外孔子学院的汉语教学。因认识到艺术在文化传播过程中的特殊性和重要性,学院近年来开展了丰富多样的中华文化体验课程,如书法、民歌、民族舞蹈、戏曲等。基于以上现状,自2012年起,上海外国语大学人文中心集结校内外艺术教师与资源,探索开发了面向"国际汉语教育专业"学生的中华乐教课程,在校内外资源互补的条件下,进行了初步的教学实践,基本探索出以下三种教学范式:

1. 教师主导式

我国大多地区的基础教育阶段,均以实施音乐学科、美术学科的分科教学模式为主,以文化主题模块进行综合艺术习得的经验不足,这要求教师自身的知识储备和对文化现象的分析具有一定高度,在准备课程过程中,教师要从汉语习得、艺术感知与体验、历史知识等方面对艺术作品进行深度解析,确立文化讨论热点作为主要教学内容。如模块一"中国女性与爱情",教师从古今中国具有代表意义的女性人物入手,结合艺术作品开发教学内容。如,选取艺术歌曲《孟姜女》,引导学生就孟姜女的姓名观察古代女子的姓氏;从《孟姜女》中三段体现中国春节、春分、中秋、重阳等节气的歌词,挖掘能够引导学生汉语教学的元素;通过孟姜女哭长城的故事启发学生收集描写古代女性对待爱情态度的传说;另外,向学生讲解戏曲"紧拉慢唱"技法在艺术歌曲创作中的运用,通过孟姜女的服饰、发型图片,讲解中国女性服饰的变迁;最后,在学生对中国古代体现女性忠贞爱情的其他艺术作品进行的收集和分享中,鼓励学生从汉语习得、艺术体验和历史文化知识方面,自主开发同类艺术作品的艺术课案。通过对不同领域艺术作品的分析或体验,集中思考艺术作品中潜在的文化现象,进而逐步形成对艺术表达社会现实的理解,加深对中国文化的思考。

2. 师生互动式

学生在基础教育阶段所接受的学校艺术教育、社会艺术教育参差不齐,积累的艺术经验不尽相同,部分学生在书法、乐器、绘画、舞蹈、朗诵等技能方面具备一定的特长,而教师的知识储备也无法囊括所有艺术门类,教师在进行主题模块教案思考过程中,可提前给出文化模块中的具体选题,鼓励有某领域艺术技能专长或相关知识积累的学生共同参与到艺术课程的开发与探索中来,实现教学相长。如上海外国语大学 14 级国际汉语教育研究生班在《中华文化艺术体验与鉴赏》中,教师在模块"中国民俗与民风"中,给出了"中国的汉族与少数民族""中国不同地域的风俗文化""中国的戏曲与当地文化"等主题,邀请有兴趣的学生共同参与课程的设计与开发,来自内蒙古的阿莎茹同学,母亲是内蒙古歌舞团的演员,自幼能歌善舞,她主动向老师申请共同开发一节主题为"蒙古长调蒙古人"的课程。在课程实践中,她身着民族服装,亲自展示了内蒙古的"呼麦"技巧和顶碗舞,说明了蒙古族不同的身份与不同服饰的特征,将自己民族特有的生活用图文并茂的方式向大家展示出来。教师在了解了她的选题构思后,给予深化和补充,鼓励其在此基础上带领全班同学体验一次简单的蒙古族舞蹈,设计经典的几个脚步和手臂的动作,带领全体同学在实践中领略内蒙古风情。最后,老师对课程进行总结,向学生介绍总结此类课程的设计步骤,强调实践性和参与性以及艺术与生活的互动性等教学理念。

3. 小组讨论式

针对某些文化模块的若干选题,教师可根据学生的选题意向将其分为若干组别,提前布置课前资料收集要求,在课堂中以小组为单位共同讨论某一文化专题。如上外13级国际汉语教育本科专业选修课《中华文化传播与综合艺术》课程中,教师在"中国的现代化进程"这一模块,提前给学生布置以下三个选题,A组:国际舞台上的中国艺术家;B组:海外被翻唱的中国歌曲;C组:影响全球的中国艺术。学生自由分组讨论进行课题汇报。课堂上,选择A组的学生甲,把华人音乐家谭盾的作品从电影《卧虎藏龙》配乐到展现湖南湘西文化的交响诗《地图》分享给大家,总结出"民族的才是世界的"这一论题;这一论点在课堂中与C组学生就小提琴协奏曲《梁祝》而展开的论述中"用交响的语言谱写中国传说、世界的才是民族的"这个观点形成了正反两个辩题,两组陈述启迪着学生通过不同的视角看到了东西方文化上的差异性,从更深层次思考东方文化如何走向世界。B组学生从第一首被翻唱的中国流行歌曲《玫瑰玫瑰我爱你》等旧上海中国流行音乐讲起,到中国民歌《茉莉花》在意大利著名作曲家普契尼歌剧《图兰朵》中的应用,再到向全班同学展示某外国演唱组合用rap改编中国民歌《映山红》,用说唱的形式道出中国改革开放30年,以此纪念中国共产党建党90周年的案例,极大地激发了学生通过艺术创作手法了解、表达国家历史变迁的使命感和迫切感。学生对网络资源的充分应用和跨界思考让小组讨论式的课程丰富、生动,教学内容既时尚又深刻,甚至让教师大开眼界,教学手段也实现了既能从艺术本体出发,又能与文化传播相结合的良好教学效果。

五、中华乐教创新课程构建的原则

(一)坚持经典性与时代性相融合的原则

中华乐教课程的目标和宗旨在于学生通过对艺术的了解和学习,增进对文化的理解,课程每个模块下选取的艺术作品必须保证其经典性。但随着后现代主义思潮的兴起,高雅与通俗的界限日益模糊,二者逐渐从二元对立的关系,成为多元文化模式中共存的因素。教学者要充分意识到学生审美方面的变化,因势利导,坚持经典性与时代性相结合。

(二)坚持文化讲解与艺术体验相结合的原则

艺术的体验型、参与性、情感性决定了艺术课程与其他课程相比在教学方式等方面的差别,基于文化传播的中华乐教课程要尽可能为学生提供更多的艺术体验环节,强调学生在视觉、听觉、触觉多感官的互通与转换,带领学生掌握一定的还原艺术作品"韵味"的基本技能,辅以对文化的深入理解,如此可强化其进入实践领域对外沟通与教学。可通过小型的课堂汇报、期末艺术展演结合学生对各模块主题的论文,对学生的学习过程进行评价。

(三)坚持传统授课方法与新媒体运用互补的原则

随着新媒体时代的到来,学生接收信息的渠道和广度与过去发生了颠覆性的变化,艺术传播不再局限于传统的剧场、音乐厅、美术馆,而是更为广泛地进入网络等大众媒体,手机阅读成为现代人日常生活和学习不可分割的部分。在新媒体的运用方面,学生常常胜于老师,在教学过程中,要充分发挥学生信息收集方面的能力,鼓励学生从不同角度、更多艺术领域发现资源,通过讨论进一步拓宽教学双方的视野,为进入各专题的思考提供通道。

(四)坚持课堂授课与专题讲座相结合的原则

中华乐教课程除了音乐内容的教学,还与艺术学科的其他门类产生较多的关联性。课程普遍会遇到某一领域教师艺术门类单一或各科艺术教师共同合作困难等问题,在尽可能实现艺术类老师围绕专题集中授课的模式下,还需要注意校内资源与校外资源的整合,高校可借助高雅艺术进校园项目、与当地主要艺术场所合作等模式引入一系列中华文化特色讲座,聘请当地民族艺术领域的专家与学生实时互动,力所能及的开拓艺术教育平台。

综上,艺术作为文化的呈现方式之一,因其具有不试图表现价值判断方面的中立性,而成为文化传播的重要载体。通过艺术了解文化对于个体理解本民族与其他国家、民族之间的关系具有较大辅助意义。面向国际汉语教育专业学生构建的中华乐教创新课程,期许为多元文化音乐教育、综合艺术教育、跨文化能力与意识的培养、中华文化在海外的进一步传播提供一个新的角度。

中华文化海外传播的实践与启示

——基于上海外国语大学汉语国际教育人才培养的实际

张艳莉 *

我校中国语言文学一级学科点和汉语国际教育硕士专业学位点依托学校多语种、多学科的优势，为有效对接"一带一路"和"中国文化走出去"的国家战略，为国家和地域经济文化的发展培养出了一大批学贯中外、能开展中外文化交流与研究、能有效传播和弘扬中国语言文化的高级人才。特别是在培养了解中国历史文化和当代中国，知华、友华，并善于进行跨文化交际的实践性复合型国际人才方面，我们取得了卓越的成绩，得到了国家留学基金管理委员会、国家汉办/孔子学院总部、上海市教委等部门的充分肯定。

我校在中文学科建设和汉语国际教育人才培养过程中十分注重与国内外著名高校和相关学科的专家、学者的交流。为了有效促进中国语言文化的教学和研究工作进一步转化为服务社会的成果，扩大我校中国语言文学相关学科在学术领域的影响力，这几年我们主办/承办了"汉语国际教育人才培养与中国文化传播国际学术研讨会""第三届上海青年语言学论坛""2014年上海市古典文学学会年会""上海市汉语国际教育硕士专业学位研究生教育实践工作专题研讨会"等多次重要学术会议，每年邀请多名海内外专家来我校进行学

* 上海外国语大学国际文化交流学院院长，教授。

术演讲,并鼓励学位点教师积极参加国内外的重要学术会议。

近年来,我们在汉语国际教育人才的培养过程中,在中华文化海外传播方面进行了多方面卓有成效的探索:

一、搭建多样化国内外实习平台,建设中国语言文化海外传播案例库

近年来,我们为中国语言文学各专业方向研究生和汉语国际教育硕士搭建了多样化的实习实践平台。随着我校留学生招生规模的扩大,历届中国语言文学各专业的研究生以及汉语国际教育硕士专业学位研究生均参与了校内外各种教学实践机会,这已成为学生实践的一个主渠道。此外,我们还积极在海内外其他相关机构开拓实践基地,目前已有三家基地获得了上海市教委的立项资助。这些工作在最大程度上保证了为每一位在读本学科的研究生提供实践机会的可能。被派往相关机构进行教学实践的学生不仅获得了宝贵的教学经历,同时也收获了丰富的教学及管理经验,对汉语国际推广与中国文化推广事业的发展做出了贡献。

我们根据国家汉办"请进来"、"走出去"的方针,依托国家汉办志愿者中心的支持,充分利用我校各海外交流院校和孔子学院等平台,积极开拓海外渠道,为各专业研究生创造了尽可能多的海外教学实习机会。

几年来,中国语言文学一级学科点和汉语国际教育硕士学位点近200名研究生先后被派往意大利那不勒斯东方大学孔子学院、日本大阪产业大学孔子学院、秘鲁天主教大学孔子学院、匈牙利赛格德大学孔子学院、西班牙马德里大学孔子学院、摩洛哥卡萨布兰卡哈桑二世大学孔子学院、乌兹别克斯坦撒马尔罕国立外国语学院孔子学院、德国海德堡大学等,他们在世界各地的汉语教学和中华文化传播的舞台上发挥着自己的专业特长,将所学的理论知识运用于课堂教学的实践,从而得到了更大的锻炼和提高,同时也得到了海外各相关实习单位的充分认可。

此外,为提高学生的问题意识和实践能力,本学位点收集了大量中国语言文化海外传播案例,搭建了包括日本、意大利、秘鲁、摩洛哥、匈牙利、西班牙等不同国别在内的海外实习案例库,案例多为学生实习期间撰写,真实生动,富有启示性,分别从汉语教学、文化传播、跨文化交际等方面描述了不同国别的国际汉语教学情况。这些海外实习案例内容丰富,形式多样,生动展现了世界各地汉语教学情况,为案例教学提供了最鲜活的案例资源,已能初步满足相关课程改革的需求。依托这一实习案例库,我们为相关专业开设了案例分析课,并把案例教学法广泛应用于汉语国际教育和中华文化传播等实践类课程中,在提升学生的课堂观察能力、教育反思能力和中华文化海外传播能力上发挥了积极的作用。我们还把优秀案例编入学校自编刊物《学而》(已出版三期),并作为内部交流材料邮寄给全国 100 余所开设相关专业的高校,得到了广泛好评。

二、发挥学科优势,培养知华、友华人才,助力中国文化走出去

我们依托雄厚的学科积累和师资力量,在本科、硕士、博士不同阶段形成了一条紧密衔接、密切配合的培养链条,尤其重视在来华留学生中间培养知华、友华的高素质人才,努力发挥自身特色对接"一带一路"和"中国文化走出去"的国家战略,把优势的学科资源真正转化成了良好的社会效益。

在本科生培养方面,我校国交学院为留学生本科开设了汉语综合课、写作课、读写课、中国文化等多门重要课程,充分利用一级学科综合优势,注重汉语教学和中国文化传播的有机结合。在高年级本科留学生培养中还进一步融入了中国文学、传统思想和艺术、当代国情文化等相关内容,引导留学生在学习专业知识、提高汉语水平的同时,不断加深对中国的了解和理解,建立知华、友华的感情。

2014 年以来,我校国交学院留学生本科在已有的汉语言、翻译、国际经济与贸易等专业外,新设了汉语国际教育专业,包含国际汉语教育和中国研究两个专业方向。我们在为该新设专业制订培养方案时特别注重专业基础课程和实践课程的平衡,为该专业毕业生将来从事海外汉语推广工作或继续攻读中国语言文学各相关专业以及汉语国际教育硕士专业学位打下了扎实的基础。

　　同年,我们申报自设汉语国际教育二级学科博士点,并成功获批,逐渐形成了一条完整的本、硕、博连续的从事中国文化推广和汉语国际教育及研究的高层次专门人才的培养链条。2012 年至 2015 年间,我校国交学院留学生本科毕业生中已先后有 9 人考取校内外中国语言文学各相关专业以及汉语国际教育硕士专业学位研究生,3 名硕士研究生毕业后考取了语言学及应用语言学、汉语国际教育等专业的博士研究生,为中国文化与汉语国际推广输送了一批高素质的后备人才。

　　多年来,我校中国语言文化相关专业在稳步发展中涌现了大量科研成果,建立了一支高水平的师资队伍,形成了较深厚的学科积累,为来华留学生培养,特别是知华、友华高素质人才的培养,以及中国语言文学一级学科发展的国际化进程提供了强有力的支撑。这鲜明地体现出我校相关学科在发展中对接国家战略、服务社会需要的主导思想,在促使学科成长的同时,也日益彰显出专业特色,不断提升了学科优势。

英国面向拉美的语言传播战略*

——以巴西为例

周小舟**

一、引言

语言是世界上最伟大的艺术和最富有征服力的武器,没有语言作为沟通工具,人类的进步与文明便无从谈起。英语,作为世界通用语(English as a Lingua Franca),在促进世界各地交流沟通领域贡献了不可磨灭的力量,可以说英语是 20 世纪最重要的语言之一。英语在全球的扩张始于大英帝国从 17 世纪开始的殖民历程。在殖民的鼎盛时期,除南极洲外各大洲均有英国的殖民地。在 18 世纪末期,英语在商业、科技、外交、艺术、和教育方面所起的巨大促进作用已经使其成为真正意义上的第一个世界通用语。大英帝国衰败之后,英语在全球的地位又被二战后美国的崛起与发达所提升。美国的经济文化在世界的影响进一步加速了英语在全球的传播。如今,英语是联合国、欧盟和许多国际组织的官方语言。母语是英语的人口数排世界第三,仅次于中文和西班

* 本文系国家社科基金青年项目"国际比较视野下面向拉美地区的语言传播战略研究"(项目号:15CYY015)的阶段性研究成果。

** 周小舟,博士,上海外国语大学英语学院副教授,主要研究领域为:语言政策、课堂话语分析、英国高等教育。

牙语。

二、英国对外语言传播机构与战略

(一)英国文化委员会简介

英国自从殖民扩张起就没有停止过对外进行英语传播的活动。它的对外语言传播与文化交流主要由英国文化委员会承担。英国文化委员会(British Council,以下简称 BC)是一个专注国际教育与文化交流的英国组织,在英国注册为慈善机构。BC 于 1934 年成立,前身为"英国与他国关系委员会"。在英国政府内部,它隶属于外交与英联邦办公室,但是日常管理保持独立。

20 世纪 20 年代,法国、德国和意大利的官方文化组织运作模式较为成功,这在一定程度上促成了 BC 的建立。成立之初,"英国与他国关系委员会"的工作主要分为两个方面,一是支持海外英语教育,二是通过讲座、巡回音乐会和艺术展览的方式传播英国文化。可见,在 BC 成立的最早期,发展英语教育与传播英国文化就是其重要工作目标之一。BC 的工作开始于东地中海地区与中东地区,接着延伸至欧洲较为贫穷的国家与南美。BC 独立于英国在各国的使领馆之外工作,它的驻外工作人员负责搜集有关当地情况、机会和开放性的信息,这些信息搜集功能在二战之初转化成新成立的情报部。

BC 的主要倡议为英语教学、海外工作、体育项目和一些在线活动。如今,世界上 53 个国家有 BC 的 70 个教学中心,教授了超过 30 万学生,课时超过 100 万小时。因此 BC 宣称它是世界上最大的英语教学机构。同时,它的考试中心每年还负责超过 100 万考生的考务,其中最重要的考试便是与英国剑桥大学 ESOL 机构和澳大利亚 IDP Education 机构一同负责全球雅思考试。另外,BC 还与英国的其它有关机构与行业协会合作,共同监管海外的英国学校。在英国本土,BC 与英国教育部合作,帮助 300 万儿童获得"国际学校奖章",旨在使这些儿童增加对外国文化的理解与欣赏。

BC 在英国负责一项帮助英国学生在海外实习的项目 IAESTE(International-al Association of the Exchange of Students for Technical Experience),该项目在全

球 80 多个国家实施,接受具有强烈进取心的本科二年级以上的理工科学生,安排他们在国外从事与专业相关的有酬劳的实习工作。另外,BC 在 40 个国家开展与体育相关的活动,帮助年轻人学习领导才能与团队合作精神。此项目帮助培养了 5500 名"年轻的领导者"。由此可见,BC 的主要工作任务是传播英语与英国文化,通过负责标准化英语考试考务、提供英语学习资源、培训当地英语老师、以及开展各类文体活动来使更多的当地人融入英语学习和英国文化的氛围中。不仅如此,BC 还积极开展教育交流活动,使得英国年轻人走出去,在了解他国文化的同时,成为传播英语和英国文化的使者。

BC 自从创立以来便争议不断,主要集中在开支、以色列和巴基斯坦问题、问责、以及对待各国分支资金支出不平衡的问题。BC 一直强调自己独立于政府,可是它的开支全部来自英国政府,也就是来自英国的纳税人。这不可避免地使得 BC 的工作带有政府的目的性,但是 BC 在这个关键问题上一直很巧妙地躲避了公众的质疑,坚称他们的工作是完全独立的。可是,在开支的问题上,BC 却不止一次卷入使用纳税人的钱支持工作人员出差开销的丑闻中。其中,2010 年,因为开支违反了 BC 的内部规定,时任 CEO Martin Davidson 不得不面对媒体的职责。这也进一步反映出 BC 与英国政府之间的关系,即 BC 其实并非独立于政府的机构,它的工作计划与内容在很大程度上反映了英国政府的全球战略。

(二)英国进行英语传播活动的主要战略

英国在全球的英语传播主要是从以下几方面展开:奖学金的提供、教师培训与资格认证、教材的出版与使用、标准化考试。

英国通过提供奖学金鼓励国际学生去英国留学,接受全英语的授课方式,继而间接扩大的英语在全球的影响力。英国政府提供的奖学金主要针对欧盟学生。国际学生,尤其是非理工科专业学生的机会相对较少。比较为公众熟知的有海外研究生奖学金(Overseas Research Students Scholarship)和志奋奖学金(Chevening Scholarship),不过挑选门槛很高。近些年,意识到国际学生给英国高等教育,乃至英国经济带来的不可估量的利益,英国大学开始增加奖学金的数量,除了政府提供的奖学金之外,很多大学也有为研究型硕士生和博士生提供学费补助的项目。

在英国培养对外英语教师的师资,主要是通过两门硕士课程的进修与学习,一门是"教授母语非英语的人英语"的硕士课程(MA in TESOL),另一门是应用语言学硕士课程(MA/MSc in Applied Linguistics)。前者注重实际教学操作,后者强调理论与研究方法。英语教师的资格认证工作主要是由"英国英语教学认证机构"(English in Britain Accreditation Scheme)展开的,英国文化委员会也参与该机构的协调管理。除此之外,"获认可的英语学校协会"(Association of Recognised English Language Schools)承办一些私立师范的培训工作。与英语教学相关的两大行业协会"英国应用语言学协会"(British Association of Applied Linguistics,简称 BAAL)和"国际英语作为外语教学的教师协会"(International Association of Teachers of English as a Foreign Language,简称 IATE-FL)为这一领域的教师和研究者提供就业指导、培训和机会。母语非英语的英语教师通常要先取得英国皇家文科协会认证的 CELTA 证书(Certificate in Language Teaching to Adults),才能开始在世界各国担任专业英语教师。英国利用其英语教学的优势,开展英语教师的培训活动与资质认可,这些培训课程与颁发的资质在国际上也享有很高的声誉,吸引想要从事英语教学的人群求学英国,学成之后将英语学习的经验在世界各地传播,进一步拓展了英语在全球的影响力。

英国的英语教材出版行业已然发展成了规模经济,是英国政府进行英语全球传播的坚强后盾。最为典型的大型出版机构有:朗文(Longman)、麦克米伦(Macmillan)、牛津大学出版社(University of Oxford Press)、剑桥大学出版社(University of Cambridge Press)。其中,剑桥大学是雅思考试的主办机构之一,它的出版社依托这一优势发行了大量与雅思考试相关的英语学习资料。

这些出版的英语学习教材反映了不同时期在英美和欧洲流行的英语教学方法,例如从早期的听说法(audio - lingua method)演变至后来的交际法(communicative method),教材的更新换代意味着教学法的不断发展,也反映了英国对国际英语教学动向的操控与引导。

BC 在各国的分支机构承接着雅思考试在当地的所有考务。雅思考试是由国际上多家教育机构联合推出的,包括英国剑桥大学、英国文化委员会、IDP 澳洲教育机构和澳洲雅思服务处。雅思考试的主要目的是测试母语非英语学生的综合英语水平。雅思考试有通用型和学术型两种类型,分别适合就业与留学两种人群。考试内容分为听、说、读、写四个部分。英联邦国家的大学将雅思考试的成绩作为录取国际留学生的要求之一。许多美国大学也接受用雅思成绩取代托福来衡量学生的英语水平。全球化带来了教育国际化的发展,无论是吸引留学生去英美等西方国家留学或是发展跨国教育、建立海外校园,雅思考试都是学生必须参加的考核之一,雅思考试在全球大范围的推广与应用无疑也间接提升了英语在全球的影响。

三、巴西及其语言政策简介

巴西是拉美最大的主权国家,也是世界上人口和面积第五大国家。它是世界上最大的官方语言为葡萄牙语的国家。葡萄牙在 1534 年正式开始了对巴西的殖民。在殖民时代开启之前,巴西大部分的部落说着 Tupi – Guarani 语。殖民时代的前两百年,当地土著人与欧洲人之间的战争从未间断。16 世纪中叶蔗糖成为巴西最重要的出口产品,导致大量非洲奴隶涌入。在蔗糖出口开始下降时,17 世纪末,因为黄金的发现,巴西又吸引了众多葡萄牙人和其他葡萄牙殖民地人,导致移民和当地人的纷争不断。一直以来葡萄牙在巴西的殖民政策主要有两个目标,一是控制并扫清一切奴隶反抗活动,二是压制所有自治或独立运动。

被殖民之后的巴西,葡萄牙语成为其官方语言,也是报纸、广播、电视等媒体及商业和行政场合使用的唯一语言。巴西葡语在很大程度上与 16 世纪欧洲葡语的中南部方言较为类似,同时也受到美洲印第安语和非洲语言的影响。因此,巴西葡语在发音上与欧洲葡语还是有些许不同,这样的不同就如同英国英语和美国英语之间的区别。巴西是美洲唯一一个说葡语的国家,这使得葡语成为巴西人身份和文化象征的一部分,也是他们用以区别自身与其他说西班牙语的邻居们的重要特征。

除了葡语之外,巴西境内也存在着很多少数民族语言。在偏远地带约存在着 180 多种美洲印第安语。在 São Gabriel da Cachoeira 自治市,Nheengatu,Baniwa 和 Tucano 这三种语言与葡语一同被列为官方语言。其中 Nheengatu 语是目前在南美面临灭绝的克里欧语,由巴西土著语词汇与葡语语法结合而成,是巴西的一个主要通用语。

在巴西,接受初级和中级教育(12 年级)的学生必须学习至少一门外语,通常是英语或西班牙语。巴西是南美第一个向中学生开设世界语课程的国家。巴西的南部和东南部地区还有较多德语和意大利语社区,这主要是由于早先德国和意大利移民将他们自己的方言带入巴西,在多年的融合过程中,这些德语和意大利语方言也受到葡语影响。

四、英国面向巴西的语言传播战略

如前文所述,英国在世界各国的语言文化传播主要是由英国文化委员会执行的,在巴西亦是如此。其在巴西的语言传播战略可以从两个角度去分析:一是 BC 在官网上直接提供与英语学习相关的服务与援助;二是通过开展与英国文化相关的一系列艺术、教育、文学、体育等等活动来扩大英语在巴西的影响力。

(一) 直接提供与英语学习相关的服务与援助

这种形式的语言传播主要通过以下三种方式进行:提供英语学习的网站与客户端应用;为英语教师提供的在线资源;为院校提供的英语服务。

1. 提供英语学习的网站与客户端

BC 在巴西并不提供英语课程给个人,但是他们提供非常丰富的在线免费英语学习资源。例如,BC 的网站提供数百页的音频和视频内容,已经超过2000 个互动留言。这些音频和视频资料包括:播客故事,情景剧的音频,一系列 BBC 英语教学电视,以及教学生如何在不同场合说话的视频。学习者可以成为会员,这样可以为网站提供资源,还可以与其他学习者互动并下载资源。用户还可以通过游戏和笑话来练习英语。

除了网站之外,BC 还开发了大量学习英语的客户端应用,供手机和平板电脑使用者学习。这些应用里的内容包括播客、情景剧、小测试、游戏、和帮助学习者训练语法、词汇和发音的练习。同时,BC 的网站专门设计了分别给 5 - 12 岁的儿童、13 - 17 岁的青少年,商务人员学习英语的网页。甚至与巴西文化相结合,开发了学习足球英语的网页,学习者可以通过这个网页了解英国足球超级联赛的俱乐部和球员信息、比赛规则,做游戏和小测试。

2. 为英语教师提供的在线资源

BC 的网站为英语教师提供了丰富的免费在线资源。老师们可以下载教学大纲、授课资料、学习技巧,以及关于职业发展、学术会议与资质认证的文章和信息。其中,网上所提供的教学大纲和授课资料会定期更新,对于目前在职的英语教师而言,网上提供了可以帮助他们加强对教学法的理解的文章与文献,与供教师参考的课堂活动安排。对于正在接受培训,想要成为英语老师的人群,也会有定期更新的资料发布在网上。BC 针对学生的英语听力水平和发音问题提供了一个"音位图"工具,帮助学生更好地理解和掌握英语的音标发音。它所提供的教师培训课程目前还没有上线,预计很快将会出现在它的官方网站上。这类的教师培训课程将涵盖初级和中级教学、教学技术以及其它很多方面。

3. 为院校提供的英语服务

BC 有着 80 年的英语教学经验和丰富的研究数据库,致力于将英国的专业知识经过加工,根据客户的要求制定出相关度更高的、性价比更高的高质量服务。与公立院校和私立院校的合作中,BC 主要提供的服务包括:教师培训、个性化的英语课程、为政策制定者提供咨询。教师培训方面的服务涉及如下几点:英语教学资质认定、教学质量控制项目的考核与实施、针对教师的英语语言发展、课程大纲与英语学习资料的开发。在制定个性化的英语教程方面,BC 开发了用以确立学习者英语水平的分级考试,且提供英语作为特殊用途语言的课程,例如在酒店管理、警察和安全部门等语境下的英语课程。除此之外,为国家层面的教学计划提供政策对话、策略建议和帮助支持,是 BC 的一项重要任务,高质量地完成该任务使 BC 获得较高的国际声誉。它支持政府提高教育质量、加强科研与创新、确保教育满足工商业的需求、并且在英国和世界其他国家之间建立持久的教育伙伴关系。

(二)间接通过举办艺术、教育、体育等活动传播英语

除了直接地提供与英语学习相关的资料、教师培训与政策咨询以外,BC 还积极通过举办一系列文体教育活动,通过宣传英国文化来扩大英语在巴西的影响力。

在艺术方面,BC 负责艺术的团队与英国最优秀的创意人才长期合作,组织创新的高质量艺术活动,吸引当地民众积极参与,并与全世界的艺术文化机构开展合作。艺术的不同门类他们均有涉足,比如:艺术、设计与时尚、创意经济、戏剧与舞蹈、电影、文学、音乐、视觉艺术。每一个门类下都有具体详尽的介绍,以网页或博客的形式展现。英国与巴西有一项名为"Transform"的艺术交流活动,2012 年在英国举办,2016 年在巴西举办。这项新艺术与创意活动使得两国艺术界的专家可以分享各自经验,借此展开交流,促进英巴之间的艺术对话。2015 年,BC 举办了世界上第一个在线 LGBT 电影节。在成功举办电影节之后,BC 和英国电影学院在 2016 年举办了"fiveFilms4freedom"电影活动,通过五部电影传达自由精神。这五部电影均可免费在英国文化委员会的巴西国家网页上观看。2016 年 BC 组织了莎士比亚逝世 400 周年的纪念活动。活动形式包括戏剧、摄影、科技、电影、英语教学等。可以看出,BC 的用意在于将语言传播与文化交流紧密相连,在扩大英国文化影响力的同时间接地传播了英语。

在教育方面,BC 作为英国的文化传播机构,它的目的就是为英国和其他国家创造并提供教育国际化的机会,这一点体现在高等教育和初级中级教育上。关于高等教育,BC 支持扩大学生、学者和教职人员的流动性,鼓励各国学生与教师的互换项目。BC 竭力推广大学、工商业和政府之间的合作,通过政

策对话和科学研究,推动英国和世界各国的高等教育国际化的发展。为此,BC每年都会举办 Going Global 大会,召集全球教育专家共同商讨高等教育发展中国际化的角色与位置。同时,鉴于英国高校强大的科研能力,BC 支持并推动英国和其他国家之间建立以科研为基础的合作伙伴关系。通过提供各种形式的资助,主要为奖金资助,为科研创新提供机会与动力。在推进英国高等教育国际化的同时,英国的教育理念、科研文化得以输出到世界其他国家,而这样的输出,都是以英语作为交流的媒介,所以 BC 在高等教育领域的策略最终希望达到的结果是英语与英国文化在全球的传播与互动。

除了高等教育之外,BC 也在积极促进英国与巴西之间在初级与中级教育层面的合作,例如通过建立学校之间的合作关系帮助孩子了解全球要事,利用英国的经验帮助巴西中小学评估与提高教职员工的领导才能,为了提高巴西英语老师的水平将他们送到英国接受培训。上述这些举措在推动两国教育合作发展的同时,都直接或间接地推进了英语在巴西的传播。

在体育方面,BC 通过体育传播文化、推动国与国之间关系发展的力量,在巴西开展不同形式的体育活动,例如与英国的橄榄球职业联赛和足球职业联赛,结成伙伴关系,将这些赛事介绍给巴西的年轻人。此外,"青年体育领导力"这个项目也可以帮助教师和年轻人在体育运动中提高他们的领导才能和信心。两国之间体育活动的展开,给予了文化交流充分的机会,也是英国将自身体育文化传播弘扬的契机。在这样的交流过程中,英国本土的语言优势得到进一步发挥,英语在交流活动中的主导地位也得到进一步确认。

五、结语

英国的对外语言与文化传播主要由 BC 这样一个宣称独立于政府的慈善机构来承担。然而,由于 BC 的开支来自纳税人,它究竟在何种程度上可以做到完全独立不受政府决策影响,不得而知。尽管 BC 的政治立场值得商榷,对英国而言它在推广英语教学上所做的贡献却是功不可没。可以看出,BC 的策略性和系统性非常强,在开展文化艺术体育类活动时有的放矢,有计划、有组织、有针对性,但是却没有显露出任何强制性的特点,让受众自发地被英国文化感染,继而主动接近、了解,在这个过程中,潜移默化地完成了对外英语传播的任务。此外,他们提供的交流交换项目对于年轻人而言非常具有吸引力,在增进两国交流的同时,宣传了自身的教育文化,为本国的教育国际化做了贡献。

近年来中国与拉美国家的经贸合作越来越密切,人文交流活动也逐渐增多。随着中国软实力的提升,在对外语言传播上的战略也应有所变化。这一点上,我国的对外语言传播机构,例如孔子学院,可以向 BC 吸取有关经验:为对象国提供很多系统的免费的与时俱进的语言学习资源,将语言传播贯彻到创新有吸引力的文体艺术活动中,使语言传播更有效率和活力。

中国读本:孔子学院与高校武术教育

丁丽萍*

作为中国特有的传统文化,武术无疑是一个能很好地标识中国、诠释中国的文化符号,然而,在跨文化交往中,符号的阐释者才是连接中国形象和他者认知的中介。中国武术在过去的三十多年历程中,在举办各类世界性的武术赛事以及扩大国际武术联合会成员等方面都取得了显著成果,但武术国际化人才的培养却始终没有跟上这一发展的步伐,从而限制了其发展的层次和空间。

汉办主任许琳说,"我们派出去的每位老师都是一个中国读本",同样,中国读本的质量在某种程度上决定着中国文化能否被正确的表达和传递。"一个姚明,胜过许多中国出品的电影或文化演出,在他的身上体现出来的品质,让国际社会各界人士充分认识到当代中国青年的正面形象"。如果不是这样,就极有可能将中国文化分离成现实与理想的两张皮。①

可见,无论是夯实现有孔子学院的质量,还是培养中国武术国际化人才,其首要的重点都离不开人才的培养。因此,孔子学院与高校武术教育的协同发展不仅可以突破孔子学院自身发展的瓶颈,而且孔子学院的海外平台可以推动高校武术人才国际化的培养进程,进而实现二者的多样化与个性化。基

---

　* 上海体育学院副教授。
　① 包霄林. 创新中国文化对外传播的理念与途径[J]. 中华文化论坛,2013(2):9.

于此,本文围绕中国武术读本的培养进行了相关的探讨。

一、复合型的国际化师资:汉语－武术国际教育人才的培养

面向 21 世纪,所有的高等教育都开始提出国际化的教育观念,就是要培养具有全球意识的世界公民。日本"临时教育审议会"说,"只有做一个出色的国际人,才能做一个出色的日本人";美国提出要注重培养学生成为"有全球意识和有国际眼光的人"。可见,国际化的教育理念就是要给学生托起一个平台,使其站在整个人类的高度和广度去思考,拓展全球化视野和开放的思维方式,不能再拘囿于一个国家、一种文化。①

而关于武术国际化人才培养的问题,刘和臣等早在 2004 年就已提出:"我国没有武术国际推广人才的培养体系,体育院校在这方面有专业和师资上的培养优势,但却没有发挥出来"。② 虽然全国已有近五十家高校设置了武术与民族传统体育专业,但从其不同阶段制定的武术专业人才培养目标来看,"国际化"始终没有被纳入"培养从事武术训练、教学与科研工作专门人才"的框架;当然,这也与现实情况相关,如优秀的竞技武术运动员拥有高超的技术水平,但文化积淀和跨文化语言交流能力不尽人意,没有在中国武术的国际化交往中发挥其应有的作用。时至今日,国际化武术人才的培养依然处于"供不合需"的窘况。

对于孔子学院来说,其志愿者教师的主要来源是汉语国际教育硕士专业的学生。为助推孔子学院的发展,2007 年 3 月 30 日国务院学位办于发布了关于《汉语国际教育硕士专业学位设置方案》的通知,初步在全国设立了 24 所试点院校。③ 汉语国际教育硕士专业的成立确实为孔院的发展提供了强有力的师资保障,然而从该专业的发展现状来看,主要存在以下现象:①男女比例悬

---

① 成文章,唐滢,田静. 云南省高等教育国际化战略研究[M]. 科学出版社,2008:114.

② 刘和臣,刁振东. 对培养武术国际推广人才的探讨[J]. 吉林体育学院学报. 2004(4):100－101.

③ 国家对外汉语教学领导小组办公室. 汉语作为外语教学能力等级标准及考试大纲[M]. 北京:北京大学出版社,2005.

殊。如苏州大学,在三年的国内招生中,女生共计 207 名,男生仅有 17 名。②
三大生源专业主要是语言专业。其中的英语专业、汉语言文学专业以及对外
汉语专业都各有优势,但共性的劣势就是中华才艺锻炼方面的意识,英语专业
学生是多才艺的,但也是围绕英语文化本体方面的。③外籍学生以亚洲国家
学生居多,大部分学生的本科专业为汉语,主要通过孔子学院奖学金的形式来
入学,对该专业的状况不甚了解。①② 于是,为了解汉语国际教育硕士专业学
位研究生的基本情况,本文查阅了教育指导委员会制定的培养方案,方案对招
生对象、培养方式、课程类型的规定如下:

● 招生对象:具有国民教育序列大学本科学历(或本科同等学力)的
人员。

● 培养方式:采用课程学习与汉语国际教育实践相结合,汉语国际教育与
中华文化传播相结合,校内导师指导与校内外导师联合培养相结合的方式。

● 课程类型:包含核心课程、拓展课程、训练课程三种类型,核心课程(18
学分)、拓展课程(8 学分)、训练课程(4 学分)、教学实习(6 学分)、学位论文
(2 学分),总学分不低于 38 学分。

从上述要求来看,汉语国际教育硕士专业面向所有专业招生,培养方式灵
活多样,核心课程以汉语和跨文化交际等相关内容为主,50% 的课程采用外语
或双语教学。"中华文化才艺与展示"属于教学实践类的训练课程板块,占 1
学分。不难看出,课程设置是符合"培养适应汉语国际推广新形势需要的国内
外从事汉语作为第二语言、外语教学、传播中华文化的专门人才"要求的。③
但从现有"好在大家对汉语和中华文化需求很大,只重量不在乎质,还能够支
撑这个局面"来看,孔子学院发展的前景,是不容乐观的。孔院的未来需要"具

---

① 郭小瑜. 汉语国际教育专业硕士培养的研究与实践[D]. 苏州:苏州大学,2014:33 -
36.

② 敬敏. 广西汉语国际教育专业硕士生源多样性分析与评价[D]. 南京:广西大学,
2012:46 - 47.

③ 国家对外汉语教学领导小组办公室. 汉语作为外语教学能力等级标准及考试大纲
[M]. 北京:北京大学出版社,2005.

备一定汉语国际推广能力的有特色的复合型人才"。"有特色"就是要集合多种专业的优秀人才,通过汉语国际教育的培养,以更好地满足孔子学院、孔子课堂在海外的多元化需求,这与"特色型孔子学院"的设想初衷是相一致的。因此,本文在前人研究的基础上(张长念,2015)①,结合汉语国际教育专业人才的素质,勾勒出"汉语－武术国际教育人才"素质结构图(表1)。

表1　汉语－武术国际教育人才素质结构图

结构	汉语国际教育专业人才素质	共需素质	武术与民族传统体育专业人才素质
知识	具备比较扎实的汉语言知识; 具备第二语言习得理论和教学理论知识; 中华才艺技能相关知识; 中国思想; 国际政治与经济专题知识;	教育学、心理学知识; 中国历史文化知识; 国别与地域文化知识; 语言与文化知识; 礼仪与公共关系知识;	运动人体科学知识; 运动训练学知识; 武术历史知识; 武术与中国文化的关系知识; 武术拳种理论知识; 民族传统体育理论知识;
技术	第二语言教学技术; 汉语教学研究方法; 中华才艺技能;	现代多媒体教育技术; 课堂教学设计; 汉语言技术;	竞赛套路或传统套路等系统的技术; 武术散打技术; 健身气功功法技术; 民族传统体育项目;
能力	多语能力(精通英语,掌握一种小语种); 运用外语流利进行汉语教学的能力; 汉外对比能力; 课堂教学能力; 活动设计能力;	教学能力; 协调与沟通能力; 非语言表达能力; 跨文化交际能力; 自我调整、自我提高、应变外部环境的能力;	能运用外语进行武术或民族传统体育项目教学的能力; 动作示范与纠误能力; 武术动作创编能力; 武术对练或对打动作设计; 武术竞赛组织能力; 民族传统体育项目活动组织开展能力;

---

① 张长念. 武术国际传播人才素质需求研究[D]. 苏州:苏州大学,2015.

续表

结构	汉语国际教育专业人才素质	共需素质	武术与民族传统体育专业人才素质
精神		道德、诚信守诺、包容精神； 坚忍、实事求是、钻研精神； 爱国、政治立场坚定、民族精神	

从表1可以看出,在共需素质方面两个专业存在着一定的重叠,在某种程度上弥补了"特色"群体的短板。同时也建议:1. 高校武术与民族传统体育专业在本科培养中增设"武术国际教育"方向,部分课程要对接汉语国际教育硕士专业课程。2. 汉语国际教育硕士专业招收"具有大学本科学历的优秀武术运动员",成立特训班。3. 汉语国际教育硕士专业与武术、民族传统体育硕士专业进行联合培养。4. 通过孔子学院,高校武术与民族传统体育专业可直接招收海外孔子学院的学生、老师,可优先考虑对中国武术与民族传统体育项目有基础有兴趣,并具有一定汉语水平的外籍学生和教师,以为所在地孔子学院的本土化师资提供资助。

二、国际教育交流与合作:依托孔子学院平台,推进武术文化对外交流

国际教育交流,从广义的角度讲,就是"为了某一教育目的而进行跨越国界的人员互动",①这些人员可以是怀有不同兴趣和能力的学生,也可以是学者和专家,他们之间建立起的互动是教育国际化最基本的形式。为了鼓励学生流动,推进学者互访,吸引国外高水平专家学者来华,我国教育部出台了很多相关的政策文件、管理办法以及交流项目。因此,高校武术与民族传统体育教育的国际交流与合作可围绕着国家的资源和项目,同时参照《孔子学院发展

---

① 董薇. 经济全球化背景下高校国际交流合作的思考[J]. 宁波职业技术学院学报, 2009(3):93.

规划(2012—2020 年)》等文件,集各国人才之力,健全武术国际课程教学资源和体系,广泛地开展武术文化、技术等多学科、多领域的合作项目,使中国武术更好地发挥其服务人类社会和健康的作用。

(一)以留学生武术课程与孔子学院武术课程的同步对接为桥梁,培养国际武术师资、创新武术教学模式、编写武术多语言教材,健全武术国际课程教学资源和体系

考量高等教育国际化的重要因素之一就是留学生的教育与质量。如2004年,斯坦福大学就有来自除美国本土以外的 87 个国家和地区的学生,所占比例33%;国外留学生在哈佛大学的比例也占到在校生总数的 18%。① 中国教育部在 2010 年印发的《留学中国计划》通知中也指出,"到 2020 年,使我国成为亚洲最大的留学目的地国家。建立与我国国际地位、教育规模和水平相适应的来华留学工作与服务体系;造就出一大批来华留学教育的高水平师资;形成来华留学教育特色鲜明的大学群和高水平学科群;培养一大批知华、友华的高素质来华留学毕业生。"

所以,要吸引各国留学生来华留学,扩大外国留学生的规模,提高中国在国际留学生市场上所占的份额,就必须要提高我国高等院校的办学水平和质量。② 然而,高校武术与民族传统体育专业虽对留学生设有学历教育和短期培训,但却忽视了留学生群体在武术国际化发展中的潜力,为留学生设置的针对性课程较少。如吴霞对我国综合类大学留学生武术教学现状进行调查后发现,课程与教学内容、师资及外语水平、教学场地等是限制留学生学习武术的影响因素。因此,杨啸原提出,应把普通高校拥有的几十万留学生作为武术国际传播的重点,在教材编写中也应体现出留学生的分层性,一是普通高校留学生群体的对外武术汉语教材,可纳入各专业学历教育课程中;一是面向国内外

---

① 赵筱媛,苏峻. 世界一流大学人文社会学科发展研究:历史、现状、与启示[J]. 清华大学教育研究,2006(3):11.

② 成文章,唐滢,田静. 云南省高等教育国际化战略研究[M]. 科学出版社,2008:18.

体育类院校的武术双语教材和教法,以及武术文化和理论的教学内容。① 吴霞也建议将武术课纳入留学生学分体系;创编适合留学生学习的武术双语教材或引导留学生共同创编武术教材;武术相关管理部门可与电视台推广部门等进行合作,推出类似"CCTV留学生武术大赛"等,以鼓励和激发留学生的习武热情。② 因此,孔子学院的"三教"问题与高校武术、民族传统体育专业"本土化国际人才"(对象国师资的在中培养)培养可根据上述建议和模式开展,以切实解决二者目前存在的问题。

(二)借助国家和孔子学院的资源项目,扩大武术文化与技术的深度交流与合作研究

如果没有交流,也就没有今天丰富的中国武术技术与训练方法。近亲繁殖、营造排他性的所谓纯"中华武术圈",只会使中华武术的资源日渐枯竭。马敏跃就建议开展"多学科研究家、社科研究家、西方格斗专家在内的学术交流",目的在于发现"人才"、"新的科研方向"以及"武术新的潜力开发点"。③因此,高校武术与民族传统体育专业应合理利用国家和孔子学院提供的资源项目,从人类共同关注的生存与发展问题着手,促进自然科学、技术科学、哲学和人文社会科学对中国武术与传统体育的研究,也可以使孔子学院的文化传播和研究进入更高层次的学术殿堂。④

目前,很多院校就通过"海外名师"和"长江学者"项目聘请体育领域内的高水平专家来校开展讲座、教学和合作研究。如国内的一些体育院校,就已经开始注意聘请国外知名教授来中开展武术与健身、干预治疗等自然科学领域的相关研究。今后还应扩大研究及交流范围,如可申请教育部的"中华文化研

---

① 杨啸原. 国内外高校武术传播现状调查与特征分析[J]. 搏击·武术科学,2011(8):5.

② 吴霞. 我国综合类大学留学生武术教学现状及课程设置研究[D]. 济南:山东体育学院,2011:21.

③ 马敏跃. 推进武术国际化发展的思考[J]. 体育科学,2004(8):74-80.

④ 程玉敏. 文化软实力与高校国际交流合作的战略选择[J]. 福州大学学报(哲学社会科学版),2013(6):108.

究项目"以加强社会科学方面的研究,因为该项目就是支持外国学者来华从事中国文化和历史的深入研究,涉及领域为中国语言、文学、历史、哲学、教育、经济、古建筑、艺术史及中医、针灸等专业领域的研究工作。

同样,国外也有很多高校开展武术类的课程,我们可通过孔子学院"新汉学计划"中"理解中国"访问学者项目(来华访问学者项目;短期来华项目;中国学者赴外讲学项目),邀请国外高校武技方面的专家进行技术实践和理论研究的交流,真正以"大武术观"的视野正确审视中国武术发展的未来。此外还有国际会议项目和出版资助项目,不仅可以邀请国外大学或研究机构举办或参加有关中国研究的国际会议,还可以资助外国学者出版或翻译相关的博士论文和学术著作,甚至支持创办学术刊物,从而推动合作交流层次的多元化。

三、武术传统的现代表达:高校武术表演专业的当代使命

在上海交通大学与国外大学的一个合作调查中显示,认为"中国有非常丰富的文化遗产"的美国人占 40.6% ,但却有 72.5% 的人不认为"中国有非常吸引人的流行文化"。而李开盛等人的研究也显示,美国人对孔子学院消极态度的来源至少有 3 项与文化直接关联,而消极态度来源则没有一项与文化直接相关;因此他认为,孔子学院虽然推出了如书法、武术等具有中国传统文化特色的课程,但却没有发挥应有的效果,反映出传统文化不一定能够自动转化为现代文化资源。[①]

文化包含着民族国家的精神底蕴和价值追求,因而一个国家文化软实力的培育以及文化战略的形成并非一朝一夕可成。它取自于本国深深根植的传统,并且需要将这些普遍认同的传统进行梳理提炼和现代化转变,使其成为既符合时代要求又具备特殊标识的精神理念,才能成为具有战略价值的文化软实力。[②] 中共中央总书记习近平在中共中央政治局第十二次集体学习时就强

---

① 李开盛,戴长征.孔子学院在美国的舆论环境评估[J].世界经济与政治,2011(7):88.
② 周璐铭.中国对外文化战略研究(2000 - 2015)[D].北京:中共中央党校,2015:40.

调,要使中华民族最基本的文化基因与当代文化相适应、与现代社会相协调,以人们喜闻乐见、具有广泛参与性的方式推广开来,把跨越时空、超越国度、富有永恒魅力、具有当代价值的文化精神弘扬起来,把继承传统优秀文化又弘扬时代精神、立足本国又面向世界的当代中国文化创新成果传播出去。①

孔子学院在过去的发展中也已经意识到现代媒介的重要性,在运用现代媒介展示汉语方面也做出了努力和尝试,主要表现在:1. 得到中央电视台、国际广播电台、国家广播电视总局的大力支持。如中央台的四、九频道,国际广播电台每天5到10分钟的学汉语广播,国务院新闻办每一期各语种的杂志专设"教汉语"页。2. 从中国的两万多个成语中,选取800个成语变成动漫故事;联合国侨办编写中国历史常识、中国文化常识、中国地理常识,以小故事的形式把中国地理文化和历史串联起来,实现多媒体化。但许琳也谈到,"作为市场规模来说这些还是远远不够的,而且做这些项目都是在亏损中坚持与继续的。所以,如何运用广播和电视的技巧扩大辐射面,需要来自高校理论研究的支撑。"同时,"创意产业在中国还处在兴起阶段,与好莱坞、迪斯尼相差太远,在这方面也需要加大投入使其市场化,企业公司都很支持我们,但机制和模式还需探索。"

一直以来,中华武术无论是在国内、还是国外的文化交流和展示活动中也都发挥着一定的作用,如对外文化交流展示、体育赛事开幕式表演、旅游文化节、春节晚会等等。并且,自2012年起,已经认识到动作类影视、综艺类表演、网络游戏等市场对武术演艺人才需求的各大体育院校,纷纷拓宽专业办学口径,开设武术表演专业或武术表演方向,但专业的培养理念却局限在三个方面:一是培养具备动作类影视的专业从业人员;二是培养武术从业人员进行动作的创意、设计和动作模特;三是培养能够从事校园文化及素质教育的专业从

---

① 习近平在中共中央政治局第十二次集体学习时强调,建设社会主义文化强国,着力提高国家文化软实力[EB/OL]. 经济网,2013 – 12 – 31.

业人员。① 高等院校具有人才培养、科学研究、服务社会和文化传承创新四大功能,而武术表演专业或武术表演方向培养的人才应该担负起文化传承创新的重担,所以,从全球化、国际化的视野出发,其培养目标应注重"培养具有中国武术传统文化的现代转化力和创造力思想的表演创作人才"。

根据市场营销理论,除了自身所独有以及竞争对手难以复制和模仿的,产品的核心竞争力还必须是有效的竞争资源。差异性并不一定意味着核心竞争力,因为某些差异性不具备可开发的价值,因而在竞争中是无效的差异性。然而,很多人却想当然地将文化的差异性片面地等同于文化的核心竞争力,②这也是在开发武术作品时要注意的。故事、技术、画风哪一点最重要? 执导《功夫熊猫》的约翰·斯蒂文森回答:"故事!"因为技术手段是实现文化定位的工具,没有故事和思想的作品,冲击力再强带来的震撼也是短暂的,不会留下深深的启示和思考的痕迹。

因此,体育院校与孔子学院携手,孔子学院的中国文化交流活动与表演可以体育院校武术表演专业(方向)为核心进行策划,而孔子学院也可为专业人才的培养提供一定的实践平台。建议可合作的项目:1. 武术表演专业(方向)承担孔子学院相关的中国文化交流活动和表演,开发出"精品"武术表演节目;2. 开发具有中国当代文化价值观的武术与汉语结合的相关产品,可用于孔子学院中的课程教学;3. 武术表演专业(方向)负责思想创意,孔子学院可提供企业方面的支持与合作;4. 与孔子学院已建立的媒介合作,打造"创意武术"与"中国梦"的系列作品。

---

① 王三,虞定海,王继强. 我国体育院校开设武术演艺专业方向的可行性研究[J]. 山东体育学院学报,2010(5):85,89.

② 李朝阳. 中国动画的民族性研究:基于传统文化表达的视角[M]. 北京:中国传媒大学出版社,2011:107,102.

新加坡文化传播的经验与启示

刘 晨[*]

一、引言

文化,对内可以整合国家,增强国家认同,提高民族自信心;对外可以通过文化的传播辐射吸引和感召他国民众和国际社会,提升国际威望。

新加坡文化既包含有华人移民带去的儒家思想,也接纳了西方的民主法制的文化,并非单一的东方文化或是西方文化,而是博采众长,形成了自己独特的文化。多元和谐是新加坡文化的最为显著的特点。这种多元化不仅表现在人口成分,也表现在宗教信仰和语言风俗习惯等其他方面。新加坡政府采用英语为行政语言和社会通用语言,全国范围内使用英语、华语、马来语、泰尔语四种语言,学校教育以英语为教学媒介,鼓励学习本族群语言。在风俗习惯上,各族群都保留着自己的特有风俗习惯,如华人的春节、中元节,马来人开斋节,印度人卫赛节。显然,多元和谐是新加坡文化的最为显著的特点。

新加坡地处东西文明交汇的十字路口,新加坡发展的历史较短,建国的历史更短,不过几十年而已,没有深厚的历史积淀,也没有令人称羡的文明。新加坡从建国初期的"文化沙漠",发展成为一个文化性的国际大都市,主要是由

---

　　* 上海外国语大学。

于新加坡将文化传播上升到国家发展战略的高度,通过将文化传播与其他方面相结合,来促进国家的整体发展,提升国家的综合国力和竞争力。新加坡政府持续加大对文化的投资力度,制定各种政策促进文化发展,积极打造世界国际文化艺术中心,使文化艺术和经济建设同步前进,同时新加坡注重利用已有的经济成就积极开展对外文化传播,提升国家的软实力,塑造负责的国际公民形象。

经过几十年的发展,新加坡的文化传播取得较大的成效,通过国际援助、举行文化艺术活动等各种途径,使新加坡拥有了具有世界影响力的特色品牌活动,主要有新加坡国际基金、新加坡合作计划、新加坡公共事务管理公司、新加坡季、新加坡花园节等。新加坡文化传播的成功对于中国具有借鉴意义。本文试图通过对新加坡这样一个拥有中华文化渊源的国家如何开展文化传播的研究,来探讨中国如何利用自身中华文化的独特性来开展对外文化传播,来促进国家的发展,为国家争取有利的国际环境,实现国家利益的最大化。总结新加坡文化传播的经验,对中国的文化传播具有十分重要的借鉴意义。

二、新加坡文化传播的特点

(一)政府主导,不求回报

新加坡文化传播的最大特点是由政府主导。国际上普遍认为新加坡是典型的"威权国家",政治经济社会管理高度集中,在这样一个"威权国家",文化传播作为外交的一部分,绝大部分活动是由新加坡政府所主导。例如,"新加坡合作计划"自开启以来就是由新加坡外交部组织负责,新加坡国际基金会主要由新加坡政府部门主导。

(二)细水长流,持之以恒

新加坡文化传播自始至终坚持的是细水长流、持之以恒。在开展对外交流时,秉持的是细水长流,不贪图求快、求新,而是由点到面,逐步扩大,逐步提升交流层次,并持之以恒。如新加坡国际基金会项目,多年来起到了很好的文化知识传播与技术传播的作用,为许多第三世界国家提供富有实效的帮助,增进了友谊,树立起了负责任的国际形象。

三、新加坡文化传播的具体措施

新加坡政府自 20 世纪 60 年代开始,一方面加强国内文化建设,另一方面注重引进外来文化成果,促进国内的文化发展。新加坡政府从中国大陆、中国台湾引进书籍、电影等文化产品,加强伦理道德建设,强化亚洲价值观,促进新加坡人民文化素质的提高。在科学技术方面,新加坡积极引进欧美发达国家的先进技术和设备,并与他们达成协议,帮助新加坡发展新兴技术和培养管理技术人才。到 20 世纪 90 年代,新加坡的经济和文化建设都取得较大成就,新加坡开始调整文化策略,广泛开展对外文化交流,提升国家软实力。随着时代的发展,对外文化传播方式已突破过去传统的制式和运作模式,与传统方式相比其形式更加多样,内容更加丰富,如承办国际文化体育活动、文化交流、艺术团访问、国际援助、志愿者计划等等。新加坡的文化形式非常多样化,主要以实施国际援助、举行文化艺术活动、发展文化产业三种形式进行。

（一）开展国际援助

开展国际援助是新加坡针对发展中国家,提供援助、树立负责任的国际公民形象,从而提高新加坡在外交场合发言影响力的一种重要文化传播方式。新加坡提供国际援助的形式主要有两种,一是在某些国际组织机构的框架下,与其他发达国家合作共同承担的援助,旨在为发展中国家提供医疗、教育、卫生或是技术等方面的培训和服务,如新加坡合作计划中联合援助计划;另一种则是由新加坡单独向其他国家提供援助,这些援助项目主要有新加坡合作计划中双边援助计划、新加坡国际基金下的"新加坡海外义工团"等等。新加坡的国际援助的对象非常广泛,而且持续历史时间较长,相对稳定。新加坡的国际援助大大拉近了新加坡与当地人民的距离,同许多国家结成了友好关系。

（二）举办文化艺术活动

举办文化艺术活动是新加坡文化传播的又一重要方式。这些文化艺术活动大都可以分为两种,一为承办大型国际文化体育活动,二是新加坡自主开展文化艺术活动。新加坡每年都会承办一些大型的国际文化活动,比如承办2010年青少年奥运会、开设了F1亚洲赛场、亚洲媒体节等,透过这些国际文化活动的开展,吸引世界的注意,增大新加坡的国际影响力。除了承办国际文化活动以外,新加坡也会自主开展文化活动,邀请世界各地的艺术家前往新加坡举行讲座、开设展览等,经过一段时间的发展,新加坡形成一些特色文化活动如新加坡艺术节、新加坡花园节、新加坡季等,这些文化活动不仅传播新加坡文化,拓宽世界了解新加坡的渠道,也丰富了新加坡的外交内容和形式。

(三)发展创意文化产业

发展创意文化产业也是开展新加坡文化传播的一种有效方式。通过将文化与经济相结合,利用文化的魅力推广文化产品,促进文化产业的兴盛,促进经济的发展。新加坡通过开展"新加坡旅游节"、"新加坡艺术节"、"新加坡花园节"等特色文化活动,推动新加坡旅游业、设计艺术、园艺园林及其相关产业的发展。此外,新加坡还利用自己在金融、管理、设计等方面的经验发展公共管理服务事业,利用人力资源方面的优势和知识经济,加强其他国家与新加坡的经济联系。新加坡通过自身的文化建设和文化传播的开展,促进文化产业的发展,力争在世界文化产业的竞争中占据一席之位,更好地促进新加坡的产业转型升级,促进新加坡经济的持续发展。文化产业的发展在提升了新加坡国际竞争力的同时,进一步强化了外界同新加坡的联系,从而强化"多边卷入",加深相互依赖程度。文化传播与经济外交相结合,全面促进新加坡的生存安全与发展。除了上面三种主要形式以外,人才引进、传媒的控制、互联网信息监控等等都是新加坡文化传播的重要方面。经过近二十年的发展,新加坡的文化传播取得了巨大成果,形成了自己的战略特点。

四、新加坡文化传播对中国的经验与启示

中国具有五千年的悠久文化,文化积淀深厚,文化具有长远向心力。中国自汉唐开起,疆域逐渐扩大,到明清时国力达到顶峰,形成了同心圆式的朝贡体系。在朝贡体现下,其他周边小国诚服于中国天朝。中国能取得如此辉煌的"远人来朝"的局面,原因之一在于我国的文化水平一直处于较高水平。中国历史上使周边蛮夷诚服于中央王朝的主要方式是德,而不是力。三国时诸葛亮"七擒七纵"孟获的例子就能看出,我们的文化水平一直在不断地提升,高于周边蛮夷地区。中国长期以来始终是在同化别人,很少有被别人同化的时候。当初英国人打得全世界都有它的殖民地,可是短短一百年间就统统丢掉了。我们今天的疆域之所以这么大,就是因为我们用的是同化,而不是武力。近年来,从中央到地方,也一直在强调塑造中国形象建设,我们也取得了很多成果。但有时会发现,我们做了很多,国外的媒体报道却是负面的居多。这里面深层次原因很复杂,但我想,新加坡的例子也许可以帮助我们在对外文化交流与文化传播时予以借鉴。我们在对外传播时始终应"以德为先",始终强调中国文化的和平性。具体做法上有三点启示:

一方面,我们在对外文化传播时应首先在国内将中华文化发扬光大。新加坡在建国初期,李光耀极力推崇在新加坡国内的文化教育,使各民族的文化向心力愈来愈强。我们今天发现我们的文化同化力越来越弱,许多学校早早开设美国高中班、英国高中班,儿童很小的时候就开始学习英语,国内学生参加美国 SAT 考试的越来越多,很多人在盲目地学习外国文化,却把中华文化丢在了一边,这是要不得的。我们在开展对外文化传播时理应更重视国人传统文化的教育。当中国游客在国外旅行时各种不文明行为屡见报端时,如何使中国文化形象在外国人眼中受到推崇呢?

其次,在开展对外文化传播时应像新加坡一样坚持政府主导,坚持细水长流,持之以恒,不能因一些负面评价而动摇。我们开展对外文化传播本身是促进文化交流,本身有利于世界和平,因此不能急躁,急于求回报,不能因国外媒体的某些不实报道而产生情绪。比如,在文化交流碰撞中也会产生一时误解,我们应把心态放宽些,不能因为一些外国媒体负面言论而产生极端的思想。中国是大国,逐渐在发展,理应容得下国外媒体的多元化评论,不能因为有人对孔子学院进行负面新闻报道而产生消极心态。

再次,我们在开展对外文化交流时也应多总结经验,改变方式方法,吸收别的国家好的方法。比如,新加坡设立了新加坡国际基金会,每年开展各种对外援助活动,通过基金会的运作使得对外交流援助活动是公开透明的。我国似乎还缺乏这样的"叫得响"全国性的对外交流社团组织,我们发现许多老百姓对这些援助活动缺乏了解,只是听到新闻媒体报道了援助了多少价值的物资等等。又如"新加坡海外义工团"、"新加坡奖学金"这样的形式就很好,通过做义工等形式来开展对外交流,我们在对外交流的方法手段上应进行提升与优化,来更好地适应国际文化传播的舆论环境。

中国是一个文化大国,应积极利用自身中华文化的独特性来开展对外文化传播,来促进国家的发展,为国家争取有利的国际环境,实现国家利益的最大化。新加坡是个小国,但其文化传播的经验对中国的文化传播发展同样具有十分重要的借鉴意义。

中华文化如何更好地向海外传播？

李 力*

伴随着大国崛起和文化自觉意识的增强,越来越多的国家与民族要求在世界文化秩序中得到自己的发展空间,文化也因此成为了国家或民族身份建构与认同的重要标杆。中华民族在数千年的历史中,以独特的文化魅力对周边国家乃至世界产生了重要的历史影响。然而,经历了鸦片战争后的中华文化却在百余年中的国际社会中不断衰退,中国文化在海外的影响力日渐减弱,这对实现中华民族的伟大复兴构成了严重的挑战。那么,如何讲好中国故事,传播好中国声音？如何把"中国梦"同周边各国人民的美好生活愿景对接起来？如何发挥文化潜移默化的影响作用,促进中华文化走出去？这对于提升中国的国际话语权和影响力,建设世界文化强国具有重要的战略意义。

一、文化产品"走出去"需要"供给侧改革"

随着中央经济工作会议 2015 年 12 月 21 日在北京落下帷幕,"供给侧结构性改革"成为当下中国政经语境中最热的词汇。我们看到的是,以消费品为例,一方面,传统的中低端消费品供给严重过剩,"中国制造"的廉价和低端已经满足不了中国消费者对于品质的要求;另一方面,高品质消费品供给不足,

---

* 内蒙古大学。

中国居民在海外疯狂扫货,国外代购、海淘流行,进口消费品猛增。① 据苹果公司 2015 财年第一财季业绩数据显示,第一财季在中国大陆获得高达 100 亿美元的营收,中国地区的销售额相当于苹果在全球销售额的 22%,中国成为全球第二大 iPhone 销售市场,仅次于美国。

作为文化的载体,文化产品的这种"供需错位"的现象同样表现得十分明显。美国的好莱坞大片、日本动漫甚至韩剧在国内大行其道,市场份额与收视率远远大于国内同类文化产品。而中国的古装剧、武侠剧等在欧美几乎没有收视率。《文化建设蓝皮书:中国文化发展报告(2015~2016)》中显示,相当一部分受访公众认为,中国目前文化产品质量不高,需要提升质量。拿中国目前生产影片的情况来说,虽然现在每年生产不少影片,但国产影片无论是国际竞争力还是商业票房,都与欧美大片存在不小的差距。调查显示,对于"国产影片和欧美影片之间比较的总体评价",有 49.10% 人认为"差别很大,欧美影片比国产影片优秀很多"。

那么,作为"地主"的我们都无法与之相抗衡,在"走出去"的途中又该历经何种艰辛?

在我国历史上,传统的文化产业具有过辉煌的过去,许多传统文化产业、行业,从远古走到今天,已经成为华夏文明进步过程中最为重要的一个组成部分,这其中既有享誉古今中外的陶瓷工艺、玉器雕刻,也有笔墨纸砚等文房四宝的传统加工与制作,影响范围几乎覆盖了"一带一路"区域内的所有国家,直至今天仍对世界产生影响和具有重要的价值。迄今,已有许多传统文化内容被列入到世界文化遗产的名录当中。然而,由于时代变迁、人力成本、社会需求等原因,很多传统产业规模急剧缩小,甚至面临生死存亡的危机。他们在国内遇到瓶颈时,也曾试图复制加工制造业的模式,以"出口"自救。然而"走出去"的路同样步履维艰,甚至有些受到国家大力扶持的传统文化产业在"走出去"的时候也水土不服,支不抵收。我们似乎看到了这样一个现象,越是民族

---

① 吴敬琏. 供给侧改革[M]. 北京:中国文史出版社,2016:129-130.

特色含量多的本国产品,在"走出去"时越可能遭遇水土不服。

我们看到的是,中国的电视剧、电影、小说中所隐含的传宗接代、重男轻女、父母干涉婚姻生活等思想观念和生活方式,与欧美人大为不同,也因此不能得到欧美观众的认可。甚至,一些文化产品中带有明显的政治说教色彩,也成为了我国文化产品出口困难的重要原因。《文化建设蓝皮书:中国文化发展报告(2015~2016)》中指出,由于对外文化交流在传播过程中未注意到传播地区的特殊文化接受习惯、现代技术的应用不够充分、在交流过程中对商业演出和商业品牌的推广偏少,导致部分国家对中国的复兴抱有偏见,对中国文化存在误解。

以美国和日本为例,可以清晰地看到其文化产品是如何克服离开本国土壤后的水土不服问题。

美国缺乏悠久的历史和传统文化资源,但他们的文化产业精英们善于从其他民族的历史中去找创作灵感,如根据中国文化题材拍摄的《花木兰》《功夫熊猫》等影片让中国风席卷全球。他们并不是对外国文化进行简单复制或挪用,而是大胆地与美国本土文化精神相结合,不断推陈出新。韩国也把我们的经典名著《三国演义》开发成了游戏。

此外,日本的文化产品在出口时也没有沿用国内传统的歌舞伎、能剧等文化产品,而是开发了一系列现代意义的作品,如动漫《哆啦 A 梦》《樱桃小丸子》《灌篮高手》,以及近年的《千与千寻》《火影忍者》《海贼王》等影视产品,风靡全球,这些动漫所引领的上下游产业链也因此而发达,模型、玩偶所创造的销售额是影片的 10 倍。日本动漫还发挥着重要的文化宣传作用,其中处处都体现着日本本民族文化。日本政府也正在把动漫产业转变为表现日本软实力的重要内容来发扬光大。正如他们所追求的,让日本动漫在全球传播日本文化,彰显日本的影响力。武士道精神、团队协作精神,包括和服、便当等传统民俗文化在动漫作品中处处可见,日本民族传统文化以动漫这种新形式被全球青少年广为接受。

此外,我国在对外的文化产品种类上,仍主要集中在印刷品、视觉艺术品等传统产品方面,创新性不足,在版权贸易方面严重缺乏竞争力。

我们必须区分的一个事实是,对内的文化保护与对外的文化输出是截然不同的两个概念,对内需要为子孙后代保留原汁原味的产品,对外则需要与当地国家、民族的文化相适应,当然,这种适应是以承载我国文化为前提的。古典经济学家萨伊认为,供给创造需求。如果我们仅从文化产品的输出角度来看,这个理念完全与中国"一带一路"的战略目的所匹配。这就要求补"文化短板",不断在创新中改善文化产品的供给,即在"求同存异"理念指导下,鼓励文化企业积极研究"可分享的价值"和"精致生产",最大限度发挥"工匠精神",通过发起"品质革命"引导境外消费,让"中国创造"照亮中国文化产品"走出去"的道路。

二、文化品牌是文化产品的脸,文化输出也要看"颜值"

在坊间,有这样一种对品牌的戏谑解读:男生对女生说:我是最棒的,我保证让你幸福——这是推销。男生对女生说:我老爹有 3 处房子,跟我好,以后都是你的——这是促销。男生根本不对女生表白,但女生被男生的气质和风度所迷倒——这是营销。女生不认识男生,但她的所有朋友都对那个男生夸赞不已——这是品牌。①

塑造了"米老鼠""唐老鸭""小熊维尼"等著名动漫形象的美国迪斯尼影视制作公司自 1923 年成立以来,成功地占据了全世界儿童的休闲时光,成为世界影视业巨头,这是美国的文化品牌。

对于一个企业来说,一个成功的品牌,能迅速地深入人心,将企业的文化和价值观传送到消费者心中,消费者总是倾向于选择自己信赖的品牌,品牌的影响力左右着企业的生存。在市场经济的条件下,谁拥有品牌,谁就拥有市场。同样,一个国家的文化品牌也与国家在国际上的认同感息息相关。美国的好莱坞,印度的宝莱坞,甚至日本的动漫业,韩国的电视剧,这些产业的背后

---

①　胡锦澜 . 大众传媒时代的学校品牌塑造[M]. 北京:新华出版社,2013:3.

都包涵了各自国家的文化底蕴和对事物的哲学认识。中国的地产大王王健林曾指出,中国最缺的是文化品牌,文化品牌相比商品品牌更为重要。商品品牌很少有做到百年的,但是文化品牌影响时间很长,能够影响几代人甚至几十代人。他认为:文化输出思想和价值观。美国人卖的东西不仅仅是产品,在产品、在营销当中,潜移默化地就输出思想、世界观。美国现在最大的产业是文化产业,占了 GDP 的 24%,美国占了全球文化产业的 60% 的份额,美国政府极力通过补贴鼓励输出的就是文化产品。所以中国特别需要从现在开始着手研究、打造具有国际影响力的中国文化品牌。

三、讲故事、说传奇、拉闲话,让每一个人是说话者,也是听话者

讲故事、说传奇,道理其实很简单。想想我们的孩提时代,我们是不是讨厌父母的说教,也不喜欢枯燥的文言文呢? "把别人的钱装进自己口袋的人是老板,把自己的思想装进别人脑袋的人是老师。"要让自己的思想入别人的脑、入别人的心确实不是一件容易的事,实际上,向海外传播文化其实与我们教育小孩有异曲同工之处,小孩没有长大,高深的东西听不懂;同理,没在中国生活过的外国人对于中国文化也就像一张白纸,靠宣讲式的、布道式的、灌输"真理",把听众当成一个收容器,我讲你听,是很难改变他们的认知模式和思维习惯的,而润物无声的讲故事往往可以达到潜移默化、沁人心脾的效果。

党和国家领导人十分注重话语方式的选择,在新民主主义革命时期,人民不了解什么是马克思主义,不知道马克思主义能带来什么,甚至不知道马克思是哪国人。针对这个问题,1938 年 10 月,毛泽东在党的六届六中全会上提出了"马克思主义中国化"的命题,指出"马克思主义中国化"就是马克思主义在中国要有"中国的特点",具体表现在要"新鲜活泼""为中国老百姓所喜闻乐见",并具有"中国作风和中国气派"。习近平总书记也在讲话中多次强调"讲好中国故事,传播好中国声音"的重要性和意义。

我国有很多擅长讲故事的人。莫言瑞典出席诺贝尔奖的颁奖典礼演讲时,他将自己定位于一位"讲故事的人"。莫言说:"我是一个讲故事的人。因为讲故事，我获得了诺贝尔文学奖。我获奖后，发生了很多精彩的故事，这些故事，让我坚信真理和正义是存在的。今后的岁月里，我将继续讲我的故事。"这也是莫言获得西方社会广泛认知，继而成为中国首位获得诺贝尔文学奖的重要原因。中国大陆漫画家本杰明在采访中也说："我对自己的定位就是个讲故事的人，当我画一张插画，虽然它只是一张图，但很多读者跟我讲，这个画让他想起某个时间，想到某些人，这都是故事。"

实际上，国内历史学家们早已将"故事"融入枯燥乏味的史学理论与历史事实中。早在2001年，中央电视台播出的《百家讲坛》就深受广大人民所喜爱。后来的学者易中天、于丹，小说家当年明月更是此中翘楚。

讲故事、说传奇、拉闲话，就像在夏日里，大家搬个小凳，坐在四合院或者胡同里聊天。这是一种宽松的、亲切的、自然的谈话，每一个人既是说话者，又是听话者，不是我说你听，而是大家都说都听。说话者和听话者的心灵距离无限接近，文化的隔膜与障碍在故事中消逝。

今天，出国留学和定居海外的中国人已经拥有了极大的体量。2015年度，我国出国留学人员总数为52.37万人，从1978年到2015年年底，我国各类出国留学人员累计达404.21万人，其间有大量国人定居海外。此外，还有众多走出国门的企业，在取得经济效益的同时，也应该赋予其对外文化传播的任务，把企业经营的主业与中华文化相结合会是一个"双赢"。"把生活、消费、工作等活动统统与文化结合在一起，使文化走出'阳春白雪'、'自我束之高阁'的尴尬局面。"①通过举办茶话会、书画鉴赏会、武术健身课程、中式厨艺大赛等文娱活动，通过在活动中讲故事、说传奇、拉闲话，让当地员工和家庭成员在不知不觉中学习中国文化，消费中国的文化产品，变成一个个的中国"粉丝"。

四、让海外的老年人知道中国的现状，让海外的年轻人懂得中国的历史

在2016年厦门市集美区举办的"首届嘉庚论坛"上，有学者指出，"当前海

---

① 叶朗. 信息产业与文化产业的结合[J]. 信息空间,2003(1):63.

外华人已经出现了文化上的断层,老年的华人对中国的现状不了解,年轻人则对历史不了解。"

当我们回顾抗日战争那段英勇悲壮的历史时,我们发现,海外侨胞以毁家纾难的报国情怀、前仆后继的英雄气概、不畏牺牲的献身精神,投身伟大的抗日战争,与祖国人民共赴国难,结成举国御敌的坚强力量,以血肉之躯铸就了中华民族不屈的钢铁长城。他们对自己的祖国进行经济援助。他们地不分东西南北,人不分老幼贫富,均勠力同心、慷慨解囊,通过义捐、义演、义卖、侨汇、认购国债等多种方式,为祖国抗战筹措军费,捐献数量之大令人震撼。据统计,从卢沟桥事变到太平洋战争爆发的这4年半时间中,著名爱国华侨领袖陈嘉庚先生一人就捐款约15亿元,对抗日战争的胜利起到了不可磨灭的重要作用。据陈嘉庚的侄孙陈忠信回忆说:"陈嘉庚主张'财自我辛苦得来,亦当由我慷慨捐出,不遗财产给子孙',所以,他的家产几乎都倾注在教育和支援抗战上,没有留给子孙。"此外,又有成千上万华侨青年怀着"国家兴亡,匹夫有责"的满腔热血,抛家舍业、历尽艰辛,毅然回国参军参战,或到后方为战争服务。仅东南亚回国抗战的粤籍华侨就有4万余人。

然而,正如学者所言,很多海外的老年华人可能认为中国现在是专制的、是独裁的,甚至是愚昧的,是落后的,这源于许多海外新闻媒体在中国问题上所传播的负面消息。而在海外长大的年轻人,同样受当地教育和媒体的影响,许多人的心中已经没有了祖国,或者说不再认为中国是他们的"根"与"源"。

百余年前,梁启超在《少年中国说》中说:"少年强则国强,少年智则国智,少年富则国富,少年独立则国独立,少年自由则国自由,少年进步则国进步,少年胜于欧洲,则国胜于欧洲,少年雄于地球,则国雄于地球。"

在那个灿若星辰的年代,有毛泽东、周恩来、邓小平、蔡和森、任弼时、李维汉这一批批拥有奋斗的和向上的人生观的年轻人,才有了新中国的诞生与中华民族的崛起。

今天,那一辈的人已逐渐凋零,不管我们是否愿意,历史的接力棒最终会到达新一代的年轻人手中。因此,未来中国国际的话语权有多少,就在于今天我们让海外的年轻人知道多少;未来中华民族的海外声音有多大,就在于今天我们对海外年轻人传播力度有多大。中华文化海外传播的首要指向性群体应该是:年轻人。

五、结语

长期以来,中国对外宣传的一个重要特点就是谨小慎微,这与改革开放时初期"摸着石头过河"的历史与当前错综复杂的国际关系有着密不可分的关系。然而,换一种思路,这也可能是百年屈辱带来的缺乏自信的表现。当前,改革已经进入攻坚期和深水区,经济体制改革、行政改革、"三农改革"已经如火如荼地展开,中国的对外宣传也要敢于啃硬骨头,敢于涉险滩,努力将中华文化更好地向海外传播,让更多的人知道中国,让更多的人了解中华文化,认可中华文化,从而为实现中华民族伟大复兴营造良好国际环境。

战略传播视阈中的孔子学院对外传播研究

余 越[*]

一、战略传播的定义、内涵与意义

战略传播理论主要是指是指政府或组织为实现特定战略利益,动员协调各种资源,向特定受众传递信息、施加影响的过程,一般以认知提升、形象塑造、身份建构、态度转变、价值认同、行为转化为目标。2009 年美国国防部向国会递交《战略传播报告》,并成立"全球战略参与小组",拉开了战略传播资源整合的序幕,使战略传播得到了各国政府与理论界的关注。

战略传播的实施主体具有多样性,国家元首、政府外交机构和国际组织等都是实施战略传播的行为体,其中,国际非政府组织作为国际活动的重要参与者和国际格局的建构者。对于国际非政府组织而言,战略传播与传统传播模式相比所体现出的优越性,可以修正其传播过程中碎片化、局部性、偶发性等缺陷,促使其在于其他国际关系行为体的动态平衡中实现全面性、方向性、持续性的传播理念和传播系统的制定与构建,促进传播目的和组织理念的最终实现。

---

* 上海海关学院、海关总署公共关系研究中心研究员。研究方向主要为国际非政府组织、国际传播、战略传播等。曾在《新闻记者》《新闻战线》《思想政治理论》等核心期刊发表论文多篇,主持并参与省部级课题多项。

战略传播作为一种新兴的传播理念和传播系统,与一般传统意义上的传播相比具有如下特征:一是在战略目标上更有全局性,战略传播是将一个组织或机构与传播相关的全部活动都纳入战略目标的范畴内作整体研究计划;二是在战略规划上更具层次性,战略传播既具有传播理念的宏观性,又具有传播系统的层次性,确保传播在整个战略传播体系中的宏观、中观、微观层面都能取得最佳效果;三是在战略执行上更具持续性,战略传播并不以单项传播活动的一时成效作为评价反馈的标准,而是通过系统、持续、全面的反馈评价体系评估传播的实际成效和对组织产生的影响。

二、孔子学院对外传播现状分析

孔子学院(Confucius Institute)是由中国国家对外汉语教学领导小组办公室(国家汉办)在世界各地设立的旨在推广汉语和传播中国文化与国学教育的文化交流机构,总部设立在中国北京。主要采用总部直接投资、总部与国外机构合作、总部授权特许经营三种模式,在国外建立孔子学院并对所在国公众开展汉语教学、文化传播、互动交流等活动。全球首家孔子学院于2004年在韩国首尔正式成立。

根据中国民政部门对于非政府组织的定义,结合目前被普遍接受的斯特·萨拉蒙教授关于非政府组织所应具备的组织性、民间性、非营利性、自治性、志愿性等特征的论述,依据《孔子学院章程》中明确规定的"孔子学院作为非营利性教育机构,其宗旨是增进世界人民对中国语言和文化的了解,发展中国与外国的友好关系,促进世界多元文化发展,为构和谐世界贡献力量"的说明,说明无论是在理论论述还是实践运作中,孔子学院是一个总部在中国,以推动"推动中外文化交流与融合,以建设持久和平、共同繁荣的和谐世界"为宗旨的国际非政府组织。

截至2014年12月7日,"全球126个国家(地区)建立475所孔子学院和851个孔子课堂。孔子学院设在120国(地区)共475所,其中,亚洲32国(地区)103所,非洲29国42所,欧洲39国159所,美洲17国154所,大洋洲3国

17 所。孔子课堂设在 65 国共 851 个(科摩罗、缅甸、马里、突尼斯、塞舌尔、瓦努阿图只有课堂,没有学院),其中,亚洲 17 国 79 个,非洲 13 国 18 个,欧洲 25 国 211 个,美洲 7 国 478 个,大洋洲 3 国 65 个。"根据 2015 年 12 月 6 日在上海举办的第十届孔子学院大会上的公开数据,截至目前,"中国已在 134 个国家和地区建立了 500 所孔子学院和 1000 个孔子课堂,学员总数达 190 万人。"由此可见,孔子学院是目前中国在国际社会中知名度较高、影响力较大、活跃度较强的国际非政府组织。

为客观掌握孔子学院传播行为的影响及成效,了解组织形象及其价值理念的被认知与接受程度,本项研究设计了两份调查问卷:其一是面向社会公众发放的问卷,主要调查一般受众对于孔子学院及其传播活动的认知与态度;其二是面向孔子学院的管理人员、外派专职教师、所在国外籍兼职教师、对外汉语培训机构负责人、志愿者等,主要调查上述人员对于孔子学院在组织形象构建、传播行为、活动开展等方面的意见与建议。本项调查在 2015 年 11 月至 2016 年 2 月期间,通过电子邮件、电话访谈、现场发放等途径,以纸质问卷和网络问卷两种形式开展。被访人员覆盖全国 16 个省市,以及美国、日本、加拿大、埃及、奥地利、波兰、菲律宾、捷克、克罗地亚、肯尼亚、瑞士、泰国、乌克兰、西班牙、新西兰、印度尼西亚、阿根廷、格鲁尼亚、德国、巴西、韩国、英国、德国、丹麦、南非等 20 多个国家。

由孔子学院及有关非政府组织的研究可折射出当前我国非政府组织目前主要存在以下几个问题:

(一)行政性思维惰性

政府作为孔子学院的建设者和推动者,起着积极主动的作用。然而,政府主导的负面影响是传播难免渗透行政思维惰性,传播倾向被动型。无独有偶,一些非政府组织曾长期处于计划经济时代管理体制中,受到的行政干预和扶持帮助较多,还存着行政性思维惰性,缺乏竞争意识和自主理念。因此,学者赵黎青指出:"中国非政府组织给人印象最深的一个特征,就是它们的'半官方性'。'半官方性'也可以表述为'官民两重性'或'准政府组织'……在这样一种依赖——控制关系中,一方面非政府组织丧失了民间性、独立性、自治性,失去了自身活力和社会管理中的独特作用,逐渐演变为'准政府组织',另一方面政府职能转变进程也因此而滞缓,政府形象更因一些'准政府组织'的不当行为而受到损害。"①此外,虽然绝大部分非政府组织已脱离了政府的资金投入和扶持,自筹经费维持组织运营及各项开支,但与一些国际非政府组织相比,收入来源单一,融资渠道有限,组织经费短缺,也制约了孔子学院的长远发展。

(二)创新型人才不足

孔子学院承载着中华五千年博大精深的文化精髓传承使命,也是中国走向伟大民族复兴的强有力文化软实力武器。然而任何传统文化传播脱离了与时俱进,将使传播褪色不少。同时,学院师资力量的不足,使创新人才的发掘更成为学院发展的瓶颈。目前师资数量和质量均不能满足孔子学院快速发展的需要。此外,在人员聘用上的体制也是解决创新人才的突破点。在计划经济时代政府对非政府组织管理和干预的一个显著特征体现在对非政府组织人事制度的任意干涉。改革开放三十余年来,政府与非政府组织之间的关系逐渐由单一管理向合作共赢转变,但在非政府组织内部依然或多或少留存有计划经济时代的风格,例如一些孔子学院的负责人由其原有上级主管部门或相关行政机关的领导退休后担任,虽然此举能在一定程度上为非政府组织提供组织发展所需资源,但从长远来看,两者的职能定位、社会责任、管理体制、评价体系等方面均存在不小差异,若非政府组织负责人一味固守或照搬政府机构的管理经验,则不利于其可持续健康发展。

反观一些知名国际非政府组织的管理团队,均由相关领域的专业人士、公众意见领域、传媒资深从业者、职业经理人等组成,具有先进的管理理念和丰富的从业经验,在团队工作人员的招录中注重专业领域、年龄结构、文化背景、学历层次等方面的差异性,以此增强组织内部活力和创造力,对外提升对不同人群的影响力和感召力。同时,这些非政府组织十分重视对组织成员及其志

---

① 赵黎青. 关于中国非政府组织建设的几个问题[J]. 江苏社会科学,2000(4).

愿者的培训工作,鼓励引导团队成员在宽松自由的氛围中充分发挥自身想象力和创造力。因此,我国非政府组织若想实现综合实力的全面提升,凝聚高效、创新、专业人才服务于组织建设发展实为必要之举。

(三)专业化管理短板

尽管政府支持力度不足、法律法规缺陷、合作机制不健全等都是造成包括孔子学院在内的我国非政府组织发展困境的因素,但从根本上来说,非政府组织内部制度健全和管理效能提升才是破题应有之义。非政府组织的管理主要包括体制机制、人事制度、公共关系、形象建构、品牌管理、能力建设等方面内容。孔子学院是一个由众多部门共同打造的文化品牌。孔子学院的建设步伐在不断加快,然而我国的汉语国际推广工作在战略和策略上还存在诸多不适应,有利于孔子学院建设的外部体制尚未成熟,不能强有力地体现出国家对孔子学院的支持力度。

目前我国非政府组织在管理方面存在着专业化管理制度不健全、专业化管理人才缺失、专业化考核评价体系未建立等问题,只有通过健全和执行专业化、民主化、科学化的管理制度,才能真正实现非政府组织的良性运作。在此过程中应注意两个问题:一是对非政府组织进行专业化管理过程中,必须充分了解和考虑非政府组织的背景、特征和定位,不完全照搬政府、企业及其他机构的管理经验,探索专业化管理和运作的发展路径。二是必须将组织文化建构与传播纳入专业化管理体系中,重视品牌管理、公共关系、媒体应对、舆情监控等方面的能力提升,以长远发展的眼光从事持续性、长期性、全局性的组织文化建构和传播,重构以文化建构为核心的公众动员体系、资金筹集渠道、信息公开制度、舆情监测系统、社会治理参与机制等非政府组织的战略规划和管理。

三、孔子学院战略传播体系的构建价值

面对孔子学院转型升级的现实需求,除了从健全法律法规、转变政府治理理念、增强公众公民意识等外部环境着手外,实施战略传播管理是增强组织竞争力的有效路径和必要举措。

（一）战略传播有利于非政府组织明确定位，增强软实力

战略传播的核心要义在于通过信息和思想的传播，与公众进行广泛深入的交流，使组织自身的观念、文化、理念、行为获得广泛了解和认同，使孔子学院树立良好形象，以利于在国际社会赢得更多支持和更大空间。面对我国非政府组织普遍面临的定位不明、视野狭隘、理念陈旧等问题，通过制定具有整合性、系统性、持续性的战略传播方案，促进非政府组织开展全面性、连贯性、互动性的传播活动，加强与国际社会其他组织的联系互动，有利于我国非政府组织迅速找准差距、树立标杆、明确定位，不断增强组织软实力建设。

（二）战略传播有利于非政府组织健全制度，提升公信力

于孔子学院而言，战略传播的制定和实施是一项系统工程，包含动因论证、策略制定、流程监控、效能评估四个部分，涵盖顶层设计、系统规划、协调运作、持续推行、互动协同等环节，涉及目标设计与决策、传播方案制定与实施、传播过程控制与激励、传播资源配置与优化、传播效能评价与反馈五项流程。通过这一体系的构建与完善，有利于弥补非政府组织管理中的碎片化、暂时性、分散性缺陷，使组织管理逐渐向统筹规划与资源整合发展，使管理具有明确的战略目标、健全的管理制度、完备的运作体系、科学的评价机制，充分发挥健全制度对于组织形象建构和公信力提升的积极意义。纵观当前我国非政府组织遭遇的发展瓶颈，其成因固然有内外部因素的制约，但管理制度的不稳定性、分散性、局部性、短视性等缺陷造成的组织专业性、权威性、公信力不足，从而导致组织资金来源和人才吸纳的不畅是组织无法实现良性循环和转型升级的根本原因。就此而论，战略传播对于非政府组织发展的重要意义是不容忽视的。

（三）战略传播有利于非政府组织开拓视野，提高创新力

战略传播运用于政府的外交战略中，是作为公共外交向精准化、社会化、系统化的转型升级，从而赢得更多的本国公众、外国民众和国际社会的认同与支持，因而被认为在提升和改善对外关系的效率和效能方面具有重要价值。

面临着中国以新战略谋取新格局、积极参与全球治理、努力开拓公共外交新局面的历史性机遇,非政府组织应主动融入国家整体外交战略之中,开拓视野、广交朋友、传播文化、塑造形象,创新组织理念和管理方式,在国际社会充分展现与中国负责任的大国形象相匹配的中国非政府组织的积极作用与责任担当。

四、孔子学院战略传播体系构建的规划

笔者认为,孔子学院的战略传播体系应紧密围绕组织理念和宗旨,依据战略传播的基本架构和内容,分为战略制定、战略管理、战略实践、战略评估四个基本模块,以授课计划、教师招募、活动设计、项目推广、交流合作、文化传播、评价反馈等为基本内容,以汉语课堂、网络孔院、线下活动为基本载体,以"增进世界各国(地区)人民对中国语言文化的了解,加强中国与世界各国教育文化交流合作,发展中国与外国的友好关系,促进世界多元文化发展,构建和谐世界"为根本目标①,构建具有全局性、持续性、操作性,能充分体现孔子学院特色的战略传播体系。

(一)战略制定

作为一个国际非政府组织,孔子学院在战略制定过程中应充分研究歌德学院、塞万提斯学院、法语联盟等具较强知名度,职能较为相似的组织,学习其办学经验、传播理念、组织管理等。同时,应对其所在国的基本国情、文化背景、汉语基础等做全面调研评估,进而开展有针对性的战略决策与制定。孔子学院的战略制定应不仅仅围绕其现有的理念、目标、宗旨开展,而应在此基础上进行深入阐释和细化。其中最为致命的是,目前孔子学院在其理念、目标、宗旨中笼统地宣称要传播"中国文化",但并未作详细的阐述说明,这不利于其组织定位和形象传播。学者吴瑛认为:"孔子学院需要向世界传播的是中国传统文化,更确切地说是中国儒家思想中具有世界价值和现代意义的内容,如

---

① 吴瑛. 对孔子学院中国文化传播战略的反思[J]. 学术论坛,2009(7).

仁、德、和等。"①个人比较认同这种说法,因为儒家文化圈与基督教文化圈,伊斯兰教文化圈并称为全球三大国际性文化圈,以人伦道德为基础,在当今民族矛盾、宗教冲突、国家纷争不断的现实中,能够有效弥补以个人中心主义为核心的西方文化之不足,为争取不同种族、宗教、文明之间的和谐共处提供一种行之有效的理论工具与解决之道,也与孔子学院的设立初衷和命名理念不谋而合。近年来,针对孔子学院的质疑主要集中在"孔子学院的实质不过是对外汉语教学机构,或许可以略兼'宣传中国文化'之责,但却远远没有能够到达'宣扬中华文化价值观'的高度。"②因此,只有将这一理念和定位通过战略制定得以明确,才能使孔子学院正面回应外界对于其只传授"术"而未能弘扬"道"的质疑,使其传播中国传统文化的理念和宗旨得以真正实现。

(二)战略管理

从组织架构来看,孔子学院采用的是金字塔形的职能制组织结构。这种管理架构具有鲜明的行政机构色彩,尽管能使各职能部门的专业管理职能得以充分发挥,但对于国际非政府组织而言,由于分支机构散布在全球各地,这种管理体制不利于集中、统一、协同开展工作,容易导致各自为政、政令不通、职责不明的情况发生。例如在孔子学院的现有组织框架中,对外联络处主要负责新闻宣传、官方网站管理维护、舆情监测、媒体联络、危机公关,设计制作对外宣传品及出版物等,而交流处则主要负责开展对外合作交流、管理"汉语桥"基金、组织开展各类赛事、运作"优秀学生来华奖学金"等项目。因此可见,这两个部门间的职能有相互交叉之处,而一个组织的任何传播活动与其项目推广、活动开展、公关关系等都存在着不可割裂的关系。建议孔子学院借鉴其他类似国际非政府组织的组织架构,采用以项目为核心的矩阵式管理模式,由主席、副主席、对外联络处、交流处、综合文化处等承担传播职责的部门负责人及成员共同参与战略管理的决策规划,并结合具体项目制定传播方案与策略,形成总部与分部、国内与国外、愿景与行动的良性互动,增强组织管理运作效率,发挥传播积极作用,

① 吴瑛. 孔子学院的发展现状与问题分析[J]. 云南师范大学学报,2009(5).

② 陈刚华. 从文化传播角度看孔子学院的意义[J]. 学术论坛,2008(7).

提升组织综合实力。

（三）战略实践

项目推广、认知提升、形象建构、理念输出是国际非政府组织战略实践的四个基本阶段。根据此次调查结果和孔子学院的公布的多项数据显示，孔子学院目前的工作开展基本处于项目推广和认知提升这两个阶段。其官方网站、微信公众号、《年度发展报告》、《孔子学院》期刊等媒介上公开发布的信息也主要集中在具体活动开展、项目推广、人员招募等方面，但对于组织自身形象的建构与传播，组织理念宗旨的输出则缺乏行之有效的举措。因此，孔子学院在战略实践阶段应着重形象建构与理念输出，应该摒弃分校越多、参与国越多、举办的活动越多则证明孔子学院的被认同度与接纳度越高的观念。例如绿色和平组织的"非暴力直接行动"宗旨、国际红十字会的红十字标识、乐施会的"无穷世界"口号等，助推了组织形象的建构与传播。同时，应该明确理念输出是项目推广、认识提升、形象建构的核心与依归，在组织自身尚未明确形成价值理念的情况下举办的各类活动都是碎片化、即时性、低效性的。如果说孔子学院前十年广泛开展合作交流、积极推广组织品牌、大力举办各项活动已经为其收获了一定的知名度的话，那么通过战略传播的实施加强组织理念与核心价值观的输出，则有助于孔子学院在国际社会中获得更大范围的认同和支持。

（四）战略评估

孔子学院应在战略传播体系中建立科学系统的战略评估机制，使战略传播效果得到综合、全面、客观的评价反馈，其中包括对组织各职能部门绩效考核、社会公众的民意测评、独立第三方机构的考察评价等。战略评估体系应包含以下几项标准：可行性、可接受、适宜性、创新性等。重点评估是否有充足的资源保障战略传播体系的运作，组织各部门之间是否围绕着战略传播目标协同高效地开展工作，项目的实施开展是否在最大程度上取得了效益，传播活动是否紧密围绕并充分体现了组织宗旨与战略目标，传播方式是否具有时代性创新性从而满足受众需求等。同时，应注意收集大众传播媒介对于孔子学院的报道,尤其是孔子学院所在国家媒体与公众的评价。可以通过各类社交媒体等新媒体途径广泛开展针对具体课程、项目、活动的调研,收集各方面对于孔子学院认知评价的信息。此外,邀请智库、咨询公司、财务审计公司等第三方机构定期对孔子学院的财务状况、运营状况、公众形象等方面开展独立调查并提交报告供组织管理决策层参考,有利于提升组织的专业性、独立性、权威性形象。

此外,孔子学院在构建战略传播体系过程中,也应注意以下三个问题:

一是应积极融入国家"一带一路"倡议并努力有所作为。自从2013年中国全面实施"一带一路"倡议布局以来,除了与沿线国家在经贸、科技、区域等方面开展密切合作外,文化交流也被提到了配合国家整体外交大局、开创我国全方位对外开放新格局、促进与沿线国家密切合作交流的高度。国之交在于民相亲,民相亲在于心相通。各国间的关系发展既需要经贸合作的'硬'支撑,也离不开文化交流的'软'助力。① 孔子学院若能抓住机遇,积极融入"一带一路"倡议,必然会以来新的发展机遇。

二是应尽力淡化官方行政色彩,塑造公开、透明、专业、独立的组织形象。歌德学院与孔子学院有着较为相似的背景与定位,是在世界范围内开展德国文化推广和德语教学的非政府组织。尽管受到了德国政府的委托与支持,歌德学院却始终强调其独立性、专业性、民间性。歌德学院(中国)现任院长安德思提到:"歌德学院是一个独立于联邦政府的机构,不是政府的喉舌。"②相比而言,孔子学院则具有较为浓厚的官方色彩。在一些项目活动的设计中,站在自身立场而忽视了他国受众的文化背景与政治立场。从某种程度上而言,这给一贯持"中国威胁论"的欧美等国以口实,使其近年来屡受欧美等国质疑挑战。孔子学院只有通过淡化官方行政色彩,以国际非政府组织通行的传播方式塑造自身公开、透明、专业、独立的形象,才有可能减少外界的质疑与警惕,

① 蔡武. 坚持文化先行 建设"一带一路"[J]. 文化建设与创新,2014(9).
② 董璐. 孔子学院与歌德学院:不同理念下的跨文化传播[J]. 国际关系学院学报,2011(4).

得到国际社会更大程度的接受与认同。

三是应尽可能争取国内公众的支持,实现教学和学术资源的共享与转化。孔子学院自身定位为面向世界各地的推广汉语和传播中国文化的国际非政府组织,然而当前,其虽在国内与部分高校、研究机构、驻华使领馆等开展较为密切的交流合作,但在普通公众中的知名度和认可度有限。

事实上,一些具有显著影响力的国际非政府组织都十分重视本国公众的态度和评价。诸如绿色和平组织,通过在所在国发起的各项环保活动呼吁政府及公众对于当地环境问题的重视,敦促监督相关问题的解决,赢得了公众的普遍信任支持,从而为组织争取了更多的志愿者,并获得源源不断的捐赠与赞助。此外,绿色和平组织还将分布在世界各国的众多实验室的研究成果与公众共享互动。相较而言,孔子学院则略显精英化和高端化,与普通公众的联系则略显不足。传播中国文化的主体不应只是官员、专家、学者,若是通过普通公众传播的"中国梦"则会更显平实温情。孔子学院若能意识到这一点,放下姿态,主动走近并吸纳更多的公众参与其中,必将使其增添更多的魅力。

五、结语

随着孔子学院的海外传播和多元文化交往的日益密切,复杂的经济政治形势必会给孔子学院带来新的竞争挑战,但也会在管理方法、组织模式、传播理念等方面提供有益的启示借鉴。孔子学院想要获得更大的生存空间和更好的发展环境,必须将组织目标的制定实施与国家外交整体战略相结合,建立以文化为核心的传播价值体系、采用体现战略内涵的组织传播策略、制定契合组织特征的战略传播流程,不断提升组织的公信力和创新力,更好地演绎文化外交使者的角色。同时,包括孔子学院在内的我国非政府组织应逐步成为公共外交的核心主体和重要载体,担负起传播我国核心价值观、优秀传统文化、现代化建设成果等方面的责任,改变以往对外传播中存在的僵化、单一、单向的问题,以更为平等的姿态、丰富的内涵、多元的方式、宽阔的领域推进我国的公共外交事业,实现中国国家形象和国际地位的不断提升。

基于 AR 技术的中国山水艺术的
跨文化传播探析

赵　涵　张红玲*

一、中国传统山水艺术的传播障碍以及契机

(一)中国传统山水艺术的传播障碍

1. 中国传统审美意识与西方传统审美意识的差异

中西方审美意识的差异在很大程度上可以归结为文化所属境界的差异,张世英先生将"境界"定义为"一种浓缩一个人或者一种文化的,过去、现在和未来的思维导向,它表现于外就是风格。"①除此之外,他还认为中西方分别属于"审美境界"以及"求实境界",由这两种境界可以引发出两种不同的审美意识。②

以"求实境界"为主要思维导向的西方文化注重对具有普遍意义规律的探索,因此西方传统审美意识主要是以"典型"为美,"典型就是从特殊的感性事物中见出普遍性的、本质性的概念","艺术来自对具有本质性意义的理念(典

---

* 上海外国语大学。

① 张世英. 哲学纲要[M]. 北京:北京大学出版社,2014:70,79—85,139,148,146,147.

② 张世英. 哲学纲要[M]. 北京:北京大学出版社,2014:70,79—85,139,148,146,147.

型)进行摹仿"①。这一审美意识反映到绘画创作上就表现为,作者将自身置于物外,或者景外,其目的就是要客观地记录眼前所呈现的一切,追求写实性,因此就观赏者而言,审美对象的写实性也是引发美感的逻辑基础,也就是说西方的审美意识来自对逻辑的遵守,来自画中景物与现实景物的契合感。审美意识的获得主要依靠的是认知和思维。

而以"审美境界"为主要思维导向的中国传统文化,更注重的是人与自然万物的融合,也就是一种"天人合一"以及"民胞物与"的境界。由"审美境界"所引发的审美意识主要是以"隐秀"为美,要从显现的事物当中通过想象,体悟到没有出现的东西,通过想象来获得言外之意、景外之情,最终获得"人与世界交融"②的审美体验。由这种审美意识所引发的美感不是"通过概念思维或者逻辑推理得到的"③,而是靠观赏者对欣赏对象做一种整体性、直观性、超越逻辑性的把握,是通过想象而得到的。而这一审美意识中也明显地体现在中国山水美学精神当中。即在写实性的基础上,超越现实,融入创作者自身的情绪和心境,或者说是创作者将眼前所呈现的自然景观按照自身的情感体验来重新修饰和描绘,因此必然与真实景物有一定的距离和差异,由于失去了基本的逻辑现实起点,导致很多西方的欣赏者难以体悟到画中景物所蕴含的情感和美感。

2. 中国山水艺术超越写实性的创作特点

(1)写实的一面——"可游""可居"之感

李泽厚先生认为中国山水画的美学特色是建立在写实性的基础上同时又超越写实性的,是对"自然景色真实而又概括的描绘"④,"它所要求的就是对比较广阔长久的自然环境和真实境地的真实再现"⑤,通过这种广阔性的整体视觉感受,给人以更加抽象和概括的真实感,最终让观赏者产生"可游""可居"

---

① 张世英. 哲学纲要[M].北京:北京大学出版社,2014:70,79—85,139,148,146,147.
② 张世英. 哲学纲要[M].北京:北京大学出版社,2014:70,79—85,139,148,146,147.
③ 张世英. 哲学纲要[M].北京:北京大学出版社,2014:70,79—85,139,148,146,147.
④ 李泽厚. 美的历程[M].北京:生活 读书 新知 三联书店,2015:175,176.
⑤ 李泽厚. 美的历程[M].北京:生活 读书 新知 三联书店,2015:175,176.

之感,有了切身想要去探寻、游历的冲动。中国山水画,尤其在北宋,画风注重"塞满的、客观的、全景整体地描绘自然"①,以此来呈现更为宽泛和自由的审美体验,因为它并未将观赏者审美感受中的"想象、情感、理解诸因素引向固定的地方。"②

(2)写意的一面——"天人合一"之感

南宋山水画继承了北宋时期注重对景物客观的描绘并超越客观的美学特色,同时还特别注重将作者个人的主体活动以及主观感受显露于作品当中,这样就进一步增强了人与自然一体相融的整体感,而自然景物的描绘更多的是为了抒发个人情感而服务的,呈现情景交融的诗意。更重要的是画中留白的使用,留白的地方往往是意味着"没有实质的缥缈空间,人们喜欢把(缥缈的)空间与精神世界联想在一起"③。而这种虚实结合的构图效果,"把我们的视线带进带出,从实物引至缥缈,又引回实物"④。在这种回归现实和超越现实的往复循环中,观赏者获得了在自我、生活、自然三种境界中自由穿梭的审美体验,也就是万物与我为一体的"天人合一"。

(二)中国传统山水艺术的传播契机

1. 内部思想契机——中西方审美意识的弥合

虽然中西文化处于两种不同的境界当中,但是随着以尼采、海德格尔为代表的西方人文主义哲学的兴起,确实在一定程度上弥合了两个境界的差异。而人文主义思潮的兴起也带动了西方审美意识发生了一定程度的转向,这在很大程度上为传统山水美学的海外传播提供了有利的外部思想环境契机。海德格尔提出的"显隐说"的审美意识,就是对西方传统"典型说"审美意识的超越,并且和中国诗画所倡导的"隐秀说"有着异曲同工之妙。"显隐说在于说明事物'怎样'从遮蔽处显示自身……是把在场的东西和与之不同的、包括不同

---

① 李泽厚. 美的历程[M].北京:生活 读书 新知 三联书店,2015:175,176.
② 李泽厚. 美的历程[M].北京:生活 读书 新知 三联书店,2015:175,176.
③ 〔美〕高居翰. 图说中国绘画史[M].李渝,译. 北京:生活 读书 新知 三联书店,2014:90.
④ 王玲娟. 打破时空与抒胸怀创意境[J].西南大学学报(社会科学版),2007(11).

类的不在场的东西综合为一"①,而"显隐说"也赋予了美以新的定义,即"美由(过去)普遍概念在感性事物中的显现,转向为不出场的事物在出场事物中的显现。"②也就是说,对美的评判标准由过去是否符合具有逻辑普遍意义的典型,转变为是否能在显现的事物中感受到其与其它隐蔽事物的联系。具体到艺术的创作和欣赏方面,就是从对现实景物的摹仿转变为对景外之情的抒发和领悟。因此海德格尔的"显隐说"与中国传统美学追求的隐秀美可以"相互辉映……二者之间可以实行中西对话、古今对话。"③

2. 外部媒介技术契机——麦克卢汉的启示

(1)媒介即信息

麦克卢汉提出的"媒介即信息"这一探索性理论已经为国内诸多学者所熟知,虽然这一理论因为其与实证取向的研究相左而在西方饱受诟病,但是依旧有其先导性的意义。最重要的是,他让研究者们的注意力转移到媒介在传播过程中所发挥的积极影响,而不仅仅只是将其看作是传播内容的"婢女"。在麦克卢汉看来,媒介、技术以及人感觉的延伸,这三者是可以相互替换的,任何一种新兴的媒介(传播技术)可以影响或改变使用者对传播内容的感知比率,也就是感知方式。在社会宏观层面,这一技术能够通过对个体使用者的感知影响,间接塑造出一种新的人际交往形态,进而产生社会影响。因此后世许多学者认为麦克卢汉推崇技术决定论,因为他将社会的变革归因为某一新兴媒介的产生。对于后人对他的评价,本文在这里并不开展详细论述。但是新技术的使用确实会对传播过程以及传播过程产生一定的影响,这是不争的事实。

(2)冷媒介和热媒介

冷、热媒介是麦克卢汉提出的媒介划分标准。他认为热媒介是指"只延伸一种感觉,并使其具有'高清晰度',也就是充满数据的状态"④,而冷媒介是指

---

① 张世英. 哲学纲要[M].北京:北京大学出版社,2014:70,79—85,139,148,146,147.

② 张世英. 哲学纲要[M].北京:北京大学出版社,2014:70,79—85,139,148,146,147.

③ 张世英. 哲学纲要[M].北京:北京大学出版社,2014:70,79—85,139,148,146,147.

④ 〔加〕马歇尔. 麦克卢汉. 理解媒介——论人的延伸[M].何道宽译. 北京:商务印书馆,2007:51,93,4,82,86,91.

"具有低清晰度"①,也就是"需要使用者自己不断完善细节"②的媒介。他论述照片是热媒介而卡通漫画是冷媒介,收音机是热媒介而电话是冷媒介。

"冷""热"也可以用来形容艺术欣赏方式的差异,在麦克卢汉看来,东方艺术是一种"冷"艺术,因为它凭借非连续的方式让观赏者自己去填补空白让艺术连为一体,这样在很大程度上使得观赏者深深地参与到内容的解释过程中。而西方艺术因为其连续性、直线性,以及清晰性的特点,被麦克卢汉归于"热"媒介。中西方艺术有着各自特定的感觉延伸方式,或者经验表达方式,因此在一定程度上,只能为拥有相应思维方式的受众所接受。

而作为人类感觉延伸的媒介却具有将"经验转化成新形式的能力"③,是一种让所传递的内容更加"明白显豁"的技术。而经验其实代表着人类认识事物的组织和认知方式,因此我们可以认为媒介具有引导接收者认知方式在某种程度上得以转化的能力。而电子媒介,在帮助人"感悟"或者"领会"某一事物的时候,不仅仅只是像过去的媒介那样延伸人的一种感觉,相反的,它是人类中枢神经的延伸,也就是人的各项感觉之综合延伸,它会将人的思维引向一种"非线性的、非连续性的、直觉性的、类比推论"④的方式,而这种思维方式不正与我们中国文化的精髓有着惊人的相似吗? 或许我们可以做出这样的理论推理:借助电子媒介所具有的经验转化能力,即在某种程度上可以让使用者的认知方式更加趋于整体性、直观性、非逻辑线性的能力,我们可以让媒介使用者更加容易获得中国山水美学的审美体验,不是思维上的认知,而是一种直觉的情感体验。而这也是我们基于 AR 技术进行中华山水美学传播的根本理论依据。

---

① 〔加〕马歇尔. 麦克卢汉. 理解媒介——论人的延伸[M]. 何道宽译. 北京:商务印书馆,2007:51,93,4,82,86,91.

② 〔加〕马歇尔. 麦克卢汉. 理解媒介——论人的延伸[M]. 何道宽译. 北京:商务印书馆,2007:51,93,4,82,86,91.

③ 〔加〕马歇尔. 麦克卢汉. 理解媒介——论人的延伸[M]. 何道宽译. 北京:商务印书馆,2007:51,93,4,82,86,91.

④ 〔加〕马歇尔. 麦克卢汉. 理解媒介——论人的延伸[M]. 何道宽译. 北京:商务印书馆,2007:51,93,4,82,86,91.

（3）媒介杂交的能量

麦克卢汉对研究媒介的学者提出了深刻的忠告，那就是在研究媒介的时候不能只关注特定的一种媒介，因为"媒介之间是相互影响的……媒介杂交所释放出的新的能量正如原子裂变或者聚变释放的巨大能量"[1]，而且"一种媒介总是以另一种媒介为内容的"[2]，"媒介交汇的时刻是我们……获得自由解放的时刻"[3]。在《理解媒介》一书中，麦克卢汉列举了大量的实例，以证明当两种媒介杂交时，也就是传统内容（媒介）被赋予一种新的传播形式时，能产生显著的效果。

由于缺乏实体产品以及相关的实证研究，在此本文并不敢盲目肯定增强现实技术与传统山水画的结合势必会产生轰动的能量，但是 AR 技术自身具有的交互参与性、沉浸感，以及虚实空间整体感知的特性，势必会在此时空之内呈现更多彼时空的内容，将更多"不在场的东西"或者没有显现的东西揭示出来，而将观赏者引入到山水艺术作品背后尚未显现的无穷尽的联系当中，激发人们获得美感。有关于 AR 技术与传统山水美学在传播过程中的效用，将在后文中有更为清晰的论述。除去 AR 自身特性分析之外，也有大量有关 AR 技术对使用者在学习认知方面有促进影响的实证研究，在某种程度上可以佐证这一技术对传播效果的积极影响。

3. 传播学研究的美学转向

有许多学者偏好以传播学里经典的信息传播理论来理解跨文化传播，也就是将内容的传播看作是信息的流动。但是这样一来就很容易将信息的特征也赋予传播内容。专从计算机科学的角度而言，信息具有的准确客观、符合逻

---

[1]　〔加〕马歇尔．麦克卢汉．理解媒介——论人的延伸［M］．何道宽译．北京：商务印书馆，2007：51，93，4，82，86，91.

[2]　〔加〕马歇尔．麦克卢汉．理解媒介——论人的延伸［M］．何道宽译．北京：商务印书馆，2007：51，93，4，82，86，91.

[3]　〔加〕马歇尔．麦克卢汉．理解媒介——论人的延伸［M］．何道宽译．北京：商务印书馆，2007：51，93，4，82，86，91.

辑等特性决定了它具有"告知、指示以及说服的功能"①,于是乎我们也把相应的"告知、指示、说服"作为重要功能赋予传播内容,或者赋予整个传播活动。而审美以及审美的获得似乎与信息和信息传播的客观精准性格格不入,因此将审美体验作为特定传播内容的研究较少被学者关注,这与审美感受主观性强的特点不无关系。但是还是有部分学者提出了"传播学美学转向"②的问题,并认为"从美学角度可以解决许多传播学领域中的二元矛盾"③。

传播学的美学转向能在多大程度上解决矛盾的问题,本文暂且不论,但是以美学传播作为中华文化传播最终的目标和归宿确实是十分有积极意义的,因为在很大程度上,中国传统文化所表现出来的方方面面,就是对"天人合一"这一最高美学境界的追求,审美的传播可以说是中华文化传播的精髓。但是在传播学的研究领域中,有关媒介效果的取得大多以受众注意力的获取、认知的变化为前提,因此在传播设计上比较倾向于具有视觉冲击感的表现形式。在进行美学传播时,仅仅依靠认知效果的获得还是远远不够,要在认知的基础上超越之,诉诸人们的直观体验。

(三)AR 技术(增强现实)的传播价值与效用

1. AR 技术概述以及效果展示

AR(增强现实)技术是"一种利用计算机产生的信息,对用户所看到的真实环境进行增强的技术,它将虚拟动画、视频、文字、图片等数字信息实时叠加显示到真实场景中"④。这种技术需要通过扫描特定的物体(图片、实物)才能激发出虚拟的影像,实现虚拟信息与真实环境的叠加。

借助增强现实技术表现艺术形式的传播方式也在视觉传播学、数字艺术制作等领域引起了关注,有的学者很早就论述了 AR 这一虚实共现的技术特点在进行艺术审美创造时发挥的积极作用。"艺术的数字化,就是用数字化的计

---

① 〔荷〕丹尼斯·麦奎尔. 麦奎尔大众传播理论[M]. 崔保国 李琨译. 北京:清华大学出版社,2010:380,102
② 张涵. 当代传播美学纲要[J].郑州大学学报(哲学社会科学版),2006(01).
③ 张涵. 当代传播美学纲要[J].郑州大学学报(哲学社会科学版),2006(01).
④ 王颖旎,莫梅锋. 增强现实技术的纸质出版立体化[J].现代传播,2012(05).

算机图形图像处理技术(Flash、网络艺术、虚拟仿真艺术(VR、AR))表现艺术创作的过程。通过数字化的过程,受众(audience)可以获取超越现有观看时空的更多隐含信息,可以体验到此时空的信息与彼时空信息的联系①"。

2. AR 技术的传播价值——虚实共现的整体性感知

增强现实技术的使用需要移动终端的摄像头扫描某一特定的实体以激发虚拟图像的显现,而它所激发的虚拟图像与周围实景是完全融合的,其美感的呈现得益于周围真实环境的烘托和引导。正如我们上文所提出的基本理论依据,即电子媒介的作用在于引导使用者的认知方式趋于整体化和直观化。增强现实技术使现实和虚拟两个空间得以共时呈现,可以让使用者的思维穿梭于两个空间,并通过想象将两种空间融为一体,这在某种程度上,是对西方观众线性思维局限性的超越,而且现实图景还可以为使用者在认知、理解、欣赏虚拟景象的过程中提供想象的基础。

二、基于 AR 技术的传统山水美学的传播设计

(一)传播内容的界定以及内容可及性分析

1. 传播内容界定——审美体验传播

本文所论述的中国传统山水艺术的美学传播,主要是以山水艺术所带来的审美体验为传播内容,但是这种审美体验不是通过向海外受众展示中国山水墨画的精品佳作而获得的。这里的审美体验主要来自山水创作艺术整体,而不是来自某些特定的作品。它指的是在观赏山水画艺术及其创作过程后所获得的一种"悦目"而"赏心"的情感体验。审美体验是有层次区分的,实现的途径也是不同的。

初级审美体验:借助现实自然山水图片呈现的艺术原型,通过逻辑认知,使观者感受到中国山水艺术写实性的一面,并非只是线条的杂乱铺陈。这也是最初级的"悦目"体验。

---

① 张浩达. 视觉传播:信息、认知、读解[M]. 北京:北京大学出版社,2012:23.

中级审美体验:通过AR技术所生成的艺术创作过程,使观者体会到中国山水艺术基于现实,而又超越现实的意境美,并且拥有对中国山水艺术以及自然文化遗产的审美体验,也就是对中国山水拥有了欲行、欲游的想法。

高级审美体验:感受中国文化"天人合一"的宁静致远,能在物欲横流,竞争加剧的现代化社会中,得到身心的全面放松。这也是高级的"赏心"体验。

其实高级目标的实现可能不仅仅只是凭借一项传播技术,因为这需要观赏者真正走进自然,在真实自然中感受到自身境界的局限性,在不断超越的过程中获得超脱现实但又不脱离现实的精神自由。因此如果在AR技术的引导下,能让观者拥有对中国山水艺术最初级的视觉美感体验(领域到写实性的一面),或者能够引发观者有进一步亲近我国自然山水的意愿,那么AR与传统山水艺术这两类媒介的"联姻"就是成功的。

2. 审美体验的可及性

正如我们上文所论述的,"审美体验"是具有层级差异的。中国文化所推崇的"天人合一"这一最高层次的审美境界,是需要经过长时间的熏陶和历练才能感受得到的。但是这只是最高层次审美体验的不可及性,并不意味使人们获得美感的目标也是无法实现的。

古今中外永恒不变的是人们都有要抛开现实功利束缚和压迫的精神需要。只不过不同文化、不同时代的人诉诸的压力缓解手段不同,有的人借助梦幻美好的影视剧,有的人则转向更为刺激的感官游戏。而传统山水艺术的美学传播也是针对人们的这种需求而开展传播活动的,通过对山水艺术创作的美学精髓进行数字化展示,希望能让海外受众暂时抛开现实,跟随想象神游至自己的精神世界,或者唤起人们融入自然山水的渴望。当观赏者被眼前呈现的山水艺术带到了属于自己的精神世界,或者想走进画中,走进真实的自然中,去体验另一种不同于现代快节奏生活的淡泊闲适的时候,他们就已经从中获得了审美体验。

除了人类共通性之外,中西文化思想的相互借鉴和转向也在一定程度上促进了审美体验的获得。正如我们上文所提到的,西方审美意识在海德格尔等人文主义思想家的引领下,其审美追求也逐渐开始偏向对言外之意、景外之情的追求。因此在图像处理和展示技术的引导下,审美体验这一传播内容是可以在普遍性意义上获得的,只不过是时间长短以及程度深浅的差异。

(二)传播任务

帮助海外受众激发想象,达到超越逻辑认知获得审美体验,是山水艺术美学传播的主要任务,这一任务也决定了它不同于其它视觉传播活动的特殊性,其特殊性就在于:首先它传播的是开放性的审美情感体验,而不是特定绘画作品的意义解读框架;第二,山水美学传播的前提是赋予观赏者特定的逻辑基础,逻辑基础并不是为了帮助受众理解山水画中各种意象的意义,这一基础只是为了激发人们的想象,通过想象,观赏者并不只是停留在画中呈现的有限物的形体之上,而是要在精神上进入到一个专属于自己的世界,这个世界是与自然交感相融的,在这里人们获得了精神上的自由。

(三)传播意义

首先,审美体验的传播目标与政治意识形态无关,也不涉及道德说教和文化价值观的渗入,它就是给予观赏者心灵一定程度的自由和放松,让观赏者产生融入自然的愿望和志趣,是个人精神境界的提升。

其次,山水画艺术带来的"悦目"和"赏心"并非只是商业文化所推崇的视觉刺激,因为它并没有夺目的色彩和形态,审美感受的获取依靠的是观赏者的想象力,是想象力将其身心带出现实的束缚,是心灵和艺术以及艺术创作者的对话,而不是依靠外部感官刺激,因此传统山水美学传播绝非是对消费主义、商业主义的迎合。

最后,回到现实利益的问题,相较于海外大众传播,无论是节目入户还是频道落地的形式,以山水美学为内容的 App 的开发,在制作成本、准入限制以及传播内容获取的随时便捷性等诸多方面都具有巨大的优越性。

(四)基于增强现实技术(AR)的山水审美文化产品(App)的设计与传播路径

1. 用摄像头扫描中国真实山水的图片

利用 AR 技术进行传统山水美学传播时,或进行 AR 山水应用(App)的内容设计时,我们有必要将真实山水的图像作为扫描的实体,当使用者在扫描时,首先获得真实山水的原型体验,而这一体验正可以作为其感受山水美感的逻辑基础,一方面可以让海外受众感悟到中国山水也有传统西方绘画中写实性的一面,增强其与传统艺术的审美距离,另一方面可以用山水的写实性引发观赏者对此地的"可游,可居"之感。

2. 虚拟的云雾渐渐将真实山水的图像替换成一张古朴的画纸

在中国山水美学写意性的审美感受方面,最重要的是要借助媒介呈现方式的引导,通过 AR 技术表现出云雾缓动的效果,营造出留白部分的神秘感,而神秘感的体验又能在一定程度上触动受众的精神世界,借助想象,超越至画外,也就是现实之外的世界。

3. 屏幕上出现动态毛笔所演示的真实作画的过程

在受众观赏真实图像之后,其移动终端上将会生成以真实山水图像轮廓为母本的水墨画的数字化创作过程,也就是用计算机图形图像技术展示山水画创作时笔触真实的运行和变化。因为笔墨代表着气韵,体现着"天道、造化以及禅道观念的'天人合一'。"①融入绘画过程的展示一方面可以让海外受众感觉到创作主体对客观自然景物的意境化加工,彰显隐藏在艺术作品背后的主体以及人文精神,同时借助增强现实技术(AR)所营造的沉浸感和现场感,让受众在运行笔触的引领下,参与到山水画背后的美感生成过程当中,更有助于其获得更加深刻的审美体验。而另一方面,笔墨的运行也显示出"艺术家多方面的审美追求以及理性思考"②,这意味着创作中近、中、远景的呈现顺序也可以作为山水画的欣赏线索,当观赏者随着移动的笔触望向缥缈的远山时,其目光将会突破实存山水形体的限制,"从有限的时空进入到'象外之景'……从

① 徐泓延.中国山水画笔墨语言的美学意蕴[J].文艺研究,2007(10).
② 徐泓延.中国山水画笔墨语言的美学意蕴[J].文艺研究,2007(10).

有限进入到无限从而引发出一种人生感和历史感。"①这样随着创作笔触在无限和有限之间的转化,可以帮助观赏者感受中国特有的循环反复的思维方式以及对现实人生的哲学关照。

(4)传统山水画的完整呈现,并伴随动态效果

创作完成后,将山水画处理为动态的显示效果,表现为水流船动、云飘雾升、四季景色的变化,凸显山水画的动静结合的审美特点。

三、不足和展望

由于缺乏传统媒介应用的成熟度,新型传播技术对传播效果的影响,大都缺乏实证性的研究予以佐证。关于传播技术如何对我们体验世界的方式产生影响的研究,大部分还停留在"观察性模式的描述"②层面。所以对于 AR 技术对传统山水美学海外传播的影响,还需要在其真正投入到实际应用领域之后,持续不断地开展系列的效果研究。但是鉴于增强现实技术在教育、艺术、工业等领域使用的普及性,尤其是其对年轻一代的吸引力,我们还不能因为其尚处

① 王玲娟. 打破时空与抒胸怀创意境[J]. 西南大学学报(社会科学版),2007(11).

② 〔荷〕丹尼斯·麦奎尔. 麦奎尔大众传播理论[M]. 崔保国,李琨,译. 北京:清华大学出版社,2010:380,102.

于缺乏普遍性和实证性的阶段,就否定这一技术所蕴含的学术价值,因为毕竟"每一种新媒介都超越了之前媒介所触及的经验范围,而且也对未来的变革有所贡献。"①

---

① 〔荷〕丹尼斯·麦奎尔. 麦奎尔大众传播理论[M]. 崔保国,李琨,译. 北京:清华大学出版社,2010:380,102.

跨文化叙事与中国电视剧的海外传播[*]

周根红^{**}

21 世纪以来,《雍正王朝》《铁齿铜牙纪晓岚》《李小龙传奇》《叶问》《蜗居》《媳妇的美好时代》《金太郎的幸福生活》《甄嬛传》《何以笙箫默》等电视剧纷纷走向海外,赢得了海外观众的好评。部分电视剧成为"走出去"的范本:2009 年《蜗居》在东南亚许多国家热播,成为当代都市题材电视剧出口的转折点;2010 年新版《三国》卖出一百多个国家的版权,成为传播范围最广的中国电视剧;2011 年《媳妇的美好时代》在坦桑尼亚播出,开辟了中国电视剧的非洲市场,习近平总书记在访问坦桑尼亚期间,还特别提到了该剧;2015 年《甄嬛传》登陆美国 HBO 电视网,成为首部在美国主流电视台播出的中国电视剧。当中国电视剧在海外取得斐然的成绩时,这是否表明中国电视剧真的"走出去"了呢? 事实上,我国电视剧的海外市场基本上是东南亚,极少数电视剧登陆日韩,而欧美市场则很不理想。即便是《甄嬛传》攻入欧美主流媒体,但是美版《甄嬛传》与原剧大相径庭;备受关注的《何以笙箫默》在韩国播出的时间则是凌晨。由此可见,中国电视剧的"走出去"还有很长的一段路要走。中国电视

---

　* 本文为中国博士后科学基金第 58 批面上资助项目(项目编号:2015M591916)和江苏省教育厅青蓝工程中青年学术带头人培养对象资助项目的阶段性成果。

** 浙江大学传播研究所在站博士后,现供职于南京财经大学新闻学院。江苏省教育厅青蓝工程骨干教师培养对象、中青年学术带头人培养对象,首批南京青年文化人才培养对象。研究方向为文学与传媒、影视艺术与文化传播。

剧如何才能走得更远,甚至进入欧美国家的主流媒体,当然有很多途径和方法,如注重海外营销、加强渠道合作、实行中外合拍等。但是,提升跨文化叙事能力无疑是其中最为重要的一环。

一、讲述现代故事,注重意义生产

福柯曾说,重要的不是故事讲述的年代,而是讲述故事的年代。那么,讲述故事的形式就显得非常重要。很长一段时间,大多数电视剧还停留在故事讲述的层面,缺乏对其现代意义的开掘和转换;或者走向了一个极端,对历史和人物进行戏谑化叙事,尤其是古装历史剧讲述故事的方式,表现出一种娱乐化倾向,破坏了故事的意义生产空间。因此,讲述现代故事、注重意义生产是当前我国电视剧提升跨文化叙事的首要途径。讲述现代故事包含着两个层面的内容:一是以现代化视角讲述历史故事;二是以现代的视角讲述现实中国的故事。

中国电视剧海外传播的现有格局来看,功夫武侠剧和古装历史剧依然占据主导地位。因此,中国电视剧的海外传播过程中应该牢牢抓住功夫武侠剧和古装历史剧的海外传播优势。功夫武侠剧和古装历史剧之所以受到海外观众的喜爱,主要是因其对古老中国的展现,满足了海外观众的猎奇心理。但是如果功夫武侠剧和古装历史剧一味迎合西方的奇观式审美,一方面会阻碍西方世界对当代中国蓬勃发展的社会生活的认知,另一方面也会进一步固化西方视野中落后中国的想象。因此,功夫武侠剧和古装历史剧的故事讲述方式和内容应该超越东方主义式的叙事模式,以一种现代叙事方式结构电视剧的内容。韩国电视剧《大长今》的成功就值得我们学习和借鉴。《大长今》其实就是一部以历史为叙事背景,整合了历史、家庭伦理和婚姻爱情等叙事资源的现代性故事。具有广阔海外市场的功夫武侠剧和古装历史剧,"要赢得西方的认可,需要'去意识形态化',即将有关民族、国家、时代、社会等意识形态的主题内容,尽可能地放在了故事的背景层次,故事正面表现与重点描写的是全球受众均可接受的家庭、婚姻、恋爱、事业之中的挚爱真情、伦理美德。"①如新版《三国》《李小龙传奇》等剧之所以能够在海外市场取得突出的成绩，甚至进入欧美主流媒体，其中一个重要的原因便是其叙事形式和内容的现代视角。因此，功夫武侠剧和古装历史剧如果能够在题材选取和文化内涵表达上注重现代化的讲述，将能有助于中国电视剧开拓海外市场。

在巩固现有功夫武侠剧和古装历史剧的海外市场地位的同时，我们还应该充分发掘当下中国的现实题材，通过影像语言向海外观众展现现实中国蓬勃发展的经济、社会生活和精神世界。近年来，《媳妇的美好时代》《蜗居》《奋斗》《北京青年》《金太郎的幸福生活》的海外传播，虽然其海外市场的盈利还比较薄弱，但就其所传达的中国现实生活而言，无疑是成功的。与历史的中国相比，现实中国是一个更能引起当代世界共鸣的题材。尤其是当下我们成长为世界第二经济体，正以大国崛起、民族复兴的姿态走向世界舞台，中国社会的现实变革自然会吸引海外观众的注意力，影像无疑是最为直观呈现中国腾飞的媒介。当然，当代中国的复杂性和成长性，自然无法通过一部或几部电视剧得以完全呈现，但有一点毋庸置疑，只有呈现多元、复杂、真实的现实中国，才是当前电视剧发展的道路，也只有这样的电视剧，才能激发起海外观众的兴趣。

二、寻找文化契合元素，降低文化折扣

文化折扣是近年来论及文化"走出去"时谈论得比较多的话题。文化折扣是由霍斯金斯（Colin Hoskins）和米卢斯（R. Mirus）在1988年发表的论文《美国主导电视节目国际市场的原因》中首次提出的跨文化传播中所存在的一种现象：扎根于一种文化的特定的电视节目、电影或录像，在国内市场很具吸引力，因为国内市场的观众拥有相同的常识和生活方式；但在其他地方吸引力就会减退，因为那儿的观众很难认同这种风格、价值观、信仰、历史、神话、社会制

---

① 李友平. 迎合与泛情：解密韩剧风行世界的叙事策略[J]. 电影,2006(03):94.

度、自然环境和行为模式。文化折扣现象是中国电视剧海外传播过程中所存在的一个巨大障碍。中国文化的博杂、民族的多样性、西方对中国的"妖魔化"等,使得很多国家和地区对中国文化的接受和认知严重不足,甚至存在较多的误读。加之中西方文化的不同,导致跨文化传播过程中出现交流不畅。中国电视剧要想实现有效的海外传播,就必须从文化上寻找到中西方的共通点,降低跨文化传播中的文化折扣。

我国电视剧出口的主要市场有中国台湾、中国香港、日本、韩国、东南亚地区、欧美地区华语区等,这是一个以儒家文化为核心的市场区域。这些地区和国家的文化有着相通性,文化折扣的可能性就比较低。《媳妇的美好时代》之所以能行销越南、非洲等地,很大程度上是因为文化的相近,得益于于其接地气的内容,片中的故事设定暗合了非洲观众的家庭观念,很多非洲家庭从这部影片中看到了自己生活的场景,容易产生共鸣。《家有儿女》展现父母与孩子、孩子与孩子之间的琐事趣事,有着儒家文化传统的韩国观众,自然会对家庭伦理、代际关系表现出浓厚的兴趣。一部电视剧不可能被全世界所有国家和地区的观众接受和认可,作为电视剧的制作人(导演、编剧、演员)在电视剧拍摄之前,就应该对电视剧的海外传播有一个明确的目标。因此,我国电视剧的海外传播首先应该立足于东方儒家文化圈,为有着共同文化基因的儒家文化国家和地区生产出相应的电视剧。

我国电视剧在海外传播的过程中,应该注重寻找和挖掘电视剧中与西方世界的共通点、亮点和兴趣点,从而吸引西方世界的观众。如根据巴金名著《家》改编的同名电视剧,在销往法国时,因为巴金有过留法经历,所以巴金与法国的渊源就成为了宣传重点。杨亚洲导演的《蝴蝶》(2009年)能够在加拿大播出,主要是因为故事通过在加拿大不断奋斗的庄五一与前妻段岭以及失去女儿的加拿大人约翰逊三人之间的纠葛真实表现了居住在加拿大的华人的现实生活。《北京人在纽约》《上海人在东京》《雨狗》《远嫁日本》之所以能够在欧美电视机构播放,主要是因为其叙事重点是表现在国外生活的中国人的人生际遇和情感,很容易引起海外观众尤其是海外华人观众的认可。

三、表达当代中国，赢取西方主流观众

当我们谈及中国文化走出去，或者具体来说，中国电视剧走出去时，我们必然会开出"普世价值"的药方。全球化时代中国电视剧要想走出国门、走向世界（尤其是欧美主流市场），"普世价值"是一个不可回避的问题。不过，如何理解和表达"普世价值"，如何用"普世价值"表达中国故事，则往往容易被"普世价值"所简单化和概念化，甚至将"普世价值"简化为"美国价值"。备受国人关注的美版《甄嬛传》，凸显的其实就是一个改造后的"美国价值"。美版删减了表现甄嬛"孝"的情节，补拍了甄嬛成为后宫之主之后的生活片段，突显了甄嬛作为一个个体，她的人生追求和复杂的心理转变，这迎合了西方的文化审美要求。由此，甄嬛这一典型的清代宫廷后妃形象被文化解码成美国文化中的个人主义价值观。同样，在美国主流媒体播出的中国电视剧《金山》，也在迎合着美国价值。《金山》的原剧本讲述的是中国人一百多年前到美国淘金、修铁路，然后在旧金山建唐人街的故事。该剧本重在讲述中国同胞的苦难史，证明中国人对美国铁路建设作出了巨大贡献。这样的主题在美国当然无法被认可。于是，该剧导演开始为这部电视剧寻找一个主题：从奴隶到人。所以，后来的故事变成这样：中国人到美国去，意识到自己是奴隶，他们要生存，要争取平等、自由，最后他们在美国立住脚了，并为中美关系作出了巨大贡献。① 通过两相比较，我们可以看出，原版电视剧（剧本）与在美国播出的电视剧其实有很大的不同，甚至从主题上看已经完全被改造。这当然是因为美国政治意识形态的影响，但是却引发我们的一个思考：如果一部中国电视剧缺乏中国故事、中国气派和中国价值，或者是一种变味的中国故事，这些电视剧走出去对中国来说还有多大的意义？

好莱坞电影工业常常以超越民族的全球故事来规避不同国家和文化间的政治和文化差异。近年来流行的美剧《迷失》《24小时》《广告狂人》《国土

---

① 高艳鸽. 国产电视剧如何"走出去"？［N］. 中国艺术报,2013－06－14.

安全》《纸牌屋》等,也充分践行着好莱坞电影工业的跨文化叙事模式。这些流行的美剧,其实都给我们中国电视剧如何实现全球化的叙事提供了一种参照。我国的功夫武侠剧和古装历史剧因其故事发生的独特的历史文化语境,很容易被一种历史意识形态所笼罩,很难摆脱其渗透的民族国家话语,也很容易被西方世界简单地扣帽子。相反,现实题材电视剧因其反映的是正在发生的社会生活,较少承载着历史的包袱,其可以阐释的空间更为广阔,也容易引起更广泛的观众的兴趣。如《虎妈猫爸》谈及的是家庭子女教育问题,涉及中美不同文化语境的家庭教育方式,具有很强的话题性,容易激起中美观众的兴趣。因此,有研究者认为:"中国最有可能发掘出普世主题的恰恰是近现代,一来中西交往的开展打破了中国文明的封闭性,最重要的是全球化时代中国所面临的问题几乎同时是世界的问题或者与世界相关联的问题——例如环境问题、文化冲突、传统与变革、转型期的焦虑。因此,中国电影人要做的恰恰是立足现实,通过表现中国问题和中国方案来表达世界焦虑和世界路径。"①当下中国瞬息万变的生活,转型期的各种文化问题,中西方文化交流中的困惑,家庭生活发生的变化和面临的矛盾,资本对中国社会的改造,这些社会现象都有力地为中国电视剧的海外传播提供了丰富的内容。正是从这个意义上说,《媳妇的美好时代》《蜗居》等反映现实中国社会变革,反映全球化进程中各种矛盾冲突的电视剧,最有可能受到国际主流媒体的认可。

四、结语

随着社会和经济的发展,我们这个时代不断被描述为一个"全球化"时代。随着经济、文化和信息资本的迅速流动,传统的时空观念大大地发生了改变。在这个全球资本流动的时代,所有人为的中心结构都被资本的流动和新的国

---

① 刘海波. 论中国电影走向世界的四个向度与四种力量[A]. 全球化与中国电影文化[C]. 北京:中国文联出版社,2015:70.

际劳动分工所消解。① 中国电视剧的海外传播在未来将是一种发展趋势。长期以来中国文化处于较为边缘的状态,不为世界所重视,同时也受到不少曲解。因此,我国电视剧的海外传播需要自觉地与全球化浪潮寻找结合点,探索话语融合的方式,提升跨文化叙事能力,超越民族主义,进行有目的的生产,从而建构一种文化共同体。

① 王宁. 全球化时代中国电影的文化分析[J]. 社会科学战线,2003(05):187.

孔子学院的国际公关策略探析

张　辉*

国家强则文化盛,国家强则语言强。汉语是中外交流、展现中国魅力的一座桥梁。汉语文化的传播不仅给来华的企业家、旅游观光者和留学生扫除了语言障碍,而且增进世界各国人民对中国文化的了解。其中孔子学院和海外中国文化中心是推动中国文化"走出去"的重要平台和世界了解中国文化的主要窗口。孔子学院向世人展示中国历史悠久、博大精深的文化底蕴,中国的艺术品、流行音乐、文学作品和影视作品受到海外民众的欢迎。海外中国文化中心是国外民众直接了解中国政治、经济、文化、社会的一个重要平台,现在在海外总数超过 20 个。2014 年海外"欢乐春节"活动在 112 个国家和地区的 321 个城市举办 570 多项大型活动,成为展示中国文化软实力的重要品牌。①

从 2004 年 11 月中国在韩国首尔建立第一所孔子学院以来,孔子学院实现了跨越式发展。美国第一所孔子学院——马里兰大学孔子学院在 2004 年 11 月成立。2005 年 2 月,欧洲首个孔子学院——斯德哥尔摩孔子学院成立。2005 年 12 月,非洲首家孔子学院——肯尼亚内罗毕大学孔子学院正式成立。1987 年 7 月成立的"国家对外汉语教学领导小组"在 2006 年改为"国家汉语国

---

* 上海外国语大学。

① 艺术中国综合.2015 年海外中国文化中心总数将达到 25 个[EB/OL].艺术中国,2015 - 01 - 12.

际推广领导小组"(简称"国家汉办"),领导孔子学院的各项工作。2006 年 7 月,由国家汉办和教育部共同主办的全球首届孔子学院大会在北京召开,反映了全球"汉语热"持续升温现象。2007 年 4 月,"国家汉办"成立孔子学院总部,负责全球孔子学院的指导和管理,同年 12 月在孔子学院总部第一届理事会第一次全体会议上讨论通过了《孔子学院章程》。2009 年 3 月,中英文对照版《孔子学院》率先创刊,从 2010 年开始,中西、中法、中俄、中阿、中德、中意等对照版相继出版,在 120 个国家和地区发行。

根据国家汉办《2015 孔子学院年度发展报告》显示,到 2015 年底,我国已在 135 个国家和地区开办了 500 所孔子学院和 1000 所孔子课堂,数量发展迅猛,特别是 2005—2007 年,平均每年增加 100 所左右。当前,孔子学院的分布情况如下:亚洲 32 国 111 所,非洲 32 国 46 所,欧洲 40 国 167 所,美洲 19 国 158 所,大洋洲 3 国 18 所。孔子课堂的开设情况:亚洲 18 国 90 个,非洲 14 国 23 个,欧洲 28 国 257 个,美洲 8 国 544 个,大洋洲 4 国 86 个。从教师和志愿者数量上看,中外专职和兼职教师达到 4.4 万人,注册学员有 190 万人,超过国家汉办 2015 年 150 万人的发展目标,参加各类汉语考试的人数达到 600 万。在传播渠道上,除了孔子学院和孔子课堂,还有网络孔子学院、孔子新汉学计划项目、孔子学院日"汉语桥"中文比赛、高校学生艺术团赴孔子学院艺术巡演等活动。其中,网络孔子学院目前汉语注册学员超过 50 万人,"孔子新汉学计划"涉及中外合作培养博士、来华攻读博士学位、"理解中国"访问学者、青年领袖、国际会议、出版资助等六大类项目。① 孔子学院日举办使节论坛、文化讲座、戏曲表演、留学生联欢会等多姿多彩的中国文化活动。在教材使用上,有 54 个语种的主干教材 6643 册/件,供 90 多个国家的大中小学使用,建立中外文化差异案例库,并鼓励和支持各国孔子学院编写本土教材。

一、孔子学院需要国际公关

十年来,孔子学院以传播汉语和中国文化为宗旨,是中华文化对外传播的

---

① 吴瑛,石玲玲. 孔子学院传播中国文化十周年效果反思[J]. 当代世界,2014(07).

主要平台之一。但是我们也注意到,2013 年 9 月,法国里昂第二及第三大学停办里昂孔子学院,2014 年 9 月美国芝加哥大学,10 月宾夕法尼亚州立大学宣布该年年底停止与孔子学院合作。2015 年 1 月瑞典斯德哥尔摩大学宣布关闭欧洲第一所孔子学院。

当前,孔子学院基本上依托国内各高校进行传播中华文化,由于一些高校急功近利,把设立孔子学院与孔子课堂视为政绩工程,片面追求数量和规模的扩张,导致孔子学院面临师资力量不够强、对受众缺乏细分、语言教学与文化传播相脱节、传播效果不如预期等问题,缺乏内涵式发展,仍没有改变中国文化赤字严重的现状。全国政协常委赵启正曾表示,当前中国文化对世界的影响力,与其本身的内涵相差甚远。多数外国人对中国的印象除了长城,就是大熊猫和中国功夫。①

除了上述问题外,我们注意到孔子学院办学过程中,外界舆论批评噪音不断,某些西方国家在各种媒体上污蔑和丑化孔子学院,他们认为孔子学院是中华文化的侵略和扩张行为,被打上了"中国威胁论"的烙印。也有一些批评人士认为,孔子学院是中国教育部下属的国家汉语国际推广领导小组办公室资助的,是中国共产党的宣传分支,是中国政府传播意识形态和共产主义思想的海外分支机构,有违学术自由。《纽约时报》报道,自 2004 年以来,孔子学院在全球不断发展,其目的是提升中国的软实力,是中国以一种更加隐蔽的方式传播中国文化,是中国谋求在亚洲地区影响力甚至世界影响力的重要手段。但很少有媒体宣传,孔子学院是顺应国际社会日益增长对汉语的需求,想要真正了解中国和搭乘中国的发展"列车"必须学习汉语。世界上多数的崛起大国,如历史上的西班牙、葡萄牙、英国、法国等,二战前的德国、日本,都没有避开"国强必霸、国强必乱"的逻辑。中国崛起是否会重复"国强必霸"的历史逻辑?在西方眼里,中国和霸权国家正步入保罗·肯尼迪陷阱和修昔底德陷阱。现实主义国际关系理论将此总结为国强必争、争则求霸的大国历史宿命和国际

---

① 管静. 基于发展视角的孔子学院问题与对策研究[D]. 武汉:武汉理工大学,2012.

关系铁律。① 西方的零和博弈思维给中国带来诸多的负面国际舆论,孔子学院也不例外,因此,国际公关迫在眉睫。

二、孔子学院的国际公关策略

改革开放三十多年来,中国经济取得了举世瞩目的成就,国际地位已经靠近世界舞台的中央,国际社会对汉语需求也与日俱增。孔子是中国传统文化的代表人物,孔子学院作为汉语教学品牌是中国传统文化复兴的标志。② 当前,要加强孔子学院内涵式发展,既要"走出去",又要"走得稳",对于汉语学习者还要"留得住"。③ 正如媒体既是公关手段,也是开展公关的主体,孔子学院不仅是中国开展国际文化公关的重要手段,自身也需要开展国际公关。用礼、中庸之道、重义轻利、知人爱人、好恶必察等都是古代中国公关思想的萌芽。④ 考虑到公关具有宣传、信息交流、协调沟通、咨询决策和危机处理的功能,必须以战略的角度来制定和实施公共关系策略。那么,孔子学院在政府公关、公众沟通、合作院校关系、媒体上实施国际公共关系策略,塑造和维护孔子学院的良好形象。

(一)政府公关

领导人参观和演说是政府公关的重点手段。"政府搭台,文化唱戏"是孔子学院的发展模式。国家领导人通过在国际场合发表的演讲以及与对象国家企业、学校、媒体以及非政府组织间的互动,向海外民众传递孔子学院是双边人文交流合作的重要平台。2011 年 1 月时任国家主席胡锦涛参观芝加哥佩顿中学及其孔子学院,2010 年 3 月时任国家副主席习近平参观斯德哥尔摩大学孔子学院,2013 年 11 月国务院副总理刘延东访问华盛顿孔子学院,2015 年 10 月国家主席习近平在伦敦出席全英孔子学院和孔子课堂年会开幕式等一系列

---

① 秦亚青. 如何避免三大兴衰陷阱[EB/OL]. 和讯网,2015 - 05 - 29.
② 曾蕊蕊. 探析"孔子学院"的文化外交功能[J]. 文教资料,2010(26).
③ 吴瑛. 对孔子学院中国文化传播战略的反思[J]. 学术论坛,2009(07).
④ 刘韵秋. 孔子学说中公共关系思想初探[J]. 公关世界,2005(08).

国际公关活动,为孔子学院增强了信心。

新闻发言人制度是政府公关的又一重要手段。面对负面舆论,要第一时间填补信息真空,否则被小道消息和流言蜚语等噪音冲击真实信息,因而,通过新闻发言人及时发布和澄清信息是非常重要的。中国各级政府建立新闻发言人制度,标志着中国政府与媒体的关系开始发生质的转变:从新闻宣传走向公关传播。① 著名公共关系专家吴友富教授提出国际公关应重视三大策略,即新闻发言人制度、国际游说和国际事件。② 2014 年 10 月 30 日外交部例行记者会上,发言人洪磊针对加拿大多伦多市教育局决定终止与中方合作开办孔子学院事件表示,孔子学院旨在帮助外国人学习汉语,了解中华文化,推进中国与各国之间的相互了解,增进友谊,顺应世界希望了解中国、中国走向世界的潮流,是具有生命力的。③ 2014 年 12 月 5 日外交部例行记者会上,针对美国新泽西州的议员史密斯在听证会上表示要调查孔子学院是否限制了美国大学的学术自由,外交部发言人华春莹指出,美国所有孔子学院都是美国大学自愿申请,由中国高校与美国高校合作开办的,所有教学与文化活动全部公开、透明。中方根据美方要求,提供教师、教材等方面的帮助,从未干涉过学术自由。④ 2015 年 1 月 14 日,孔子学院总部对瑞典斯德哥尔摩大学决定关闭孔子学院回应称,是由于外方院长退休,以及学校自身原因,人文学院的部分教授要求不再与中方续约,已得到校长同意。斯德哥尔摩大学校长致信孔子学院总部表示,孔子学院延期半年停办,该校本身中文师资很强,不会影响汉语教学。与政治无关。⑤

---

① 李希光. 变新闻宣传为公关传播[J]. 国际公关,2006(02).
② 吴友富. 政府国际公关在塑造中国国家形象中的作用[J]. 探索与争鸣,2009(02).
③ 郭君宇. 外交部回应多伦多教育局终止孔子学院合作[EB/OL]. 人民网,2014 - 10 - 30.
④ 胡雪蓉. 外交部回应"孔子学院是否限制美国大学学术自由"[EB/OL]. 新浪网,2014 - 12 - 05.
⑤ 蒋伊晋. 孔子学院总部回应瑞典关闭孔子学院[EB/OL]. 网易新闻,2005 - 02 - 18.

（二）公众沟通

孔子学院要做好和公众沟通工作,赢得海外公众对孔子学院传播文化的信任。首先,对舆论精英和领袖进行重点沟通和游说。国际公众很多,让每一个公众都对孔子学院树立正面的形象是不可能的,也不现实,根据两级传播理论,做好汉学家、外籍孔子学院教师等舆论领袖的沟通尤为重要。针对"中国威胁论",要大力传播中国的和平崛起发展进程及几千年的和谐文化,传递孔子学院不是文化入侵,而是发展中国与国外友好关系,促进世界文化多元发展的平台。其次,深入社区开展丰富多彩的中华文化活动,让企业人员和普通民众对汉语和中华文化有一定的认知,并逐步认同中华文化。最后,通过孔子学院的教学和组织的相关活动进行公关。海外汉语学员既是教学的对象,也是公关的重点对象。在教材开发上,注重国际化和本土化相结合,在编写教材之前,相关人员要深入当地社会调查,了解民情、历史、社会背景和当地的宗教信仰等,既要保证教材的丰富性和科学性,还要保证教材的价值性和可行性。在内容上,孔子学院不但要传播"术"——历史、文学、民俗、中医、书法、剪纸、戏剧、太极等,而且要传播"道"——孔子的"仁者爱人""己所不欲,勿施于人"等儒家文化,实现传统文化以及中国现代和当代文化的双轮驱动。同时需要充分挖掘儒家思想与现代人权、民主思想的共通之处,实现儒家思想的现代价值。① 让海外民众知道中华文化不是陈旧保守、古板落后的,中国是多元中国、发展中的中国。

孔子学院担任跨文化传播者角色,牵涉跨语言和跨文化的双轮驱动。除宗教、价值观和语言等维度外,思维方式差异是跨文化传播的另一关键维度。② 与国内公共关系活动相比,国际公关最大的挑战是对象的文化独特性,因此,国际公关应该对文化差异保持高度的敏感性。美国亚利桑那州立大学吴旭博士提出了一个国际公关中社会分析的金字塔模型。该模型由低到高,分别是

---

① 吴瑛. 对孔子学院中国文化传播战略的反思[J]. 学术论坛,2009(07).
② 关世杰. 思维方式差异是影响中美跨文化传播的重要维度[J]. 编辑学刊,2010(2).

文化传统底蕴、经济发展基础、政治制度体系、媒介构架模式和公共关系战略。① 在金字塔模型中,文化传统底蕴处于最底部,是国际公关策划和实施的基础。美国人类学家、跨文化研究学者爱德华·霍尔认为,"跨文化传播指的是拥有不同文化感知和符号系统的人们之间进行的传播,这种不同足以改变传播事件。"公众是公关学者重点关注的议题。早在 20 世纪 70 年代中期 Grunig 在研究资讯运动时把眼光放在公众上,后来发展了著名的情景理论(situation theory)。② 因此,孔子学院的教学理念、教学内容和教学方法都需要因地制宜,因人而异。

(三)合作院校关系

合作院校是孔子学院生存和发展壮大的平台。通过双方合作,增强外方院校的中文教学力量和研究水平,共同推广中华文化,实现互利共赢,但是其教学理念与教学模式可能会与合作院校的教学计划有一定的冲突。在孔子学院运作上,应本着相互尊重、友好协商、平等互利的原则,充分实现孔子学院总部,中方院长和对方合作院校在教学计划、教学管理和教学评估方面的沟通。同时,要与合作院校的其他学院、各个部门建立友好的合作关系,互通有无,主动和与中国文化有关人文社科学院开展教学合作、资源共享与学生交流。

(四)媒体

由于国际公众对孔子学院认识不足,带来反对声音加大,必须进行长期沟通。在国际公关上,媒体是最有效的手段之一。舆论学先驱李普曼认为,人们的行动越来越不依赖自己对"真实世界"的了解,而是对现代传播媒介传达的无处不在的"虚拟环境"的反应。长期以来,大众媒体是公共关系运作的主要传播工具。通过新华社、中新社、《人民日报海外版》、《中国日报》、CCTV—News、CCTV-4、中国国际广播电台以及当地媒体进行专题报道孔子学院的办

---

① 吴旭. 国际公关中的三个"黄金律"[J]. 中国传媒报告(China Media Reports,香港),2006(1).

② 张依依. 公共关系理论的发展与变迁[M]. 合肥:安徽人民出版社,2007:64.

学理念、课程设置、办学成绩和未来的发展方向等。在报道的内容上,要挖掘和转载新加坡、巴基斯坦等有关孔子学院的正面和中性报道,用中文、英文和其他语种对外传播。还可以对孔子学院的学员进行采访,报道他们学习汉语的经历和感受。随着新媒体的兴起,还可以利用 Facebook、Twitter 等新媒体平台与公众进行互动,搭建良好的公共关系。

中文走进古丝路名城撒马尔罕

左菲菲[*]

提起古丝绸之路名城撒马尔罕，你会想到什么？无边的沙漠抑或是悠远的驼铃声？实际上，作为古丝绸之路的重要枢纽，撒马尔罕这座传奇的历史名城绿树成荫、雪山环抱，这里景色优美、空气清新，当地民众热情纯朴。2013年，在中国国家主席习近平访问乌兹别克斯坦期间，两国签署了在乌兹别克斯坦历史名城撒马尔罕建立孔子学院的协议，习近平主席与卡里莫夫总统共同出席了签字仪式。2014年由上海外国语大学与乌兹别克斯坦撒马尔罕国立外国语学院合作创办的"撒马尔罕孔子学院"正式揭牌成立。

由于国情、文化的不同，孔子学院的工作不仅仅是教中文那么简单，很多工作的开展都需要动脑筋、想办法。撒马尔罕孔子学院的工作充满了各种"想不到"。

首先，乌兹别克斯坦的民族多得"想不到"，语言的种类也非常多。乌兹别克斯坦是一个由130个民族组成的多民族国家。学生主要分为"俄语"原生家庭和"乌语"原生家庭。由于居住在撒马尔罕的塔吉克族较多，因此，也有一部分学生说塔吉克语。在教学时，撒马尔罕孔子学院采取了分班教学。俄语原生家庭的学生使用的是俄文释义的汉语教材，乌语原生家庭和塔吉克语原生

家庭的学生由于暂时没有相应语种的汉语教材,使用的是英文释义的汉语教材。上海外国语大学今年预备出版一本乌语版的汉语图解词典,乌语释义的汉语教材也已提上了日程,这无疑将大大方便乌语原生家庭的学生,促进乌兹别克斯坦的汉语教学。

其次,乌兹别克斯坦学生学习中文的热情高得我们"想不到"。撒马尔罕国立外国语学院有英语、德语、法语、西班牙语、日语、汉语、韩国语、阿拉伯语、希伯来语,共9个外语专业。汉语是撒马尔罕国立外国语学院高考录取分数最高的专业,汉语热由此可见一斑。学习汉语的学生被其他专业的学生昵称为"中国人"。中国高速发展的经济,繁华的城市建设,种类丰富的商品,都让乌兹别克斯坦人赞叹不已。在乌兹别克斯坦的商店里有很多来自中国义乌的小商品和来自中国广州的服装。随着中乌贸易合作的不断发展,更多的中国公司来到乌兹别克斯坦创办工厂,掌握一定程度的中文会拥有更多的就业机会,因此,中文热不断升温。

面对学习热情如此高涨的学生,撒马尔罕孔子学院除了完成教学工作,还开展了大量生动有趣的文化活动,数量多得"想不到"。几乎每个周末,撒马尔罕孔子学院都充满了欢声笑语。从迎新春茶话会到元宵节猜灯谜,撒马尔罕孔子学院的老师手把手教学生擀饺子皮、包饺子,感受中国过年的喜庆气氛。除了传统节日的庆祝,撒马尔罕孔子学院通过组织丰富多彩的各项比赛,进一步激发学生学习汉语的热情。比如"汉字听写大赛""'青春的旋律'作文大赛""'伶牙俐齿'绕口令大赛""'我的中国梦'国情及才艺大赛"等。经过一系列的活动和比赛,学生的听说读写水平都有了提高。为了让学生更好地体验中国传统文化,撒马尔罕孔子学院的刘涛院长亲自上阵教授学生打太极拳。当所有人穿起白色太极练功服,缓缓推手的时刻,相信中国文化真正走进了学生的心里。

再让我们来对比一下撒马尔罕孔子学院往日与今朝的硬件条件,变化之大让人"想不到"。最早的撒马尔罕孔子学院只有一间可以全天使用的会议室和两间非固定教室,几乎所有的教学和文化活动都在这里完成。简陋的工作环境并没有让撒马尔罕孔子学院的老师气馁,反而因地制宜,开展了大量丰富多彩的活动,让学习中文的学生把孔子学院当成了自己的家,有课没课都想来孔子学院看一看、坐一会儿,和孔院老师聊聊天。2016 年年初,撒马尔罕孔子学院开始选址装修新孔院。所有孔院老师在刘涛院长的带领下,不畏辛苦,花了大量的时间和精力规划、布置新孔院。2016 年 5 月,撒马尔罕孔子学院举行了装修竣工剪彩仪式。中国驻乌大使孙立杰、上海外国语大学副校长杨力和撒马尔罕孔子学院乌方院长萨法洛夫一起为孔院剪彩揭牌。上海外国语大学孔子学院工作处处长张雪梅和俄语系系主任章自力也出席了孔院的剪彩揭牌仪式。一走进刚刚竣工的撒马尔罕孔子学院,浓浓的中国风扑面而来,对联、鞭炮、窗花,还有两排整齐的红灯笼迎接学生、老师和客人的到来。新落成的孔院有多功能图书阅览室一间,拥有图书和各种音像制品两千余件;会议室一间;教室 4 间;教师办公室两间。每间教室都配有投影仪,更有利于多媒体教学的开展。未来还将建设智能教室一间,对于提高学生的听说能力会大有裨益。

　　2014 年年底创建的撒马尔罕孔子学院是一个年轻的孔子学院,但这里学生的汉语水平好到让大家想不到。每年都有多名学生获得中国政府奖学金或通过 HSK(汉语水平考试)获得孔子学院奖学金去中国留学。仅 2016 年就有 7 名学生获得中国政府奖学金,5 名学生获得孔子学院奖学金。值得一提的是,撒马尔罕孔子学院的学生康晓鑫在 2015 年第十四届“汉语桥”比赛中闯进了全球 15 强。2016 年四月,撒马尔罕孔子学院的学生李峰在“国际大学生汉语奥林匹克竞赛”中获得二等奖。每次比赛前,撒马尔罕孔子学院的老师都会根据学生的具体情况对学生进行强化训练,每一个好成绩都离不开孔院老师的谆谆教诲和悉心指导。

　　还有让人想不到的是,乌兹别克斯坦有不少“学霸妈妈”。由于乌兹别克斯坦有早婚的传统,男女青年一般 20 岁左右就已成婚,撒马尔罕孔子学院有不少学霸妈妈。她们真的称得上是“下得厨房,出得厅堂”,不但要照顾好孩子和一家人的起居生活,中文学习更是非常认真,而且学习成绩十分优秀。唯一的遗憾就是,为了照顾家庭她们无法实现去中国留学的梦想。家庭是人生的第一所学校,而母亲则是孩子的第一任老师。一位熟悉中文、热爱中国文化的母亲一定会将中乌友谊的种子根植在孩子的心里。

上海外国语大学的校领导一直十分关心撒马尔罕孔子学院的发展,为建设撒马尔罕孔子学院,投入了大量的人力、物力。上海外国语大学孔子学院工作处处长张雪梅和俄语系系主任章自力两位老师更是事必躬亲,与撒马尔罕孔子学院的老师们保持着紧密的联系,为孔子学院各项工作的开展提供了有力的支持和帮助。撒马尔罕孔子学院的老师们虽然来自五湖四海,但大家在刘涛院长的带领下,团结如一家人,心往一处想,劲儿往一处使,努力将撒马尔罕孔子学院的工作做好,践行"文化使者"的职责。2016 年 6 月,在中国国家主席习近平访问乌兹别克斯坦期间,中国中央电视台对撒马尔罕孔子学院进行了专访。

孔子学院的建立,在撒马尔罕播下了学习中文的星星之火,也让更多人接触并了解了中国的文化。撒马尔罕是乌兹别克斯坦著名诗人阿里什·纳沃伊(Alish Navoi)的故乡,所以这里也是一座文化名城。中国文化和中亚文化在这里碰撞出耀眼的火花。两千多年前,张骞出使西域,拓展了丝绸之路,促进了东西经济文化的广泛交流。如今,撒马尔罕孔子学院开展汉语教学,让更多的人感受到中国文化的魅力,再次推动东西经济文化的交流和发展。

老舍翻译文学研究及其意义辨析

——从译者的身份与国籍视角切入

张　曼*

老舍翻译文学是由老舍的翻译与由中外译者对老舍作品的翻译构成。研究老舍的翻译可窥见老舍在中国现代作家兼翻译家群里的与众不同,研究他人对老舍作品的翻译,可窥见不同身份与国籍的译者在向海外译介传播(指中国籍与华裔美籍译者)与接受(指本土外籍,并从事于或出身于与文学相关的译者)①老舍/中国现代文学的历程及其特点,为中国现当代文学在海外的持续译介与传播提供方法论上的反思。因此,研究老舍翻译文学,可窥探译者借翻译这一媒介所体现出的中外文学双向交往,会因译者身份与国籍的不同而呈现出不同的诗学意义。中国籍译者在以英译中的方式接受西方文学中,实现了把中国文学纳入到世界文学进程中的愿景,他们和华裔外籍译者的老舍/中国文学英译则更多地只是实现了提升中国文化在海外的自我形象;而西方本土译者(特指从事于或出身于与文学相关的译者)不但实现了中国籍和华裔外籍译者企图实现翻译是提升中华文化/文学在世界文化多元系统里的地位,

---

* 作者简介:张曼,女,博士,上海外国语大学文学研究院教授,研究方向:翻译文学,中外文学关系。

① 这里把本土外籍译者锁定在出身或从事于与文学相关的范围,是便于把问题说清楚。译者的翻译规范一旦受到官方的制约,或者译者本人是某机构的在职人员,那么问题就相对复杂得多了。

但其结果却仅仅实现了翻译仅仅提升中华文化/文学自我形象,而且在他们的译介视野中,从一开始中国文学就是世界文学多元系统生产的一个组成部分。

一、老舍的翻译

老舍的翻译包括两个方面,一个方面是老舍翻译他人作品,另一方面是他或独自或与他人合作英译自己创作的小说和戏剧。老舍的翻译数量虽不多,但却发生在或英国对中国、中国文学盲目轻视的语境中,或中国文学发生变革时期,或中美外交关系处在转折的关键点上,或中国文学向政治一边倒时期。

在中国现代文学史上,学术界乃至全社会曾经有过趋新尊西的风气,普遍默认或接受"谁掌握西学的话语权,谁就拥有优先的发言权"这一标准。兼作家翻译家于一身的如鲁迅、郭沫若、茅盾、周作人、徐志摩等,纷纷把翻译过来的西方文学作品作为新文学的支撑,与旧文学论争。他们不但翻译西方文学、学习西方文学,还自觉地把自己当作某个西方作家或学派(文派)在中国的代言人,即"外国文学被用来支持中国新作家自己的形象和生活方式"①。仔细研究现代作家,尤其是那些创作、翻译双丰收且极具个人魅力的,都有意无意地试图在自身与某个外国作家或学派(文派)之间建立一种超越简单的文学意义上的亲密关联,并刻意在创作中模仿、借鉴其作品,着重强调意义的使用,把自己作为该作家或该学派(文派)在中国的代言人,如郁达夫与E·道森,郭沫若与雪莱、歌德,蒋光慈与拜伦,徐志摩与哈代、泰戈尔,巴金与无政府主义等等。②

老舍在英国协助艾支顿翻译《金瓶梅》这一行为与上述中国现代作家兼翻译家们利用翻译的优势争取话语权在形式上异曲同工,但在效应上老舍赢得的是国家民族及其文化在海外的自尊与正气,提升了中华文化在海外的自我形象。

---

① 李欧梵. 现代性的追求[M]. 北京:生活、读书、新知三联书店,2000.
② 具体分析参考徐鹏绪、陈霞的《现代中国作家兼翻译家现象研究——翻译文学、现代汉语与现代文学互动关系考察(之一)》,《东方论坛》2005 年第 3 期,第 64—68 页。

1940 年代中期至 1949 年老舍在美国时的翻译活动也是如此,但其过程艰辛。老舍自译(准确地说是与他人合译)《离婚》《四世同堂》以及改写行为是应 1940 年代中期中美外交的特殊需要而为之。老舍在异域通过或翻译或改写或与他人合译等形式,从事于中国现代文化/文学精神的传播活动,但由于翻译空间的位移等因素导致译者身份的变化,即便是同一位译者其翻译策略也是不断地变化与更改。老舍初到美国本着文化平等交流与传播的目的翻译了《离婚》。在美国四处演讲时,老舍通过观察发现美国对东方的想象远远超出了他的预期,因此他改变文化传播策略,重新思考传播中华文化的内涵,选择可张扬国家文化形象的译本,并不惜用英语改写自己的小说,以达中华刚性文化的建构与在美的传播,且改变传播方式,以美国中产阶级喜好的戏剧形式进行传播。如果把老舍在美国期间自译或改写的几部作品纳入到华裔美国文学史或中国的英语文学史中考察,那么其特点、意义与价值将更加彰显。自 20 世纪初华裔美国文学在发展中形成了一种自我东方主义,颠覆了文化中国与中国文化的本质,其恶劣程度远高于林语堂所强化的中国文学中柔美特质的东方主义,需几代人的努力都不一定能够改变。其次,华裔美国人的内部殖民在美国社会造成了更加的恶劣影响,一位美国汉学家曾经发出这样的感叹"这是心灵的悲哀"。美国主流政治外交与华裔美国的自我东方以及内部殖民,促使老舍在异域重新拾起他始于 1930 年代,但还未成型的对中国现代文学精神现代化问题的思考,并在翻译中彰显出来,在此基础上试图建构全新的中国国家文化形象。

美国是个多民族的国家,对外来文化虽有排斥心理但并不十分强烈。影片"*My Big Fat Greek Wedding*"(中译名《我的盛大的希腊婚礼》)荣获 75 届奥斯卡金像奖就是佐证。影片获取成功的秘笈,与李安在《喜宴》《藏龙卧虎》和《少年派的漂流》中强化民族性元素不同,《我的盛大的希腊婚礼》是以美国和希腊共同认可的文化观和价值观作影片的底色,以轻喜剧的形式进行演绎。老舍在美国宣传中国文化的方法与《我的盛大的希腊婚礼》的制作者英雄所见略同,他们的举动恰好印证了萨义德所言:"文化对待它所能包含、融合和证实的东西是宽容的,而对它所排斥和贬低的就不那么仁慈了。"①

如果说老舍中译英翻译行为与中国现代兼作家翻译家们利用翻译的优势争取话语权在形式上异曲同工,那么老舍英译中翻译行为——无论在 1930 年代翻译的西方文学理论著作,还是在 1950 年代翻译的萧伯纳喜剧《苹果车》——与其他兼作家翻译家们"把自己作为该作家或该学派(文派)在中国的代言人的姿态"就不同了,老舍试图从文学的语言、内容和风格的现代化具体路径切入,借翻译这座桥,与西方文学交往,并参与到与其他民族文学一起建构世界文学的努力中。1930 年代老舍翻译西方文学理论,既没有把翻译选择定于某一位理论家,也没有定于某一流派,而是根据当时的教学、中国现代文学发展的需要选择翻译文本。老舍甚至视当时抗战的需要而选择翻译了一封二战士兵写给家人的信,以此鼓舞中国抗战士兵的志气。1955 年,老舍有过唯一一次中译英翻译行为,即中译萧伯纳剧本《苹果车》。在当时,语言充当着意识形态的工具性质,赞助人——人民文学出版社也如此要求老舍,译者却巧妙机智地将赞助人要求的翻译"语言的阶级性",即从某种语言形式专属于某个阶级,转化为语言中包含着阶级的特定要求,从而使翻译成为两种语言的互补与互动,进而把戏剧新文体引进中国。这一举动使得译本既符合官方意识形态的要求,也从而与西方戏剧界进行交流,借鉴其新文体的目的。

实际上,老舍早在 1920 年代末英国时期,就关注到现代汉语如何白话的问题。他在广泛阅读英国、法国、俄国、德国甚至古希腊罗马的文学后,自觉地在比较中互相取长,弥补其短。他由英国语言的简洁,并从中借鉴,到提出希腊罗马语言比英国语言简洁,从中可以借鉴;再到中国语言最为简洁,希望英法语言从中国语言中借鉴其最为简洁的特质。在中译英的翻译实践中,他同样身体力行,大胆利用中国语言简洁的特质,修正英语的累赘与繁琐的语法。这在中国学界唯西方马首是瞻或即便有这样的认识也不会表现出来的文学语境中,是需要何等的勇气、胆识和自信。老舍这一举动,与民国初年的文化自大

---

① 〔巴〕爱德华·W·萨义德. 文化与帝国主义[M]. 李琨,译. 北京:生活·读书·新知三联书店,2003:17.

不同,是建立在相互比较、知己知彼的世界性文学视野基础之上的。也与上述提及的兼作家翻译家们不同:郭沫若、徐志摩、巴金把自己作为所译介作家如雪莱、哈代和无政府主义代言人,老舍却不把自己寓于某个作家代言人的笼子里,是从文学的表征而不是意义出发,选取译介和传播的对象,思考语言的现代化。并从民族文学与世界文学的关系角度,总结道:中国文学是世界文学的一部分,中国文学的艺术成就有值得西方人借鉴的地方。"我们的文学也是世界的,我们也是世界的一部分。"

可见,老舍通过中译英实现了提升中华文化在海外的自我形象,英译中则实现了中国文学与其他民族文学的交往与互动,把中国文学纳入到世界文学多元系统的生产中,共同建构世界文学的愿景。

二、老舍作品的被译

与老舍的翻译相比较,海内外读者更加熟悉由他人翻译的老舍作品,包括小说戏剧,或称之为老舍的被译作品,如伊文·金《骆驼祥子》《离婚》英译本。这两个英译本是翻译研究界,高校本科、硕士博士研究生争相选择的论文选题与撰写对象,对其研究从现有研究成果看,经历了大致从语言批评,到修辞再现再到文化传递的路径。

老舍的翻译在语言选择上基本是英汉互译,但是老舍的被译却语种多样,有英语、日语、法语等20多种语言。老舍作品是国外被译介、被研究最多的中国现代作家之一。自1944年王际真首次把老舍小说翻译到美国,至今已经70多年,译本有近60部之多(包括重译),有些重译本达3部以上。其间,因为受到翻译赞助人、政治意识形态、译者意识形态的制约等因素的影响,老舍有些作品在翻译时惨遭删减和改写,但最终复归了对原文本的直译和再现。在这曲折的翻译进程里,译者通过翻译老舍的长短篇小说、戏剧、评论等进入到老舍的世界,与之对话。总体而言,老舍的被译可分为4个阶段:第一阶段是1949年之前的翻译,第二阶段是1949年之后到1964年,第三阶段是1964年到改革开放新时期,第四阶段是新时期之后。四个阶段的特点分别是,一、1949

年之前,中美关系缓和,出于抗战的需要,海外华人开始积极推介中国现代文学,其中老舍是重点推介对象。但是此时由于国力、政治等因素的干扰,华人译者在积极宣传介绍中国现代作家作品时,在凸现作家的艺术成就的同时,更强调"这些作家都不同程度地受到了西方文学的影响"。① 二、1950年代,美国出版社仅从英国引进了1部老舍作品英译本,原因众所周知——中苏建交和中美关系恶化,因此1963年之前是老舍作品被译的沉默期。三、1964年之后到改革开放新时期,译者无论中外翻译老舍的文学性意图都有所增强,也就是说翻译老舍作品时,开始关注作品的文学性多于作品暗含的社会性。四、新时期至今,翻译界对老舍作品的翻译不但中外并举,而且以直译为主,但是翻译意图因身份与国籍不同而呈现出了差异。② 如《茶馆》两个英译本,是由中国著名的表演艺术家英若诚和加拿大翻译家霍华分别在1979年和1980年所译,两位译者由于对中国文化的传播、对戏剧翻译策略的认识等均不同,各自发挥了所擅长与期望表达的内涵,由此两个译本呈现出了不同的面貌、发挥了各自不同的作为原文再生的"戏剧表演性"和"戏剧的文学性"之所长。

除了海外主动翻译老舍作品,国内出版机构和港台也向海外推介中国现代作家的作品,包括老舍,如杂志《天下月刊》早在1940年代就曾经英译过老舍两个短篇小说。1980年代承担中国向海外推介中国现代作家作品英译的机构,主要是北京外文出版社和香港联合出版公司。北京外文出版社下属的《中国文学》(海外版)杂志社是承担主要翻译任务的单位之一。该出版社有着比较悠久的海外出版经历,早在1956年就曾向海外出版发行过廖煌英(Liao Huang-ying)翻译的《龙须沟》(Dragon Beard Ditch : A Play in Three Acts)。新时期之后,《中国文学》(海外版)杂志社提出"以文学滋养人心,让中国走向世界",大力向海外译介中国文学,其中仍包括老舍作品。"让中国走向世界",即

---

① Zhi-chen Wang. Contemporary Chinese Stories [M]. Columbia University Press, 1944. p. II.
② 关于老舍作品被译的资料和分析详见笔者2009年发表在《上海师范大学学报》上的《老舍作品在美国的译介与研究》一文。

在海外争取话语权,这一企图决定着译者无论采用什么翻译策略与方法,最终期盼的是提升中华文化在海外的自我形象。至此,华裔美国译者与本土外籍译者是如何认识和对待老舍/中国现代文学的呢?

以华裔美籍译者王际真和本土外籍译者莱尔为例。

王际真是美国最早(1944年)翻译老舍短篇小说的人,他的翻译策略和方法如今回顾起来并无多少特别,在翻译策略上选择在文学内容的表达或者技巧表现上与西方文学中主题或者形式较为相仿的老舍小说,方法上直译加删减,以此突出与西方或者美国文化较为相同或相似的主题;同时,王际真翻译老舍时采用的策略与文化表达还与他个人在美国从事的中国文学如《红楼梦》、鲁迅作品的翻译互文,特别是在中国独特风俗、文化意向上几乎与他其他译本的翻译保持了一致,因此,译者加注的翻译方法虽然是对原文文化的尊重,但不翻译或者不加注释的翻译不能一概武断认为译者为了归顺接受者而抵制原作的中国文化内涵这一说法。这一手法几乎贯穿王际真的整个老舍和中国文学的翻译中。老舍的另一位译者莱尔也是鲁迅翻译专家,但莱尔对老舍的翻译与王际真不同,王际真是认同"五四"新文化运动,是五四知识分子,而莱尔则纯属个人对老舍作品的理解与兴趣,认为老舍借创作"奉献给读者的不是新的观察世界的方法,而是引导读者感受作家心中的感受,即事物应该怎样。"如译者在英译《黑白李》中,把"花纹"译成"fish",把"拉老婆舌头"译成:"go round running off at the mouth like some old lady and get you in trouble",把《歪毛儿》中"财神的纸像"译成"paper images of the God of wealth"等。据莱尔个人的解读,老舍小说的价值不是如中国评论界所评论的"如果让守旧的黑李和激进的白李面临社会的革命而要做出选择时,将会如何?"而是对黑李和白李两个人物的刻画和描写,莱尔借用小说中在老李家拉车的王五的话表达了自己这一见解:"'四爷不管我的腿,可是管我的心;二爷是家长里短,可怜我的腿,可不管这儿。'他又指了指心口。"可见,莱尔的翻译自始至终立足于原文本中对两位兄弟性格的文学性刻画与描写。其次,莱尔认为如其把老舍放在"五四"作家队伍里,不如把他放到以张恨水为代表的描写市井生活的通俗作家行列。这一点也与王际真不同。王际真赞赏"新文学",青睐鲁迅,奉其为"民族英雄";也盛赞老舍,把老舍放在"五四"知识分子群中进行翻译与介绍。因此,在作跨语际翻译时,选择《黑白李》,且采用薄译的手法不断地清理自身的限制、规范和尺度,超越简单的文学影响关系,突出其中西文学共同的主题——个人主义、勇气,从而把中国文学纳入到了文学的世界性语境中,也因此该译本跨越了文化,连接起文化与精神间的关系,进而在中国文化的精神与西方文化的精神之间相互吸纳,由此,文化世界则开始向精神世界转化,最终抵达相似的精神认同。王际真对中国文学的这一认识和采用的翻译策略,与老舍英译传播自己的作品相似,即以强调中国主体性的方式把中国文学纳入到世界文学当中,其结果自然是提升中华国家的自我形象。

《茶馆》两个译本与上述案例类似,分析不赘。

《茶馆》是中国话剧有史以来京味话剧艺术的集大成者和京味话剧流派的扛鼎之作。曹禺称《茶馆》"前无古人,盖世无双",刘厚生认为《茶馆》是"中国话剧的代表作",外国人则认为《茶馆》等是"世界的经典著作"。有资料统计,至1982年止,"二十五年来,北京人民艺术剧院《茶馆》剧组在西德、法国和瑞士三国共15个城市巡回演出25场,获得巨大成功。"西方译者热衷于把玩剧本作为文学作品的文学性和剧本中折射的大量风俗尤其是他们早已熟视无睹的神秘风俗的幻象。而中国著名的表演艺术家英若诚1979年的《茶馆》译本在国内与国外都受到了高度的称赞(当然在国外受到称赞应包含演员的表演),但译本因强调"舞台表演性"而使得原文本中许多特质,如"大量风俗尤其是他们早已熟视无睹的神秘风俗的幻象"遭到了遮蔽或损失,这一事实说明,违背西方人欣赏的惯性想象并没有影响西方读者对译本的接受。其次,作为戏剧文本,虽然译文在翻译中不可避免的有缺憾,但既然该文本在国外受到欢迎,说明译本与原文的关系,既不应视翻译实践仅是塑造原文的话语事件,也不应视其仅是本雅明笔下的"后来生命",而是间性诗学提倡的"正义原则"和"团结原则"的结合。巴赫金的复调理论表达的是类似的观点,即复调不在展现一个至高无上的作者的统一意识,而在于展现那些拥有各自世界、有着同等价值、具有平等地位的不同的独立意识。复调型小说所追求的是把人和人(作者和人物)、意识和意识放在同一个平面上,展示世界是许多具有思想感情的活生生的人活动的舞台,是众多个性鲜明的独立自主的声音在交流和争鸣的舞台。尽管如此,"具有中国民族特色的现实主义""展示了对我们来说还是陌生的境界""东方舞台上的奇迹"等等,说明英若诚译本依然如同老舍与王际真,他们走向世界的方式是强调中国性,即通过提升自我形象的方式,从而走向世界。而加拿大翻译家霍华的《茶馆》英译本与莱尔翻译《黑白李》相同,从一开始就是从作品的文学性角度切入理解作品、阐释作品,再翻译作品,因此从一开始在他们的翻译选择及其后的翻译行为中,老舍作品已经是世界文学生产的一个组成部分。

三、研究老舍翻译文学的意义

从译者国籍和身份角度切入老舍翻译文学研究,可见,译者国籍和身份对老舍作品英译的影响,即中国籍译者向海外译介传播老舍作品时,强调中国性,目的是争取话语权,进而提升中华文化的自我形象,这在中国文学英译中是较为普遍的现象,如杨宪益夫妇翻译的《红楼梦》也是如此。① 从上述引文可见,中外评论界对英若诚《茶馆》译本评价是惊人相似,其实这不奇怪,李欧梵曾说过,西方文学界对中国现代文学翻译选择与评价更多的是顺从国内价值判断和评价的。而外籍译者翻译老舍,强调文学作品不同程度的真实性,其实这也是美国汉学的传统。② 文学的真实性具化到译者笔下就变成不同程度的文学性再现,因此他们阅读老舍、阐释老舍,最后翻译老舍,从一开始就不同于中国译者,他们从一开始就是把老舍放进了世界文学语境中,将其作为世界文学生产的一个组成部分。这里要特别说明的是世界文学也是分层级的,与

---

① 张南峰. 红楼梦两种英译背后的规范[C]. 中西译学批评. 北京:清华大学出版社,2004:224 - 225.

② 殷之光. 反潮流:专访鲁道夫·瓦格纳教授[C]. 革命·启蒙·抒情——中国近现代文学与文化研究学思录. 北京:生活·读书·新知三联书店,2014:126.

世界文学经典是两个内涵不同的概念。达姆罗什在《什么是世界文学》书中提出,"世界文学是一种旅行的文学",老舍鉴于个人分别在英国和美国的文化/文学交流中发现,西方对中国文化/文学的了解是片面的,其中想象的成分很多,提出"中国文学也是世界文学的一部分"。老舍提出这一概念,本意指借翻译实现中华民族文学参与世界文学的建构,即世界文学是由多民族文学共同建构的,但客观上其中也已经暗含了"文学旅行"与世界文学的关系。老舍等中国译者以提升中国自我形象的方式,企图把中国文学纳入到世界文学的多元系统中,但往往只停留在提升自我形象上,而没有迈进世界文学的多元系统里;如此不同的是,西方译者尽管有可能对老舍原作采用接受性翻译规范进行翻译,如蒲爱德对《四世同堂》的怪译,但如果从"世界文学现象学",即"世界文学是一种阅读模式——一种以超然的态度进入与我们自身时空不同的世界的形式"①,而且"凡在源语文化之外流通、影响力超出本土的文学作品,无论是以译文形式还是原文形式,都属于世界文学"②,解读审察。老舍作品在国外的影响力,在经典解读层面,或者说在供研究层面,与国内颉颃,甚至超越国内;而在大众阅读层面,不及国内。多元系统理论也分层次,因此,保守地说老舍作品已经是世界文学多元系统里的一分子。③ 两者在此有本质的不同。进一步将老舍这一民族文学与世界文学的关系上升到交往认知的理论高度,还可发现另一个有趣的现象。如前所述,"间性诗学"既提倡主体有坚持自己于别人不同的合理价值观念和生活理想的权利,又提倡主体必须忍受按其价值观念来说可能无法忍受、而按其义务规范来说却是应当容忍别人的合理价值观念和生活方式,认为唯有既坚持"正义原则"又坚持"团结原则"才能保证译本的生命力,但如何平衡这两者的关系,间性诗学没有作分析。巴赫金的复调

---

① Damrosch, David. What Is World Literature? [M]. Princeton, NJ: Princeton University Press, 2003: 281.

② 见查明建为丹穆若什《什么是世界文学》一书所作的译者序。

③ 如菲茨杰拉德翻译波斯人的《鲁拜集》,对其"放肆"改写,虽然没有遵守翻译的充分性规范,可接受性也是翻译规范的一种,而且正是菲茨杰拉德的可接受性翻译规范促成了《鲁拜集》不但走出了波斯,而且成为世界文学的一部分。

理论虽然阐明了文学作品的复调结构,但是这只是对于具有一定阅读能力的读者而言,而文学关系中的交往是需要在各个层面中进行的。多个译本的存在显然是解决问题的其中一个途径,如上文《茶馆》的两个译本分别表达着两个层面的意义;王际真突出老舍作品中与西方文学共同的主题——个人主义、勇气,虽然不能借此把老舍/中国文学纳入到文学的世界性语境中,成为莫热蒂的世界文学的波浪的其中一条,但至少借"个人主义"和"勇气"使得老舍成为了莫热蒂世界文学波浪线下面的涌动,并促使波浪成线的部分,老舍等中国籍译者的译文也有如此功能。因此,王际真采用主动"调适"的翻译策略,老舍本人的自译则如同英若诚等中国籍或如王际真等出身于中国的外籍译者,在经历了《离婚》英译本发行失败后,也采取了王际真的翻译策略,主动对自己的创作原文本作"调适"的策略,解决了"间性诗学"中"正义"与"团结"间的比例分配。正是中西译者的共同努力,不但使现代中西文化异质碰撞过程中对"杂语"局面的形成具有意想不到的收获与启迪,而且在客观上达成了复杂但可辨析的翻译的诗学意义。

儒家"生生"观念及其现代价值

陶新宏*

面对日益加剧的生态危机等诸多全球性困境,如何运用中国传统文化的智慧元素适时进行创造性的回应,已成为当下世人关注的焦点。儒家的"生生"思想贯注于儒家哲学的历史发展和内在结构之中。它是搏动在民族血脉中的盎然生命力和走向未来不竭的精神源泉。

一、儒家"生生"之意涵

(一)创生生命、生而又生

《周易》提出"生生之谓易"(《系辞传》),孔颖达疏曰:"生生,不绝之辞。阴阳变转,后生次于前生,是万物恒生谓之易也。"(《周易正义·系辞上》卷七之五)即他认为"易"就是讲生命的产生、成长和存续之道。北宋张载亦曰:"生生,犹言进进也。"(《横渠易说·系辞上》)"生生"就是化育无穷明。明代来知德认为"生生"即"始终代谢,其变无穷"(《周易集注》)。《系辞传》又曰:"易有太极,是生两仪。两仪生四象,四象生八卦。"显然这种"创生"是以太极作为"生生"之始点,以八卦为"生生"之终点。八卦表征的自然现象是天地、水火、山泽、风雷。天地"生物",亦可以说是天地之道"生物",《中庸》说:"天地之道,可一言而尽也;其为物不二,则其生物不测。"天地的根本功能是"创生生物",也就是以"生"为道。

宇宙万物的创生不是偶然完成的,而是不断生成,是一个持续不竭的过程,有着无限的生机。"'生生'即生而又生,亦即日新"①,是一个永恒而日新的过程。而且,万物在从产生到消亡的整个过程中始终会受到规律的支配。《周易》六十四卦的卦序排列,环环相扣,代表着事物变化的阶段性和规律性。生命正是通过这一过程而得到不断的提升、进化和演绎。值得注意的是,针对天地创生结果的复杂多样性的阐释,朱熹说:"天地之气,运转无已,只管层层生出人物,其中有粗有细,故人物有偏有正,有精有粗。"(《朱子语类》卷九十八)这既说明天地创生的根本特性,也为人们揭开了天地创生结果上存有差异的原因。

(二)共存生命,保养生命

《周易》以乾坤为起点,推衍出八经卦以达六十四别卦,排列井然有序。别卦既相互独立、各守其位,又互相并存、不相妨害,生动体现了宇宙创生、万物共生的"生生"景象。《中庸》曰:"万物并育而不相害,道并行而不相悖",这是说人与万物虽各具形态,变动不居,但却与天地共生共荣。因此,成就自己是在成就别人和他物的共生关系中实现的。

既然人与万物共生、共存于宇宙中,任何生命(包括思想和精神)都应得到充分葆养而不应被任意削弱和剥夺。要想保养生命,就应做到"往来不穷,谓之通"。(《系辞传》)"通"是指那些往来的无穷变化。人体倘若长期处于不通畅状态下,就很难保持长久的健康。因为"穷则变,变则通,通则久。"(《系辞传》)生命保养的关键是在于运动,而运动就会产生变化,才能保持人体生理机能的通畅,身心才会健康。此外,人还不能凭借外力强行遏制人的正常欲求。即使"虽为守门,欲不可去,性之具也。虽为天子,欲不可尽"。(《荀子·正名》第二十二)有生就有欲,有欲就必须得到一种基本的满足。

――――――――――

① 张岱年. 张岱年全集(第7卷)[Z]. 石家庄:河北人民出版社,1996:475.

孟子则将这种共生养生的"生生"思想,运用于他所倡导的"仁政"之中。提出"必使仰足以事父母,俯足以畜妻子,乐岁终身饱,凶年免于死亡"、"是使民养生丧死无憾也。"(《孟子·梁惠王上》)而且这一"生生"涵盖所有人,是不以地位、身份为转移的。《礼记·礼运》为我们描绘了一个"生生"和谐的大同世界:"老有所终,壮有所用,幼有所长,鳏寡孤独废疾者皆有所养。"

此外,孟子还将保养生命的范围推广至精神境界。为了强调何养人生而具有的"良心",他说:"夜气不足以存,则其违禽兽不远矣。"(《孟子·告子上》)如果不加保养而使"夜气"不足,人就离禽兽不远了。他还以"牛山之木"作比喻:"牛山之木尝美矣,……是其日夜之所息,雨露之所润,非无萌蘖之生焉,牛羊又从而牧之,是以若彼濯濯也。"(《孟子·告子上》)这就是说"良心"如果不加保护,就如同牛山上的树木被砍伐一样,草被牛羊不断啃吃一样,美丽没有了,连草芽也长不上来了。另外,孟子还提出要"养吾浩然之气",这样才能达到"直于天地万物上下同流"的人生境界。并呼吁"大人者,不失其赤子之心者也"。(《孟子·离娄下》)

(三)尊重生命、保护生命

人要生存就要时刻与自然万物打交道。注重"仁民爱物""以诚心待物"是儒家处理人与自然万物关系的根本态度。这里的"仁民爱物""以诚待物"就是尊重万物的生命,同情、爱护和理解万物的发展,而不是将自然万物视为与生命无关的外在之物去役使、去控制和破坏。

盘庚在说服民众迁都时说:"往哉,生生!今予将试以汝迁,永建汝家。"(《尚书·盘庚中》)意即只有迁都,大家才有生路。因为生命是最重要的,为了生存,即使传统也要打破。《中庸》说:"万物并育而不相害,道并行而不相悖"。这就是说,天地万物各有其生命的价值,虽然有竞争,但这并不妨碍大生态系统的发展,人并不能高居万物之上并主宰之。这充分体现了儒家对万物的尊重、对生命的尊重。

在具体的主张和措施方面,儒家极力反对竭泽而渔、一网打尽的做法,认为"断一树,杀一兽,不以其时,非孝也"(《礼记·祭义》),主张"钓而不网,弋不射宿"(《论语·述而》),"草林荣华滋硕之时,斧斤不入山林,不夭其生,不绝其长也"(《荀子·王制》),进而提出"不时不食"。这些表述都是强调以仁爱之心对待生灵万物,明确告诫人们不能为取得眼前利益而破坏生态平衡。即使为了生存的客观原因,也不应在捕获中斩尽杀绝。荀子强调"君者,善群也,群道则万物皆得其宜,六畜皆得其长,群生皆得其命。"(《荀子·王制》)有道的君主应当重视人与其他生物的和谐关系,并切实地保护它们。因为儒家认识到,只有善待自然、尊重自然、尊重生命,人类才能善待自己、尊重自己,也才能保护自己。同样,孟子反对战争,反对严刑苛法,疾呼不能伤害生命。因为战争必然造成大量的生命伤亡,"争地以战,杀人盈野,争城以战,杀人盈城,此所谓率土地而食人肉,罪不容于死,故善战者服上刑。"(《孟子·离娄上》)事实上,宋儒程伊川更有胆识和气魄劝阻皇帝攀折柳枝,进言道:"方春发生,不可无故摧折。"(《二程遗书》附录《伊川先生年谱》)

二、儒家"生生"之贯通

纵观中国传统文化,儒家之"生生"思想是一以贯之的。为此,我们可以从自然、社会及人之身心诸视域展开探寻。

(一)"生生"思想蕴涵于自然领域

由于对"天人关系"有不同的理解,中国人的价值判断不同于西方人。西方人在处理神、人、自然三种关系时,强调道德关系只是人与人之间的关系,人与其他事物的关系不具有"道德的关系"。与此不同,儒家哲学却能依据其本具的"生生"观念,从自然规律推衍出社会规范及道德规范,并贯通于自然、社会及人之身心(包括精神领域)。

《周易》六十四卦,每卦有六爻,其上两爻为天位,下两爻为地位,中两爻为人位。这是一个象征天地万物并存一体的模式,即"天人合一"的宇宙模式。《乾象传》曰:"大明终始,六位时成,时乘六龙以御天。"从初爻至上爻是一个由开始到终结,中经二、三、四、五爻的发展过程。可以说,易卦六爻囊括宇宙生命的天地人三才以及过去、现在和未来各个阶段的全部信息。《易传》予以描述:"是故《易》有太极,是生两仪,两仪生四象,四象生八卦,八卦定吉凶,吉凶生大业。"(《系辞上传》)由此落实到形而下,就是"有天地然后有万物,有万物然后有男女,有男女然后有夫妇,有夫妇然后有父子,有父子然后有君臣,有君臣然后有上下,有上下然后礼仪有所措。"(《序卦》)宇宙天地不是一个静止的机械状态,而是一个"包罗万象的广大生机,是一个普遍弥漫的生命活力,无一刻不在发育创造,无一处不在流动贯通。"①

《中庸》明确提出"万物并育而不相害,道并行而不相悖……此天地之所以为大也。"自然界万物虽有生存竞争,但就整体发展而言,是和谐的,有序的。程明道认为,"生生"是宇宙的根本法则。他说:"'天地之大德曰生','天地絪缊,万物化醇','生之为性',万物之生意最可观,此元者善之长也,斯所谓仁也。人与天地一物也,而人特自小之,何哉?"(《二程遗书》卷十一)宇宙就是一个"生生"不息的过程,人与万物都是宇宙大化流行的产物。王夫之则直截了当说:"天地之间,流行不息,皆其生焉者也……今日之风雷非昨日之风雷,是以知今日之日月非昨日之日月也。"②这些都形象地指明了宇宙万物的"生生"特性。黄宗羲亦认为,"盈天地间只是一个大生"③,处在共生共存关系中的宇宙万物就是一个统一的大生命系统。

(二)"生生"思想贯通于社会领域

《诗经》提出"维天之命,于穆不已"(《周颂·维天之命》)的重要观念,开始把人格神的天转化为形而上的"天道、天命"。这就为其向下贯通而为"性"铺平道路,以至最终打通了"性命"与"天道"的隔阂。《礼记·礼运》说:"故圣人作则,必以天地为本,以阴阳为端,以四时为柄,以日月为纪。"《易传》曰:"是故天生神物,圣人则之;天地变化,圣人效之;天垂象,见吉凶,圣人象之。"(《系辞·上》)孔子说:"巍巍乎,唯天为大,唯尧则之。"(《论语·泰伯》)"人道"的

---

① 李焕明. 易经的生命哲学[M]. 台北:文津出版社,1992:33.
② 王夫之. 思问录外篇[M]. 转引自张岱年. 中国哲学大纲[M]. 北京:中国社会科学出版社,2004:97.
③ 黄宗羲:《明儒学案》卷34,《泰州学案三》引罗汝芳《盱坛直诠语》,《四库全书》本.

依据来源于"天道",是"天道"的形而下意义之具体落实。由此,天地秩序、人间万象、政治生活、百姓日用,乃至一切伦理关系皆应效法自然之法,切不可逆"道"行事。因此,维持和张扬天地万物生命产生与发展的秩序与规律,就成为儒家伦理的中心。尽管天地万物有群、类之分,但皆统一于天地性命之理。所以《说卦传》曰:"昔者圣人之作易也,将以顺性命之理,是以立天之道,曰阴曰阳,立地之道,曰柔曰刚,立人之道,曰仁曰义。"天道、地道、人道即天、地、人三才之道被打通。

这种天人互动的生命模式和系统,在《中庸》那里则得到明确的说明。"唯天下至诚,为能尽其性……可以赞天地之化育,则可以与天地参矣"。要成就"率性之谓道"就必须发挥"情"的作用。又说:"喜怒哀乐之未发,谓之中;发而皆中节,谓之和。中也者,天下之大本也;和也者,天下之达道也。致中和,天地位焉,万物育焉。"喜怒哀乐是自然情感,人人生而有之,只要使之达至"中和"之境,便可以"由人达天"。汉儒董仲舒则提出了"天人相与""天人感应""天人相际"(《举贤良对策》)的命题,并主张:"天人之际,合而为一"(《春秋繁露·深察名号》)。在宋儒看来,天地万物不仅是相续不已之"生生"的,而且人道正是天道"生生"力量的延续与归宿。在周敦颐看来,"天以阳生万物,以阴成万物。生,仁也;成,义也。故圣人在上,以仁育万物,以义正万民。天道行而万物顺,圣德修而万民化。"①也就是说,天下万物具有共同的本性,天道性命是互相贯通的。他不仅打通了天道与人道间的隔阂,而且还完成了天道的伦理化以及伦理的天道化。王阳明认为,"仁是造化生生不息之理……父子、兄弟之爱,便是人心生意发端处,如木之抽芽;由此而仁民,而爱物,便是发干生枝生叶。"(《传习录》卷上)也就是说,生生不息之理(仁)蕴藏于一切生物的内部,通过生命力的持续涌动而渐进显露。他指出:"天地间活泼泼地,无非此理,便是吾良知的流行不息。"(《传习录》卷下)在他看来,良知与天地实为一物,良知的不息流行如天地生万物般透露着"生生"之意。

---

① 杜维明.儒家传统与文明对话[M].石家庄:河北人民出版社,2006:32.

（三）"生生"思想融贯于身心领域

在"天人关系"中，儒家非常重视人的主体地位，逐步强化人对自然的责任意识及对世间万物的爱护观念，使"这种思想，表面上看起来，好像大自然和人的那种亲子关系。"①事实上，"仁者乐山，智者乐水"（《论语·雍也》）是孔子表达一种人与自然相近的情怀。孟子强调，人应该"亲亲而仁民，仁民而爱物"（《孟子·尽心上》）。在儒家看来，充满生机和活力的宇宙万物是相互依赖和贯通的。人可以通过自己的努力，葆有天所赋予的性，力行之就可以上达于天。孟子主张："尽其心者，知其性也；知其性者，则知天矣，存其心，养其性，所以事天也"。（《孟子·尽心章句上》）他将"尽心"、"知性"作为实现"天人一体"的途径，化天性为德性，万物一体，天人相知。

后儒继承并深化了"天道"与"人道"贯通关系。他们认为，人道之"仁"就是天道之"生"，"仁"本于"天道"，而"仁"又构成一切道德规范之源头。周敦颐认为："天以阳生万物，以阴成万物。生，仁也。"（《通书·志学》）朱子亦以仁为生道。他说："生底意思是仁"（《语类》卷六）、"仁本生意，乃恻隐之心，苟伤着这生意，则恻隐之心便发。"（《语类》卷六十八）由此，人的生命与自然生命打通而融为一体，整个宇宙充满着无穷无尽的生机。戴震亦说："仁者，生生之德也；'民之质矣，日用饮食'，无非人道之所以生生者。一人遂其生，推之而与天下共遂其生，仁也。"（《孟子字义疏证》卷下）这就是说，人应由己之生推知天下人之共生，推己及人。而张载的"为天地立心"就是要通过人的体认把"天地之心"呈现出来，"大抵言'天地之心'者，天地之大德曰生，则以生物为本者，乃天地之心也。"②天地之间，阴阳交感，生生不息，这是天地自然的大化流行，就是天地之心。"为天地立心，为生民立道"有一种社会的担当感、对国家民族命运的忧患感和为人民安身立命的责任感。这一思想对后世影响极其深远。

---

① 杜维明. 儒家传统与文明对话[M].石家庄:河北人民出版社,2006:32.
② 张载. 张载集[M].北京:中华书局,1978:113.

三、儒家"生生"之价值呈现

"中国哲学家处处要以价值的根源来说明宇宙秩序,本质上,中国的宇宙观乃是一种以价值为中心的哲学。"①所以,儒家言天道、地道,实为人道服务。

（一）生命价值

儒家"生生"思想中蕴涵的生命创立和延续的过程,充分展示了天地的非凡创造力和无私的胸怀。这就是告诉人们应该去热爱生命、尊重生命和善待生命,努力追求生命的圆满。《易传》所谓"天地之大德曰生"（《系辞·下》），孔颖达疏曰："言天地之盛德,在乎无常生,故言曰生。以其常生万物,故云大德也。"（《周易正义》系辞下·卷八）即是说天地的最大的德行是生成万物,唯天地才具有此化生万物的最大品行和功能。"大人者,与天地合其德,与日月合其明,与四时合其序,与鬼神合其吉凶"（《易·乾文言》）。显然,要成为"大人",必须把个人生命与宇宙生命进行融合,效仿天地以使自己具有创生不已的特性。为此,就要正视自己的生命,保持生命的活力,唯有如此才具有真实的生命。不仅如此,因为"天无私覆,地无私载,日月无私照。奉斯三者以劳天下,此之谓三无私。"（《礼记·孔子闲居》）所以人应该效法自然秉持公正无私的精神。生命是宝贵的,但个体人的生命是短暂的,正如孔子所说："逝者如斯夫,不舍昼夜"（《论语·子罕》）。因此,人生应惜时,只争朝夕。"天行健,君子以自强不息"（《易·乾·象传》），君子观天道健行不息,便领悟到自己亦应效法天道,使自己的生命像天那样焕发勃勃的生机,一往无前,任何力量也无法阻挡。"地势坤,君子以厚德载物"（《易·坤·象传》），地道的特点是坤顺,君子应效法大地那样胸怀博大,能容人能纳物,无所不载,责己甚重,责人甚轻。前者强调人的道德自觉性,后者关注的人的道德责任。这就要求我们不断的修养德行,完善人格,既要充分发挥自己的生命活力,树立奋发进取、自强不息的人生态度,培养刚健、豪迈,不屈不挠的奋斗精神;又要有一种兼容并

---

① 方东美. 中国人的人生观［M］.台北:幼狮文化事业公司,1980:34.

包、广收博采的精神。"自强不息""厚德载物",已成为中华民族生生不息、傲然挺立于世界民族之林的精神之源和力量之源。

《中庸》说:"唯天下至诚……则可以与天地参矣。"这是从主体人的角度阐释人与物的关系。由此,人作为德性主体,应对万物以平等待之,而不是采取对立的,甚至是凌驾于万物之上的态度。人与万物在生命的意义上是相同的,不能对万物实行主宰。这不仅体现了对生命的尊重,而且突出了人的责任。这是人的可贵之处,也是人的价值的实现。

"惟人也得其秀而最灵"①。所以,人能在宇宙之中深切体认天地的蓬勃生机和创生不息的精神,以至"参赞化育"。此种精神上的契会,能使人油然而生一种个人道德价值的崇高感,进而认为个体的生命与宇宙的生命一样,具有无尽的价值和意义。因此之故,儒家就会视感悟和追求"生生"精神就是人生价值实现的历程,以至提出了诸如"立己立人""己达达人""己所不欲,勿施与人""成己""成物""为仁由己""博施济众""为天地立心"等价值目标的追求。儒家这种充分肯定主体价值的自觉性,在道德践履和政治诉求上,必然表现出"舍我其谁"的担当意识。孔子曰:"无求生以害仁,有杀身以成仁。"(《论语·卫灵公》)孟子亦说:"生亦我欲也,义亦我所欲也;二者不可得兼,舍生而取义者也。生亦我所欲,所欲有甚于生者,故不为苟得也。"(《孟子·告子上》)"在儒家看来,'仁'即生,故以生命成就'仁',并不意味着生命的完结;'仁'者与万物为一体,也就是说,实践'仁'即是意味个体生命与宇宙生命融为一体,所以,'杀身成仁'只是将'小生命'升化、转化为'大生命',从而使有限生命转向无限生命。"②因此,"'生生之道'不仅彰显了一种自强不息的创造力量和挺立的人格,而且从形而上的层面,为人类个体有限生命的超越寻找到一个本体论的基础。"③

---

① 周敦颐. 周子通书[M]. 上海:上海古籍出版社,2000:48.

② 李承贵. 儒家思想中的自然主义及其特质[J]. 江南大学学报(人文社会科学版),2009(04):12-13.

③ 杨国荣. 善的历程——儒家价值体系的历史衍化及其现代转换[M]. 上海:上海人民出版社,1994:130.

(二)生态价值

人与自然的和谐是社会可持续发展的前提,这已成为全球的共识。然而,人类文明发展至今,忘却了自己源自自然,只是大自然的一员。这导致人类一味地向自然索取,结果造成了资源枯竭、气候异常、灾害频发等生态危机。此外,社会的发展还带来了诸如人自身心灵的精神危机、人与人间的道德危机、人与社会间的社会危机乃至不同文明之间的文明危机和冲突。"人类从未被自己毁灭性的力量如此严重地威胁过。我们作为一个物种的生存能力不再被视为理所当然。"①显然,若任由这些危机逐步加深,必将危及人类的生存和发展。针对当下日益恶化的生态危机,有学者认为在相当程度上是人类的心态问题,并指出:"人类的主流哲学不变,生活方式不变,仅依靠一些环保行为是拯救不了人类的。"②值得注意的是,儒家"生生"的智慧或将能给人们以深刻的启示。

儒家"生生"蕴涵的"共生、养生、贵生"观念,可以演绎出人的身心、人与人、人与社会、人与自然相互和谐共生的思想和道德诉求。这就要求,人类的行为就要合于天地相辅之道,避免与自然及其规律对立,达到与自然交感相融,才能维持人类生存。因为,人类只是自然的有机组成部分,二者互为依存,息息相关。为此,人类就应应树立与自然共生共存的价值理念和伦理精神,从大自然的掠夺者变为大自然的守护者。儒家"生生"思想中的"天人一体互动整体观"将人类的道德扩展整个自然界,从而确立与自然万物共生共存的大生命观。这有利于培养人们保护自然万物的生态意识。另外,"君子爱财,取之有道,用之有度"以及"物尽其用"等观念既是儒家"生生"思想在实践上的体现,也为人们有效处理当代社会人与资源关系提供了一种价值参照。这些理念都将促使当下人们加倍努力发展循环经济、倡导低碳生活,走可持续发展道路。

---

① 杜维明. 文化多样性时代的全球伦理[A]. 儒家传统与启蒙心态[M]. 南京:江苏教育出版,2005:31.
② 何怀宏. 生态伦理——精神资源与哲学基础[M]. 石家庄:河北大学出版社,2002:233.

　　总之,儒家"赞天地之化育"的人与自然万物和谐互动的生命和谐模式,蕴涵着世代相继、持续不断的发展意识和精神。"由这种精神指导的文明虽不见得能促进所有人的道德进步,但至少保持智和德的平衡,从而维持着文明的整体健康。"①因此,这种摒弃对立趋向人与自然和谐的人文理念必将使人类的生存重获生机、生活重燃希望。

---

①　卢风. 论儒家天命观对当代环境思想的启示[A]. 蔡德麟等. 全球化时代的儒家伦理[M]. 北京:清华大学出版社,2007:132.

中法两国在海上丝绸之路中的
贸易与文化互动[*]

——以"海后"号商船两航广州为线索

沈　洋^{**}

2013 年 9 月和 10 月,中国国家主席习近平提出复兴"丝绸之路经济带"与建设"21 世纪海上丝绸之路"两大战略构想。其中,"21 世纪海上丝绸之路"借用"海上丝绸之路"的历史符号,以开放、包容、互利、共赢为基本特征,赋予其全新的时代生命与内涵,为中国学界更加全面、深入地研究古代海上丝绸之路提供了强劲的动力。

有学者认为,"21 世纪海上丝绸之路"是借用了"古代海上丝绸之路"这个"富有诗意的名词"来描述中国与东盟国家之间的合作。① 研究古代海上丝绸之路,对于中国建设海洋强国,具有重要的学术价值与现实意义。古代海上丝绸之路是指 1840 年之前中国与海外国家之间的政治、经济和文化交往,而 21世纪海上丝绸之路是指目前中国与东盟国家之间的经贸与文化合作,两者之

＊　本文为中国海洋发展研究会重大项目"中国在推进海洋战略过程中的法制完善研究"
（批准号：CAMAZDA201501）的阶段性成果。

＊＊　上海中国航海博物馆馆员、中国海洋发展研究会海洋法治专业委员会理事、中国欧洲学
会法国研究会会员。研究方向：中欧古代海上丝绸之路、中法关系史、西欧风帆战舰、海
上私掠与中欧海盗史。

① 何必成. 2013：中国的周边外交[N]. 新民周刊,2013 – 10 – 28.

间的差异很大,不可等同视之。就政治层面而言,古代中国在大多数时间里是在朝贡体系下与海外国家发生联系的,中国自认为是世界文明的中心国,其他国家都是"化外蛮夷",理应向中国称臣纳贡,而现代中国与其他国家的关系,是建立在和平共处五项原则之上的平等关系;就合作领域而言,古代海上丝绸之路主要是官方外交、商品贸易以及文化交流,21 世纪海上丝绸之路除了政治外交、商品贸易与文化交流之外,还有许多领域是古代没有的,例如共同打击跨国犯罪、共同维护网络安全、共同保护海洋生态环境等。因此,深入研究古代海上丝绸之路,既有助于推动 21 世纪海上丝绸之路建设,也有助于促进海洋强国建设,甚至可以说,学界对古代海上丝绸之路研究的繁荣,本身就是海洋强国建设的内容之一。

两千多年前,欧亚大陆的先民探索出多条连接亚欧非几大文明的贸易和人文交流通道,后人将其统称为"丝绸之路"。千百年来,"和平合作、开放包容、互学互鉴、互利共赢"的丝路精神薪火相传,推进了人类文明进步,是促进沿线各国繁荣发展的重要纽带,是东西方合作交流的象征,是世界各国共有的历史文化遗产。① 在欧洲殖民者东来之前,海陆丝绸之路扮演着东西方文化交流的主渠道的角色,而古代海上丝绸之路不仅是中法两国的商业贸易线路,也是宗教与文化传播交流的通道,中国人民与法国人民身处其中,互利共赢,共同发展,皆为丝绸之路的受惠者。

一、中法两国海上贸易与文化交往的开展与深化

中法两国地处欧亚大陆的东西两端,相隔万水千山,因而交往十分困难。直至 13 世纪,法国人才隐约地知道东方有一个以出产丝绸和瓷器而闻名于世的文明古国。1248 年,法王路易九世(即"圣路易")②率军抵达塞浦路斯准备

---

① 国家发展改革委、外交部、商务部:《推动共建海上丝绸之路经济带和 21 世纪海上丝绸之路的愿景与行动》[R],2015 年 3 月。

② 路易九世(Louis 是法国卡佩王朝的第九任国王(1226 至 1270 年在位),他被奉为中世纪欧洲君主中的楷模。路易九世执政时期的法国政治稳定,经济繁荣,因而在法国,十三世纪被称为"圣路易的黄金世纪"。

发动第七次十字军东征,听说蒙古大汗对天主教有兴趣,并且愿意成为基督徒,就想联合蒙古进攻埃及。他派遣圣方济各修士阿里亚斯·德·朗久木(Alias de Lonjumeau)为首的使团,沿里海南岸和东岸到达大汗大营所在地准噶尔,时值贵由大汗去世,新汗未立,朗久木受到摄政的皇后海迷失的接见,海迷失接收法国国书后,回以言辞傲慢的复书,要求法国归顺蒙古,并缴纳贡赋,朗久木未得要领,无功而归。1252 年,路易九世派遣圣方济各修士纪尧姆·德·卢伯鲁克(Gillaume de Rubrouck)率使团出使钦察汗国,经过长途跋涉,卢伯鲁克使团于 1254 年 4 月抵达和林,受到元宪宗蒙哥的接见。卢伯鲁克在和林住了 4 个月,在这里见到了许多在钦察汗国宫廷里服务的法国人、俄国人、日耳曼人和英国人,于同年 8 月 18 日离开和林返国,带回了元宪宗给路易九世的复信。回到法国后,卢伯鲁克将他在中国的所见所闻写成《行纪》上报给路易九世。《行纪》比《马可·波罗游记》早了半个世纪,使当时的法国人对东方的中国有了一鳞半爪的了解。据《行纪》记载,中国是一个东临大海、人口众多的国家,欧洲人所传的"丝国"就是中国。他在和林见到许多手工艺匠,他们的技术是世界上其他地方都无法超越的,他们能生产高质量的丝绸,会用稻米酿造出美酒。卢伯鲁克回到欧洲后遇见了同为圣方济各会士的英国哲学家培根,培根在他的哲学著作中引述了卢伯鲁克关于中国元朝情况的描述。

随着新航路的开辟,远隔重洋的不同国家加入到世界贸易的体系之中。美洲的白银、非洲的劳动力、中国的丝绸茶叶以欧洲为中转站,形成了"大三角贸易",17、18 世纪的中国成为世界贸易中心之一。从 1600 至 1628 年,英国、荷兰、葡萄牙等西欧国家相继成立东印度公司,大力拓展在亚洲地区的政治与经济利益。法国人在东亚地区殖民活动比葡萄牙人、西班牙人、荷兰人与英国人晚了很多时间。1609 年,法国就有人提出仿照荷兰和英国,通过组织东印度公司来开展对华贸易,但迟迟没有得到落实。1660 年,法国的第一批商船队抵达广州。1664 年,法国政府组建"皇家东印度公司"(La Compagnie royale des Indes orientales),着力在印度、日本及中国等地与其他欧洲列强展开商业竞争,同时试图使法国的政治、宗教与文化影响力渗透进亚洲,中法两国间的经济联系在这一背景下建立起来了。

1669 年,路易十四的财政总监科尔贝(Jean – Baptiste Colbert,1619—1683年)被任命为海军国务大臣(Secrétaire d'état de la Marine)。在科尔贝的主持下,法国建立了一支既可用于军事又可用于商贸的海军,同时向海外开拓市场和建立法属殖民地,并重组了享有官方贸易垄断授权的东印度公司。法国人在商业上不是葡萄牙人、荷兰人与英国人的对手,于是法国政府以传教为手段,向远东渗透势力。17 世纪 20 年代,法国传教士就开始在安南(今越南)活动,有一位叫罗德斯(Alexandre de Rhodes)的传教士曾经在广南传教,但不为越南国王接纳。1649 年,他回到欧洲,奔走于教皇与权贵之间,宣扬在安南设立教会组织之必要,遭到葡萄牙的强烈反对。1657 年,法国传教士帕鲁(Franis Pallu)等到罗马谒见教皇,请求向北圻、广南派遣"未奉化地"主教,直接代表教皇,而不受果阿大主教和澳门、马刺加二主教节制,得到了教皇的允许。1658 年,帕鲁与另一位法国传教士被任命为主教,同时成立"异域传教会"。法国人向东方扩张是采用通商与传教双管齐下的策略。18 世纪初,东印度公司多次派人到安南、广南活动,策划在会安设立商社侨行,以叩开对华贸易之门。经过帕鲁等人的艰苦努力,17 世纪 70 年代中期,法国传教士获准在广南居住,建立教堂,法国传教士在安南与广南的势力渐趋稳固。

在 17 世纪,定期往返的商船能够为传教士的往返和书信的传递提供诸多便利,对天主教教务的发展助益颇多,而且当时从事远洋贸易的商人或公司皆视效力于传教事业为一大要务。1660 年,法国鲁昂大商人费马内(Lucas Fermanel)出资创建的"航行中国、东京与交趾支那及附近岛屿公司"所颁布的章程的序言中,明确阐明了成立公司的主要目的,即"在中华帝国、东京和交趾支那王国及毗邻岛屿宣扬教义和发展贸易"。公司章程第 13 条指出,该公司是为了"便于教皇陛下任命的主教大人们前往上述地区宣扬主的荣光并使当地民众皈依之"。为此,公司"将无偿搭载他们及他们率领的传教士、仆佣和随从及其携带的衣物和食物到他们想要去的东京、交趾支那或中国的一个或数个港口"。①

在西欧诸国特别是英国对华贸易规模日益扩大之时,法国对华贸易水平却处于不温不火的状态。对于这种明显的反差,魏源在《海国图志》中有这样的论述:"欧罗巴各国,皆以贩海为业,如英吉利、米利坚、吕宋之属,每岁商船至中国,多者百余艘,少亦三四十艘。所贩鬻者,多棉花洋布粗重之物,至如洋米、胡椒、苏木、海参之类,皆从东南洋转贩,并非西产。独佛郎西商船最少,多则三四艘,少则一二艘。入口之货,皆羽毛、大呢锺、表诸珍贵之物。盖其国物产丰盈,制作精巧。葡萄酒、大呢、绸缎之类,售之欧罗巴各国,即已利市十倍,不必远涉数万里而谋生。其航海而东来也,意在于耀声名,不专于权子母。国势既殊,用意迥别,其情势可揣而知也。"②意思是说法国人与中国开展互市贸易,除了牟利之外,还试图通过宣扬天主教义与法兰西文化,将法国影响力渗入中国。

二、17 至 18 世纪法国市场对中国丝绸的巨大需求

中国是最早发明蚕丝的国家,出产的丝绸享誉世界。法国人将产自江南的生丝称为"南京丝"(La Soie nankinois),其品质较法国南方诸省和意大利出产的生丝更为优良,是生产白丝花边和比绫、绸、缎更为名贵的纱罗必不可少的原材料。法国学者雷纳尔(Guillaume Thomas Raynal)称,"中国丝光亮洁白,无与伦比,是唯一适合织造纱罗的材料。我们曾想方设法使用自己的丝料去替代中国丝,不过却总是徒劳无功。"③在地理大发现之前,中国的丝绸早已运销西欧,但受到生产力水平发展的限制,欧洲人消费中国丝绸的数量十分有限。15 世纪以后,葡萄牙人和西班牙人的海外扩张活动使得美洲的白银源源

---

① Henri Cordier. *Histoire générale de la Chine et de ses relations avec les pays étrangers*, Ⅲ [M]. Paris:Librairie Paul Geuthner,1920,p. 305.

② 魏源. 海国图志[M]. 郑州:中州古籍出版社,1999:304 - 305.

③ Guillaume Thomas Raynal. Histoire philosophique et politique des établissements et du commerce des Européens dans les deux Indes, Tome I [M]. Genève:Jean - Leonard Pellet, 1781,pp. 178,179.

不断地流入欧洲,导致欧洲人的购买力骤然大增。清代初期,中国到欧洲的"海上丝路"航线主要有两条,一条是葡萄牙人控制的印度洋航线;另一条是西班牙人开辟的中国 – 菲律宾 – 墨西哥 – 欧洲航线,欧洲市场的中国丝绸主要由葡西两国商人供应。17世纪初叶,荷属印度公司在东亚贸易中崛起,荷兰人和英国人联手,以武力打破葡萄牙人和西班牙人对中国丝绸贸易的垄断。据统计,1620年以前,荷兰人在欧洲销售的中国生丝约为72000磅,此后,荷兰人开辟了波斯生丝的供应渠道,在远东获得的中国丝绸更多地用于日本贸易,贩往欧洲的逐渐减少,到1631年仅为10000磅。①

在路易十四时期,宫廷男女服饰都以刺绣、折裥、蝴蝶结装饰;贵妇人的高跟鞋鞋面也以中国丝绸、织锦为面料,上面绣有各种精美图案。首都巴黎的贵妇人视中国刺绣服装为时髦,这些服装往往绣着象征吉祥如意的麒麟、龙凤图案,古典华贵,据说有些妇女喜欢穿着中国刺绣的服装,披着中国刺绣的披肩、围巾,口袋里有中国刺绣手帕,甚至别出心裁地请中国刺绣工匠精心绣织丝绸名片,把自己打扮成中国传统的大家闺秀,自诩"东方美人"而大肆炫耀。② 与仿制瓷器一样,法国人对丝织品的仿制也有很高的热情,一方面,成功的仿制可以取代和抵制中国丝织品的输入,另一方面丝织品生产有厚利可图。精明的东印度公司大班、船长和商人及时捕捉到了商机,在广州大量采购适销对路的商品,还经常根据贵族豪门的要求,带着丝织品样品前往广州订制,即外国人提供欧风图样,由广州工匠依样织造,做出来的图案和花色与样品几无差异。法国人惊叹道:"广州人勤劳肯干,精力充沛,灵巧聪明。尽管他们很少有发明创造的精神劲儿,但他们却能够以惊人的才能模仿欧洲人向他们展示的工艺品,他们能够熟练地仿制出提供给他们的任何图样。"③这种加工方式很好地迎合了法国纺织品市场的需求,为法商所倚重。1699年,欧洲人开始仿效印度人的染布法,在绸缎上印制各种人物或鸟兽图案,这种把多种颜色混合起

① 刘迎胜. 丝绸之路[M]. 南京:江苏人民出版社,2015:572.
② 李庆新. 海上丝绸之路[M]. 北京:五洲传播出版社,2006:113.
③ Delaporte,Le voyageur Fran? ais,Tome V[M]. Paris:Vincent,1767,p. 14.

来,产生赏心悦目的均匀色彩的技术,被称为"支那术"(Chinas)。17 世纪初,法国宫廷刺绣匠师瓦尔利特等人创建了刺绣协会,专门向宫廷刺绣师提供具有东方风格的刺绣图案和样式。17 世纪末,中国刺绣绷圈传入法国,普通家庭主妇可以用这种技术自制家用枕袋、靠垫、台布、垫布。据说,路易十四以及他的女儿都对这种手艺感兴趣,路易十四还经常为女儿挑选美丽图案。

1772 年到 1780 年,法国纺织厂每年消费 10 到 12 万利弗尔的中国生丝。除了生丝原材料外,中国种类繁多,品质优良的纺织品更是引起了法国人的追捧,巴黎海关和王家制造厂总监雅克·萨瓦利不无夸张地说:"(中国)丝绸是如此的丰富,以致于大部分人,甚至仆佣们,一般都是披绫罗,着锦缎。"①中国丝绸的蜂拥而入使欧洲纺织业面临严重的危机,以至于当时的法国丝织业主一再要求政府采取保护措施,立法阻止中国丝绸流入法国,但由于中国丝绸深受贵族社会与城乡富裕阶层的喜爱,中国丝织品依然源源不断地输入欧洲市场。

三、"海后"号两航广州的经过及其历史影响

1664 年法国皇家东印度公司成立后,规定所有法籍传教士皆可免费乘船。② 然而,无论是当时的民间商人还是官方性质的东印度公司,在当时都不具备派遣商船远涉重洋前往中国的人力和物力条件,其对传教的支持亦成为空谈。因此,法籍传教士只有搭乘其他西欧国家的贸易船只辗转赴华,整个旅程往往要耗费数年时间。1693 年,康熙皇帝命法籍耶稣会士白晋(Joachim Bouvet,1656~1730)以特使身份出使法国,招徕法国学者前往中国宫廷。白晋受命携带皇家礼品从北京启程,辗转返法花了三年多时间,他深感法国与中国的直接航线亟须早日开通。1697 年,白晋向路易十四陈述派遣商船直航中国

---

① Jacques Savary Des Bruslons, Dictionnaire universel de commerce, Tome I, Partie II[M]. Genève: les héritiers Cramer et les frères Philibert, 1744, p. 813.

② Règlement touchant la marine de la compagnie des Indes[M]. Paris: De l'Imprimerie Royale, 1734, p. 38.

的重要性,在他撰写的《呈奏国王的中国皇帝之历史肖像》中,白晋指出:"一旦建立了贸易关系,在主的庇佑下,我们的船只今后将每年运送一批新的传教士到远东;同时在吾王的支持下,每年将搭载许多勤勉的中国人到耶稣基督的国度。"①白晋卖力地游说政府要员促成对华海上直航,但当时负责亚洲地区贸易的东印度公司深陷债务危机,对此有心无力。白晋转而鼓动玻璃制造商让·儒尔丹(Jean Jourdan de Grouée)组建私人贸易公司派遣商船赴华。热衷于经商和航海的让·儒尔丹对白晋言听计从。1698 年 1 月 4 日,儒尔丹公司与法国东印度公司签订合作协议,东印度公司授予儒尔丹在广州和宁波开展贸易的特许状,儒尔丹公司需向东印度公司支付 5% 的中国商品销售利润作为对华贸易特权转让费。② 商船不能在中法两国途中任何港口经商,船上必须有 2 名东印度公司的监察员,并由儒尔丹提供经费。③ 为了赴中国贸易,法国政府向儒尔丹出售了"海后"号三桅帆船,该船当时正停泊在法国西部的罗什福尔港(Rochefort)。

　　1698 年 2 月 8 日,路易十四向"海后"号船长舍瓦利耶·德·拉罗克(Chevalier de La Roque)颁发敕令。敕令指出,这艘船是经国王的批准驶往中国的,但它不是一艘皇家御船,而只是一艘普通商船。敕令要求他们既不能在沿途向欧洲其他国家的船只致敬,也不要求其他船舶与之联系,并对中国当局进行贸易试探,调查中法贸易的可能性。敕令还特别要求,该船返航时,必须准确全面地向国王禀报所搜集到的一切中国情报。

　　1698 年 3 月 7 日"海后"号商船从法国拉罗谢尔港起航,免费搭载了白晋

---

① 　Joachim Bouvet. Histoire de l'empereur de la Chine. La Haye:Meyndert Uytwerf,1699[M], pp. 168,169.

② 　严锴. 十八世纪法国对华贸易初探[J]. 法国研究,2012(02):68.

③ 　耿昇. 从法国安菲特利特号远航中国看 17 至 18 世纪的海上丝绸之路[J]. 西北第二民族学院学报,2001(02):5.

等11名耶稣会的神职人员与数名海军军官,①该船在海上航行了8个月,于11月2日抵达珠江口。"海后"号抵达广州后,作为大清钦差和法国特使,白晋携带儒尔丹公司的礼物,拜见了两广总督石琳,随后船员们参加了一系列官方仪式与活动。该船在广州待了一年多时间,直到1700年1月26日才起锚返航。耶稣会士洪若翰神父负责监运康熙皇帝赠与路易十四的御礼,其中包括丝织品、瓷器与茶叶,同时,洪若翰搭船回法国招徕新的传教士。8月3日,该船抵达法国圣路易港。就这样,中法两国宫廷通过"海后"号的首航开始了官方正式外交往来。1701年,"海后号"在德·拉里戈迪埃尔(Froger de la Rigaudière)船长指挥下,再次来到广州,搭载洪若翰等传教士并载有献给康熙帝的礼品,获得了免征关税的待遇。1703年8月17日,"安菲特利特"号回到布雷斯特。

1700年10月,负责"海后"号商船贸易的儒尔丹公司与皇家东印度公司签订合同,组建"中国公司",并决定派遣"圣法兰西"号(Saint France)与"总理"号(Premier Ministre)赴华。由于西班牙王位继承战争的爆发,这两艘商船远航中国的计划在颇费周折之后才被批准,并于1704年先后来华。1719年5月,儒尔丹公司与东印度公司合并,随后于1728年在广州设立商馆。此后,法国对华贸易迅速发展,至18世纪中叶,法国对华贸易额接近荷兰与英国。

四、中法两国在古代海上丝绸之路中的贸易与文化互动

"海后"号两航广州拉开了中法两国直接贸易往来的序幕,也为法国营造了较其他欧洲基督教国家更为有利的传教环境。凭借白晋、洪若翰等耶稣会士在中法两国宫廷之间来回奔走联络,法籍传教士获得了康熙帝与清廷的极大好感与充分信任。"海后"号两航广州之后的三年时间里,即有18名法籍耶稣会士乘坐法

---

① "海后"号上载有白晋、翟敬臣(Charles Dolzé)、南光国(louis Pernon)、利圣学(Charles de Broissia)、马若瑟(Joseph – Henrg – Marie de Prémare)、雷孝思(Jean – Baptiste Régis)、巴多明(Dominique Parrenin)、颜理伯(Philibert Geneix)等8位神父与卫嘉禄(Charles de Belleville)修士,加上在好望角遇到的赴印度的孟正气(Jean Domenge)和卜纳爵(Ignace – Gabriel Baborier)2位神父转乘该船,此行共有11名法籍神职人员随船赴华。

国商船赴华从事传教活动,在广州的法商们也随之享受到了当地官员的礼遇和对华贸易的实惠。

从 1698 年"海后"号首航广州到 1840 年中英鸦片战争爆发前,经过百余年的发展,法国对华贸易虽然规模有限,但却保持了一定的连续性。中国生丝的输入为法国本土纺织产业提供了优良的原材料,促进了其发展。法国直接与华通商,不再需要向英国、荷兰等国高价进口国内所需的中国商品,避免了现金流入竞争国。从中国运回法国的货物中,以茶叶、生丝、瓷器为主,其中茶叶占三分之一甚至半数以上.但法国市场每年只消费其中一小部分,其余的则转销至欧洲其他国家。长期生活在澳门和广州的法国翻译官兼领事约瑟夫・德・吉涅(Chrétien – Louis – Joseph de Guignes,1721—1800 年)指出:"(法国)对华贸易只需要两三艘七、八百吨的船只即可。采购更多的货物则会超出销路范围,法国市场无法消化。"①据统计,1736 年抵达广州进行贸易的外国商船为 12 艘,其中英国 5 艘、法国 3 艘、荷兰 2 艘、丹麦 1 艘、瑞典 1 艘;1753 年赴广州贸易的外国商船 27 艘,其中英国 10 艘、荷兰 6 艘、法国 5 艘、瑞典 3 艘、丹麦 2 艘。②然而,1756 年"七年战争"爆发后,法国在海上不敌英国,海外殖民地被英国夺去不少,对华贸易也随之一蹶不振。到了 1769 年,法国"永久印度公司"(该公司于 1719 年成立,是"皇家东印度公司"的继承者)的垄断特权被政府撤销后,随着私商加入中法贸易,法国对华贸易一度出现上升的势头,少数年份有八、九艘商船来华贸易,但这种状况并不稳定。正如斯塔夫里阿诺斯在《全球通史:1500 后的世界》一书所指出的,"18 世纪的标志是英国和法国之间争夺殖民地霸权的斗争。这两个帝国在 17、18 世纪的相互争斗以英国压倒性的胜利而告终。其原因就在于法国更感兴趣的不是海外殖民地,而是欧洲霸权。"1776 年,路易十六下令在广州设立领事馆,任命商人傅格林为首任领事,企图挽回对华贸易的颓势,但已无济于事。直至 1840 年中英鸦片战争爆发前,

---

① Jules Sottas. Une escadre fran？aise aux Indes en 1690,histoire de la Compagnie Royale des Indes Orientales,1664—1719[M],1905. 213.

② 杨元华. 中法关系史[M]. 上海:上海人民出版社,2006:9.

法国每年对华贸易始终未能超过英国的水平。

　　合抱之木,生于毫末;九层之台,起于累土。①"海后"号商船两航广州,既是法国对华贸易活动的一次高潮,又为法国后来在华从事商贸与传教活动奠定了坚实的基础,直接促进了18世纪中欧海上丝绸之路的发展。通过"海后"号两次直航中国的行动,以及该船所载中国丝绸、瓷器、漆器等商品在法国市场上造成的轰动影响,可以发现法国人对中国市场与中国商品有着极大的兴趣,也使我们可以更好地理解18世纪法国上层社会"中国热"的原因以及中法两国在古代海上丝绸之路中的贸易往来与文化互动。

---

　　①　引自《老子·道德经》第六十四章。

试论国际汉语教师的君子修行

林 科*

顺应全球经济一体化、世界文化多元化发展的潮流,借助我国经济日益繁荣的东风,汉语作为与世界沟通的桥梁越来越受到世界各国的重视,我国的汉语国际教育事业正伴随着国际上持续升温的"汉语热"而勃兴发展。截至2015年底,全球134个国家(地区)建立500所孔子学院和1000个孔子课堂,注册学员总数190万人,各类汉语考试人数600万人,中外专兼职教师4.4万人。①汉语国际教育事业的不断推进和快速发展,离不开国际汉语教师的努力和付出。奋战在教学一线的国际汉语教师的素质和水平,不仅关系着汉语教学效果的好坏,也影响着外国民众对中国的印象。遍布于世界各地的国际汉语教师都有着特殊的身份,不仅是"传道授业解惑"的师者,也是流动的中国语言文化中心,更是传播中国语言文化的使者。为进一步贯彻落实《孔子学院发展规划(2012－2020年)》,加强高素质、专业化国际汉语师资队伍建设,本文尝试将中华民族优秀传统文化中的"君子修行"理念融入国际汉语教师的培养体系,分别从"君子修身"和"君子践行"做出探讨,以期促进国际汉语教师优秀人才的培养。国际汉语教师只有像所有中国人都认同的"君子"一样去修行,才

---

* 四川师范大学国际教育学院编辑,四川师范大学文学院汉语国际教育专业硕士研究生,主要从事汉语国际教育和中华文化传播研究。

① 许琳.2015年孔子学院总部工作汇报[R].孔子学院,2016(1).

能积极的、正面的、有效的对外传播优秀而博大精深的汉语言文化,而且只有当每位国际汉语教师都修行成为博学儒雅的君子时,才能真正履行其神圣职责。

一、关于"君子修行"

(一)先谈"君子"

"君子"一词大致出现在西周初年,其中《尚书》8 见、《周易》124 见、《诗经》183 见、《论语》108 见、《左传》181 见、《大学》15 见、《中庸》34 见、《孟子》82 见、《荀子》304 见……通过这些先秦文献典籍可以看出"君子"词义经过缩小、扩大和转移的转变,感情色彩由褒义转为中性再回到褒义的发展,其词义演变过程大致为:贵族统治者(原义/褒义)——有德的贵族男子(缩小/褒义)——有德的男子(扩大/褒义)——女子的丈夫或情人(转移/中性)——有德的人(扩大/褒义)。最终是孔子完成了"君子"内涵由以"地位"为主变为以"道德"为主。① "君子"是孔子极力推崇和倡导的理想人格典范,也是他一生追求的理想和目标。《论语》中很多地方都谈到了"君子",但没有统一的表述:仁、义、忠、信、三戒、五美、九思、不争、不党、敏行讷言、成人之美、过而能改等等,这些都是君子的品性。"孔子曰:所谓君子者,言必忠信而心不怨,仁义在身而色无伐,思虑通明而辞不专。笃行信道,自强不息。油然若将可越,而终不可及者。此则君子也。"(《孔子家语·五仪解》)

"君子"是完美人格、理想道德的体现,其内涵丰富。"孔子所追求的理想人格,即'君子'的人格,把它概括起来就是:仁爱无私的情怀,律己宽人的精神;聪明睿智的思想,渊博宏富的学识;多才多艺的能力,纯朴儒雅的气质;严谨求实的作风,谦虚逊让的态度;勇敢不惧的性格,坚忍不拔的意志。它包括思想、情感、精神、气质、能力、智慧、性格、意志、作风、态度以及价值观念等诸多方面,是这诸多方面的综合表现。"② "质胜文则野,文胜质则史。文质彬彬,

---

① 吴正南."君子"考源[J].武汉教育学院学报,1998(5).
② 徐柏青."君子"——孔子对理想人格的追求[J].赣南师范学院学报,2001(5).

然后君子。"(《论语·雍也》)文与质相对相生,是人的内在心性和外在表现的和谐统一。《论语》对君子之道的设计并不仅仅停留在自我修身上。"求诸己","修己以敬"是基础,其目的是"修己以安百姓"。"君子德风,小人德草。草上之风,必偃。"(《论语·颜渊》)"君子"体现了儒家对传播向导的认知和需求,这就是具有中国传统教育文化特色的"身教"。

(二)何谓"修行"

谈起"修行",大都会想到宗教里的"修行",佛教、基督教、伊斯兰教、道教都讲"修行",指教徒虔诚地学习教义,并照着教义去实行。"修行的词义起码包含五个方面的内容:(1)学习、教学、教导的意义;(2)教训、培养、训练的意义;(3)学说、理论、艺术的意义;(4)组织、纪律、制度的意义;(5)习惯、原则、方式的意义。"①当然,不是只有宗教才能讲"修行",其实中华民族优秀传统文化讲的"修身""践行",将其合之也就是"修行"。本文所讲"修行",就主要包括这两个方面:一是,修身,即修养自己的心性,学习寻找真道;二是,践行,即践行自己的梦想,传播弘扬真道。"修身践言,谓之善行。"(《礼记·曲礼上》)"修行"的过程就是"学""习"的过程。"整部《论语》以'学'开篇,正体现了孔子重视教育的人生观,人生'学'乃为第一要义,学什么? 仅就《论语》而言,孔子更多看重如何从别人的经验、教导乃至从书籍的记载中学习为人处世的道理,而相反,'习'则更多是指实践、练习与践行为人处世的道理,由此而培养自己的道德。"②

(三)提出"君子修行"

在效率和技术主宰一切的今天,人们少了古典的情怀、心性的修养、精神的信仰、人文的关怀以及对自然的敬畏,却多了心浮气躁、急功近利。中国尊奉外来思想为时髦已长达一个多世纪,这给中国带来了现代化成果的同时,也使中国人日益失去思想个性、精神信仰和文化自信。"中国文化的延续,是君子人格的延续;中国文化的刚健,是君子人格的刚健;中国文化的缺憾,是君子

---

①　叶蓬. 儒家修养论与基督教修行论的比较研究[J]. 孔子研究,2001(4).

②　汤洪.《论语》中的"学""习"观[J]. 中华文化论坛,2016(6).

人格的缺憾;中国文化的更新,是君子人格的更新。"①一直以来,笔者对"君子之国"心向往之,无时无刻不畅想那"君子之风"再次盛行于神州大地,使得"君子"这一千百年来中华民族共同尊崇的价值标准焕发生机。由此便提出了"君子修行"这一理念。

君子修行是以修身为起点,践行为过程,不断地循环往复,不断地向前推进,逐步走出的"君子之道"即是人生的圆满。君子修行具体说来需要"修,仁、义、礼、智、信;行,温、良、恭、俭、让",即要修身和践行:仁爱、大义、礼仪、智慧、诚信、温和、善良、恭敬、节俭、忍让等优秀传统文化的最大公约数。"通过内心的修炼,达到仁义礼智信的完整统一。内心装着仁,成善成德,知明而善,依乎规范的礼,诚信不欺,体悟道而知时命,求仁成圣,以天下为己任,施仁政行礼治,行道于天下,齐家治国平天下,铸就理想人格的典范——君子,实现其价值目标——'内圣外王'。"②

二、国际汉语教师的"君子修身"

长久以来,大众对国际汉语教师都有一个偏见,认为只要"能说汉语"就可以当国际汉语教师。为什么会有如此偏见? 笔者思考其原因有二:一是,国际汉语教师是一个新兴职业,大多数人还不甚了解,很陌生;二是,大家身边普遍存在没有资质的"普通人"临时充当国际汉语教师。不管是以上哪个原因,国际汉语教师真实的、正面的形象都需要去树立、还原和公关,而且事不宜迟。"师者,人之模范。"(《法言·学行》)此项复杂而庞大的工作,需要每一位国际汉语教师的参与,像君子修身一样,去提升自己的职业素养。

(一)重德博学

自古以来,君子以德修身,"君子怀德"便是君子修身的起点,正所谓"君子以厚德载物。"(《周易·象传》)国际汉语教师的君子修身应从重德开始,修养

① 余秋雨. 君子之道[M]. 北京:北京联合出版公司,2014.
② 胡继明,黄希庭. 君子——孔子的理想人格[J]. 西南大学学报(社会科学版),2009 (4).

好自己的道德品质,肩负"利人、利他、利天下"的社会责任。"君子之怀,蹈仁义而弘大德。"(《十渐不克终疏》)其中,"仁""义"是"德"的邻近概念和延伸,经常连用为"仁义道德"。"仁者爱人","君子之所谓义者,贵贱皆有事于天下","义"是由道德出发的社会正道,国际汉语教师如若"心怀仁义"便是"怀德"。"君子进德修业,忠信,所以进德也。"(《周易·乾·文言》)"尽己之谓忠","信近于义,言可复也",国际汉语教师做到"忠信"也就是修身"进德"。国际汉语教师要注重自身思想道德素质的培养,以便在以后的教书育人中,将内在道德规范转化为自觉行动。

"君子博学于文",孔子是自学成才和博学的典范,勤奋不倦的学习贯穿孔子一生。正是通过刻苦的学习,孔子才掌握了渊博的学识,并收徒授业,成为一位伟大的教育家和思想家。"吾十有五而志于学,三十而立,四十而不惑,五十而知天命,六十而耳顺,七十而从心所欲,不逾矩。"(《论语·为政》)孔子一生通过不断的学习积累,一步步精进提高。"君子博学而日参省乎己,则知明而行无过矣。"(《劝学》)汉语国际教育是一门多学科交叉的学科,国际汉语教师需要"博览群书,掌古通今",不断地学习专研本学科和相邻学科知识,不断吸收内化中外优秀文化,成为"一专多能"的"杂家",才能有效地将博大精深的汉语言文化传播到世界各地。"吾生也有涯,而知也无涯。"(《庄子·养生主》)国际汉语教师要不断学习,增长智慧,在"多闻"的基础上,"择其善者而从之",进而"多见而识之",形成对中外语言文化正确认识,融会贯通。"博学而详说之,将以反说约也。"(《孟子·离娄下》)

(二)多才多艺

"多才多艺"语见"予仁若考,能多才多艺,能事鬼神。乃元孙不若旦多才多艺,不能事鬼神。"(《尚书·金滕》)"君子斥其先人也,多才多艺,有礼于朝,有功于国。"(《诗经·小雅·裳裳者华》)由此可以看出古人向来重视多才多艺,正所谓"君子不器"。君子不仅"博学""六经":"诗、书、礼、易、乐、春秋",还精通"六艺":"礼、乐、射、御、书、数",可以说是真正的"多才多艺"。国际汉语教师的君子修身也应该广泛培养自己的兴趣爱好和艺术特长,在授课时适时展示相关才艺,可以有效辅助教学,更受学生欢迎和喜爱。将中华传统才艺或是个人特殊技艺,融入国际汉语教学,是一种良好示范和激励,有助于吸引学生注意力,有助于提高学生积极性和参与度,有助于学生发散思维和理解,也有助于引发师生情感共鸣和心灵共振,从而有效提高教学质量。如果国际汉语教师能掌握一两门外语,一两门中华才艺,诸如琴棋书画、中华武术、传统舞蹈、美食烹饪等,定会富有个人特色和魅力,一定能为国际汉语教学和中华文化传播增光添彩。

(三)求同尊异

国际汉语教师直接面对的是不同民族、不同宗教、不同信仰、不同国家的汉语学习者,以及本土汉语教师和外方管理者,怎样与其和谐相处一直是一个难题。"天下同归而殊途,一致而百虑"。世间虽时有冲突,但"海纳百川,有容乃大",最终都能和谐共生。"己所不欲,勿施于人。"(《论语·卫灵公》)每一位国际汉语教师应该推己及人,尊重世界文化多元文明,切忌触犯所在地区法律,诋毁中伤学生所在国家(或地区)的文化和风俗。"君子和而不同,小人同而不和。"(《论语·子路》)在跨文化交际中,国际汉语教师应加强中外文化比较,具备多元文化意识,倡导"博爱、宽容和友好"等人类共同认同的价值标准,并尊重文化、习俗的多样性和差异性,避免触犯禁忌和违反相关规定。外国汉语学习者学习汉语的过程就是对中国文化认同的过程,国际汉语教师一定要充分把握时机,了解中外文化的主要异同以及跨文化对语言教学的影响,"导之以德,齐之以礼",帮助学生更好的认知、认同中国文化,避免"民族中心主义""刻板印象",培养更多知华、友华的外国友人。

国际汉语教师的君子修身是一项系统工程,就好比"君子之德是根,君子之才是叶,君子之学是根叶相通的脉管,只有三者相互结合,根叶相映,脉管沟通,才能使君子之树枝叶繁茂,由芊芊幼苗长成参天大树。"①

因此,国际汉语教师的君子修行并不只是做到以上讨论的三点就可以了,

---

① 裴士京,孔读云.《论语》君子观及其现代启示[J]. 学术界,2006(1).

更需要在长期的教学实践中主动地不断提升自己和完善自己。"见贤思齐焉，见不贤而内自省也。"(《论语·里仁》)君子修身，贵在自觉，国际汉语教师要时时自省，检点自己，见人有好的方面就向他学习，见人有不良习气，就引以为戒。

三、国际汉语教师的"君子践行"

就像汉语国际教育并不只是教汉语那么简单一样，国际汉语教师也并不是单一的汉语知识和技能的传递者。国际汉语教师应该是汉语教学的主导者、引领者、实施者和研究者，除了要教授学生语言知识和技能外，还要激发学生的学习汉语的动机和自主性，和学生一起合作探索博大精深的汉语言文化。国际汉语教师通过君子修身后，初步具备了优秀的道德品质、扎实的专业知识和丰富多彩的才艺，但还需要辨识分析汉语学习者的身份、性格、需求、动机等信息，运用恰当适宜的教学方法，才能有效地进行国际汉语教学活动。这就需要国际汉语教师像君子一样去践行，在实践中检验印证所学知识、经验，不断修正完善自己的教学行为，知行合一，最终形成自己独特的教学理论和实践。

（一）因材施教

"孔子教人，各因其材。"(《二程遗书·卷十九》)"圣贤施教，各因其材。小以小成，大以大成，无弃人也。"(《四书集注》)国际汉语教师教授的是母语非汉语的第二语言学习者，而世界上各个国家的汉语学习者情况复杂而不尽相同，就需要"因材施教"。国际汉语教师首先要钻研探索汉语的演变规律、结构规律、习得机制、学习规律和运用规律，掌握汉语言自身的特点和教学方法，然后要知人善教，人尽其才，充分发掘学生的学习潜能和优势，让每一名学生学有所获、学有所成。国际汉语教师可以通过"听其言而观其行"，深入了解学生的各种情况：汉语水平、学习动机、国别、母语特点、文化背景及个性特点、学习方法和规律等等，保证教学具有针对性，提高教学效率。"中人以上可以语上也，中人以下不可以语上也。"(《论语·雍也》)国际汉语教师要根据学生的个性特点和汉语水平，进行不同的教育。教无定法，国际汉语教师应根据教学对象、语言环境、课型课时、教学目标等宏观条件，以及课文的内容与体裁、词语的类型、语法项目的特点等微观因素，再根据学生的实际情况和个别差异，有的放矢地进行差别化教学。

（二）启发诱导

"君子既知教之所由兴，又知教之所由废，然后可以为人师也。故君子之教，喻也。"（《礼记·学记》）这里的"喻"就是启发诱导的意思。"善歌者，使人继其声；善教者，使人继其志。其言也约而达，微而臧，罕譬而喻，可谓继志矣。"（《礼记·学记》）国际汉语教师要善于启发诱导，开启学生思维，让学生多发问，多思考，充分调动学生的积极性和主动性；善教善喻，点拨学习门径，清楚透彻、简明扼要地"授之以渔"。国际汉语教师在课堂上发挥学生主体作用，让学生"唱主角"，充分利用现代化的多媒体教学手段，合理运用实物教具、图片、视频及身体语言等直观手段，让学生广泛地参与到教学活动中来。"不愤不启，不悱不发，举一隅不以三隅反，则不复也。"（《论语·述而》）国际汉语教师应将循循善诱、举一反三等教学方法适时、适当地应用于汉语教学中，必将为汉语课堂增添一抹亮色。

（三）教学相长

"虽有嘉肴，弗食不知其旨也；虽有至道，弗学不知其善也。是故学然后知不足，教然后知困。知不足，然后能自反也；知困，然后能自强也。故曰：教学相长也。"（《礼记·学记》）在教学过程中，教师可以从"教"中有所"学"。"三人行，必有我师焉。择其善者而从之，其不善者而改之。"（《论语·述而》）国际汉语教师在向学生教授中国语言文化的同时，可以接触到世界上不同国家的语言文化，这是一个双向交流沟通、互学互鉴的平台。在各种语言文化相互接触碰撞的汉语课堂上，师生应加强多维互动，"教"与"学"相互促进，教师与学生在教学活动中相互学习、共同成长。"敏而好学，不耻下问。"（《论语·公冶长》）教师是国际学生也是教师的教育资源，教师在"教"的过程中，不断得到学生的反馈，可以发现很多问题，进而促进自己的学习和提高，使得自己的研究和教学水平不断提高。国际汉语教师要善于在教学实践中不断地学习和反思,不断提升专业知识和教学能力,以科研促教学,达到专业发展的理想境界。

国际汉语教师在世界各地与国外本土文化相互接触、磨合、融合的过程中,要充分认识到在全球多元文化背景下中华文化独特的优势和魅力,为中国语言文化传播到世界各国人民心中,搭建双向桥梁。国际汉语教师通过君子修身、君子践行,由此便可以修行成重德博学、中西贯通、睿智儒雅、技有所长等多元一体的君子,定能推进汉语国际教育事业的不断发展。

四、结语

古代中国有"周游列国"施展伟大抱负的孔子,外国有远赴异邦"传播福音"的传教士,如今全球遍布着传播中国语言文化的国际汉语教师。国际汉语教师是很多没有走入中国的外国民众了解中国的一个窗口,他们的言行举止可以影响外国朋友对中国的看法和认识。因此,笔者提出国际汉语教师应像君子一样潜心修行,"志于道,据于德,依于仁,游于艺",通过修身,修养自己的心性,学习寻找真道;努力践行,实现自己的梦想,传播弘扬真道。这样,既可以有效传播中国语言文化,又可以提升中国国家形象、改善外国公众对中国的态度。"士不可以不弘毅,任重而道远。"(《论语·泰伯》)中华民族的伟大复兴之路上,也应有国际汉语教师的一份责任和贡献。"路漫漫其修远兮,吾将上下而求索。"(《离骚》)汉语国际教育事业日益深入发展,需要一大批"御风者"和"弄潮儿",向世界传播弘扬中国优秀的语言文化,提升中国的国际话语权和国际影响力。

试论东亚朱学化进学路径的共通性

程水龙* 曹 洁**

　　中国儒者引导后学学习圣贤,一般是通过研读融合圣贤思想的著述来明晓圣贤之道,这也是读书人求学问道遵循的路径。朱熹对"四书"情有独钟,在注释整理期间,曾说:"某要人先读《大学》,以定其规模。次读《论语》,以立其根本。次读《孟子》,以观其发越。次读《中庸》,以求古人之微妙处。《大学》一篇有等级次第,总作一处,易晓,宜先看。《论语》却实,但言语散见,初亦难看。《孟子》有感激兴发人心处。《中庸》亦难读。看三书后方宜读之。"①可见在四书阅读先后的问题上,朱子遵循着由浅入深、循序渐进的治经道理来指导后学读书。

　　朱熹关于读四书的阶序,受过二程的影响,因为在编纂《近思录》之前的三四年朱熹已完成《大学章句》草本,程子尝云:"《大学》,孔氏之遗书,而初学入德之门也。"②因而,朱熹云:"先通《大学》,立定纲领,其他经皆杂说在里许。通得《大学》了,去看他经,方见得此是格物、致知事;此是正心、诚意事,此是修身事;此是齐家、治国、平天下事。"③可以说,朱熹特别认真地在为天下士子探寻着读

＊　温州大学人文学院。

＊＊　华东师范大学中文系。

①　《朱子语类》卷十四,第249页。(宋)黎靖德编,王星贤点校,中华书局1986年1版。

②　(宋)朱熹《大学章句》,见《四书章句集注》中华书局1983年10月1版,第3页。

③　《朱子语类》卷十四,第252页。(宋)黎靖德编,王星贤点校,中华书局1986年1版。

经的门径。

朱熹不仅就上述四书间的读书次序提出自己的见解,而且在四书与传统儒学经典五经之间,朱熹亦欲构建出一条进学路径。他说四书是五经的阶梯。既然人们研习五经有四书这一阶梯可寻,那么假之时日则可读懂读透。然而,面对北宋周敦颐、张载、程颢、程颐四子广大宏博著述的殿堂,求学者又该从何处入门呢? 因此就有必要去建立一个可寻级而入的阶梯。二程再传弟子朱熹深感重任在肩,以为周子、程子、张子之书"广大宏博,若无津涯,而惧夫初学者不知所入",自觉有必要为四子著述编辑入门读本,以便穷乡晚进、有志于学而无明师良友以先后之者"亦足以得其门而入",故与当时学界素有"中原文献之传独归"的吕祖谦进行合作,精粹四子著述编成《近思录》,"凡学者所以求端用力、处己治人之要,与夫所以辨异端、观圣贤之大略,皆粗见其梗概"。① 这就是朱子最初编辑《近思录》的用意,即方便求学者由博反约地读书。因此,朱熹六十一岁那年说:"《近思录》好看。四子,六经之阶梯;《近思录》,四子之阶梯。"②该进学路径是将传统儒学与宋代理学进行系联,这在朱子之前未见史书有载,可谓朱熹的创见,故而称之谓"朱学化进学路径"。

一、"朱学化进学路径"的建立,及其在本土的发扬光大

(一)《近思录》是学习四子学术思想的重要阶梯

这里的"阶梯",是指求学理学者入门时"所由以从入之序"。我们从上文辑录的朱熹晚年定论性话语不难看出,其前后语句的表达是有意将传统儒家经典四书、六经与《近思录》、"四子"相对应,赋予《近思录》近乎"经书"的特

---

① (宋)朱熹《近思录原序》,载于元刻明修本《近思录》,(宋)叶采集解。

② 《朱子语类》卷一〇五,第 2629 页。(宋)黎靖德编,王星贤点校,中华书局 1986 年 1 版。此说是其弟子陈淳于庚戌初见朱子之时所录,朱熹时年六十一岁。这里前一"四子",或指孔子、曾子、子思、孟子,即朱熹合编的《学》《庸》《论》《孟》"四书";后一"四子"既可理解为指四书,也可指代周敦颐、程颢、程颐、张载四人及其著述。若陈淳所记属实,那么朱子有意编《近思录》作为读者研读五经、四书的入门读物,其实也就是将其作为儒学的入门经典。朱子此论在后世得到学界普遍认可。

质。集理学之大成者朱子创立的此观点,明确提出四书是学习五经的阶梯,而自己与吕祖谦共辑的《近思录》则是进升周、张、二程之学的直接阶梯。

如果从理学脉络上考察,朱学化的进学阶梯有着承袭前辈的因子。明代嘉靖六年贾世祥曰:"有宋际文运之隆,濂溪周子、河南两程子、横渠张子继作,其立言,有《太极图》《通书》《易传》《外书》《经说》《文集》《西铭》《正蒙》等书。是皆羽翼六经,而上接孟子以来千载不传之统,自后有考亭朱子又集大成者,以四子之书广浩无涯,初学未易指寻,乃与东莱吕氏共择其切要语为《近思录》。"①既然四子著述皆能羽翼六经,继其统续,那么《近思录》则可展现四子的治学育人之道,又可上溯六经之旨。明代末年的陆云龙就认为,朱熹之前的北宋四先生"首揭道体,源本六经,以学开知,以知策行,先存养以完未发,继克治以清悔吝,自治治人,诎邪崇正,功固有序"②。事实上,朱熹主编的《近思录》十四卷,就是在帮助士子建立修身进学的阶序。在朱熹眼里,四书成为人们问学六经的基础,而探求四子学问的概要所在则在《近思录》。

《近思录》是进升四子者的求端用力之处,自诞生以来一直得到各时期儒者的推崇,也被快速移植到域外,历史上东亚各国阐释、续编、仿编、讲说的有关《近思录》文本,相当丰富。经初步调查统计,中国国内存世的《近思录》文献近200种,韩国现藏高丽、朝鲜时代的传本近90种,日本现藏传本近100种,作为程朱理学的基础典籍,它们具有重要的文献价值、学术价值。东亚典范性汉籍《近思录》文献的系列版本与各国各时期衍生的版本,纷繁多姿,流布极广,对程朱之学的传播弘扬发挥过重要作用,甚至连朱子一生特别用力、被朝廷悬为功令的《四书章句集注》也难与比肩。

《近思录》之所以在历史上影响久远,则与朱熹建立的进学阶梯有着必然的联系,因为人道之序在儒学经典的传承上异常重要,在成贤入圣的路途中不

① (明)贾世祥《刻近思录成序后》,载于(宋)宋朱熹、吕祖谦同辑《近思录》,明嘉靖六年贾世祥刻本。
② (明)陆云龙《〈近思录集解〉序》,载于(宋)叶采集解《近思录》,明崇正八年陆云龙、丁允和订本。

可或缺。清代施璜说:"五经以四书为阶梯,读四书无入处,则不可以言五经;四书以《近思录》为阶梯,读《近思录》无入处,则不可以言四书也明矣。"①从中我们能明确认知到,《近思录》是学习四子著述的直接阶梯,也是进学四书不可或缺的台阶,又是阅读五经的最初阶梯。

作为读四子书的阶梯,《近思录》即"为希贤希圣之阶梯"②,因而求学士子先读此书,次读"四子"著述,进而再读四书。这便是陈淳记录尊师朱熹所言的朱学化进学之道。尽管在南宋后期围绕这个阶梯,曾有过一些争议,但是在东亚理学史上,它却能得到后世学界的普遍肯定,成为东亚儒学文化圈的共识,而这与其本土学人的响应、倡行、弘扬不无关联。

(二)中国本土对朱学化进学阶梯的承继与翻新

朱熹进学阶梯之论,首先在朱门得到赞赏。朱熹门人陈淳"卫师门甚力,多所发明",认为《近思录》荟萃四子,读之可知道统、识门径,但不可死守。他说"此《录》则四先生之要言所萃,今令学者先读之,使知道统之复续"③。朱熹再传弟子真德秀说:"学者先读《大学》,以立其规模";朱子"尝集《小学》书,使学者得以先正其操履;集《近思录》,使学者得以先识其门庭、羽翼四子,以相左右。"④在真氏眼里《近思录》是仅次于四书的必读书,将其增列为"新五经"⑤。朱熹再传弟子叶采坦言,《近思录》"规模之大而进修有序,纲领之要而节目详明,体用兼该,本末殚举……是则我宋之一经",且在淳祐十二年,叶采将所集解的《近思录》表奏南宋理宗皇帝时,再次强调《近思录》"为圣代一经"。⑥ 尽

---

①　(清)施璜《五子近思录发明序》,载于施璜纂注《五子近思录发明》,清康熙四十四年序刻本。

②　(清)邵松年《重刻近思录集注后序》,载于(清)江永集注《近思录》,清光绪十九年河南学署重刻本。

③　(宋)陈淳《北溪大全集》卷二十三《答李公晦三》。(清)永瑢、纪昀等纂《四库全书》集部,文渊阁本第1168册第685页。

④　(宋)真德秀《西山读书记》卷三十一。见《四库全书》子部,文渊阁本第706册第129页。

⑤　李纪祥《宋明理学与东亚儒学》,广西师范大学出版社2010年1版,第58页。

⑥　(宋)叶采《进近思录表》,载于叶采集解《近思录》,元刊本。

管时事多变,叶氏依然三十年如一日对《近思录》进行集解,为当时的读者进行集注导引,帮助读者"创通大义","以类而推,以观四先生之大全",旨在发挥《近思录》的阶梯功用。

可见,朱熹构建的理学入道路径:《近思录》→四子→四书→五经。在其门人后学那里得到了充分肯定,并有叶采《近思录集解》、杨伯嵒《泳斋近思录衍注》、熊刚大《近思录集解》等相伴,助推了《近思录》传播。

其次,由朱子进学阶梯之说引发的"入道之阶"建设,在元明清各朝得以承继,同时结合时代之需进行了相应调整,衍生出缤纷多姿的理学进学路径之说。

元代理学大家许鲁斋认为《近思录》是"入圣之基"①。理学家赵训孙、戴亨、柳贯等尊"《近思录》乃近世一经"。② 此书在那个时代即便未获得作为官方"经书"的定论,然而在学界大儒心中已然将其视作"经",认定它是阅读圣贤文献的基础台阶。像赵训孙《近思录精义》、戴亨《近思录补注》、柳贯《近思录广辑》等注解续补之书,曾不断充实着进阶之路。

明初,《近思录》深受明王室推崇,永乐"诏修《性理大全》,其录诸儒之语皆因《近思录》而广之"③,已然将此书作为理学之典范。明代理学家更是积极传扬此书,贾世祥认为《近思录》能羽翼六经,吴邦模觉得《近思录》可助读者"止则思为颜、孟,仕则思为伊、周"。薛敬轩、胡敬斋、罗整庵、高攀龙等都将《近思录》作为进入儒经世界的津梁,所以清初大儒施璜说:"尝读薛子《读书录》、胡子《居业录》、罗子《困知记》与高子《遗书》,喜其皆由《近思》以升入四书、五经之堂室者……迨读北平孙氏《学约续编》,亦谓薛、胡、罗、高四先生,羽翼周、程、张、朱五先生者也。"④明末,朱子关于《近思录》的阶梯之说依旧为世

---

① (清)张伯行《近思录序》,载于张伯行集解《近思录》,清康熙五十一年刊本。
② (元)吴师道《礼部集》卷二十《代孙幹卿御史请刊〈近思录发挥〉等书公文》。见《四库全书》集部,文渊阁本第 1212 册第 291 页。
③ 永瑢、纪昀等撰《性理群书句解提要》,见《四库全书总目》,中华书局 1965 年 1 版,第 787 页。
④ (清)施璜《五子近思录发明序》。

人肯定,甚至有仿编或增补《近思录》而成的《朱子节要》《五子近思录》等,在当时便成为阅读《近思录》的新阶梯。明代朱学化的进学路径衍生为:周公恕《分类经进近思录集解》→《近思录》;高攀龙《朱子节要》→《近思录》;钱士升《五子近思录》→《近思录》。

清代学者在朱学化进学路径的落实与弘扬上最为用心,关于《近思录》进阶之说的多种鲜活立论,使得朱子入道阶梯之说达到鼎盛。概而言之,清代对朱学化进学路径的具体落实有八九种途径,诸如汪佑主张:《五子近思录》(汪佑编)→四子→六经;施璜主张:《五子近思录发明》→《五子近思录》→四书→五经;马恒谦主张:《近思续录》(刘源渌编)→《近思录》;邵仁泓等主张:叶采《近思录集解》→《近思录》→圣贤之道;孙嘉淦主张:《五子近思录辑要》→四子;黄叔璥主张:《近思录集朱》(黄叔璥编)→《近思录》;张伯行主张:《近思录集解》《续近思录》《广近思录》→入德、入圣之门;何璟等主张:《近思录集注》(江永)→《近思录》→四书;李文炤主张:《近思录集解》(李文炤集解)→内圣外王之要。以致民国初年章梅亭主张:《五子近思录随笔》(李元绀编)→《五子近思录》→《近思录》。①

清初学界一方面肯定了朱子立说之重要,如邵仁泓以为历史上"家弦而户诵"的《近思录》,"实足以该四子之精微",具有很好的导引功用。② 另一方面在转引朱子阶梯之说时,称谓更为严谨,朱之弼在刊刻叶采《近思录集解》时说"四子,五经之阶梯"③,"五经"之谓较妥当。

清代前期更多的学者用自己的注编之作来继承朱子阶梯之说,如朱显祖按《近思录》体例框架纂集朱子语录成《朱子近思录》;汪佑为弥补《近思录》无"朱子之书"的缺憾,编集《五子近思录》;刘源渌历经四十年"录朱子之著述言动"编就《近思续录》,认为"学者诚从事于此,以探圣经贤传之指,则《近思录》

---

① 章梅亭《五子近思录随笔序》认为:"朱子之言曰《近思录》者,四子之阶梯。梅则谓《五子近思录》者,《近思录》之阶梯。而先生是书,又《五子近思录》之阶梯也。"
② (清)邵仁泓《近思录后跋》,载于(宋)叶采《近思录集解》,清康熙年间邵仁泓重订本。
③ (清)朱之弼《近思录原本集解序》,载于(宋)叶采集解,朱之弼诠正《近思录原本集解》,清康熙十三年刻本。

与四子、六经，一以贯之矣，又何患入道之无阶哉！"①"学者诚从事于此，以徐读夫《近思录》，而渐博乎四子，以为驯致于六经焉，则大道之阶梯不待远求矣，又何患人之之无基耶！"②而且其门人将集朱子精意微言而成的《续录》定性为"前录之阶梯"，"先生之道犹朱子之道，先生之心仍朱子之心也。"③

　　特别是作为朱子故里的清代徽州籍学者，在继承发展朱学化进阶之说上贡献尤大。歙县张习孔"自少受读是书，喜其约而备，微而显"④，撰成《近思录传》，嘉惠后学。休宁汪佑认为朱熹"既集周、程、张四先生之言为阶梯，若不得朱子精粹切要之言合观之，则学者终有所阙憾"⑤，于是将邱濬《朱子学的》与高攀龙《朱子节要》合编，以续于四子之后，撰成《五子近思录》，"由五子而阶梯四子、六经，由群儒大成而阐群圣大成，所称科级毕具，羹墙三古，孰逾于兹"⑥，故使得《近思录》阶梯之说显得更为详备。休宁施璜身体力行，以汪佑此书为底本，采辑明代"薛、胡、罗、高四先生"之语，"汇萃其精要者，以附于各卷之末，盖即以四先生之言发明五先生之旨，而意益亲切，语更详备"⑦。其《五子近思录发明》是在汪佑之后将明代四位理学家精微之语补辑于五子之后，形成较为严密的逻辑体系和理学进升的层级，读者得此《近思录》续编订补之作，差不多能总体认知宋元明三朝理学思想发展之脉络、理学代表家之思想精髓，这也进一步充实发展了朱子进阶之说。婺源江永认为"凡义理根原，圣学体用，皆在此编"的《近思录》，"直亚于《论》《孟》《学》《庸》"，他依据"原本次第，裒辑朱子之言有关此录者，悉采入注。朱子说未备，乃采平岩及他氏说

①　(清)陈舜锡《近思续录小引》，载于(清)刘源渌编《近思续录》，清康熙四十年陈舜锡抄本。
②　(清)陈舜锡《近思续录跋》。
③　(清)马恒谦《近思续录跋》，载于(清)刘源渌编《近思续录》，清光绪十七年补刻本。
④　(清)张习孔《近思录传序》，载于张习孔撰《近思录传》，清康熙十七年饮醇阁刻本。
⑤　(清)施璜《五子近思录发明序》。
⑥　(清)汪佑《五子近思录序》，载于汪佑编，(清)汪鉴校《五子近思录》，清康熙三十二年刻本。
⑦　(清)施璜《五子近思录发明序》。

补之,间亦窃附鄙说,尽其餘蕴"①,完成《近思录集注》。《近思录》既然是求学四书的阶梯,那么"江注又斯录之阶梯"②,因而该注本在清后期基本代替了叶采《集解》而成为代表性注本,成为朱学化进学路径的又一重要新阶梯。

除上述内容外,下文所列也很好地佐证了清代的学界在继续努力倡行朱学化进学路径,不断翻新以切合时代之需。例如,茅星来耗时三十年撰成《近思录集注》。孙嘉淦重新审视汪佑选辑的五子之言而编定《五子近思录辑要》。张伯行认为朱子"辑《近思》为入德之门",是在为后学建立入圣台阶,"俾学者寻绎玩味,心解力行,庶几自近及远,自卑升高,而诐淫邪遁不能淆,训诂词章不得而汨没焉。"③因而撰就《近思录集解》,多言性理学说。他又集朱子语为《续近思录》,纂集"南轩、东莱、勉斋,迄许、薛、胡、罗,汇集七家言"为《广近思录》。张氏认为:"余于《近思录》所为,既诠释之而又续之,既续之而又广之,冀有以章明义蕴,引进后人,而且以辅翼儒书于不堕也……学者诚由《近思录》而并及夫《续》与《广》二录,寻绎玩味,沉潜反覆,万殊一理,悠然会心。夫然后六经、四子之书,不为口耳,当必有身体而心验之者,入圣之阶梯无踰斯矣。"④李文炤认为《近思录》"纲领该括、节目精深",有了它则"四子之梯就"⑤,他觉得自己的《近思录集解》也是一阶梯,"学者诚能逊志于此书,则诸子百家皆难为言,而于内圣外王之要,不患其无阶以升。"⑥王鼎极力肯定"《近思录》为入德门户",在为官之地主持校刊江永《集注》,说:"《近思录》,四子书之阶梯;四子书,五经之阶梯也。"⑦将朱熹原本所言"四子"释为"四子书",直言《近思录》

---

① (清)江永《近思录集注序》,载于江永集注《近思录》,清嘉庆十二年刻本。
② (清)何璟《近思录集注跋》,载于(清)江永《近思录集注》,清光绪元年何璟重刊本。
③ (清)张伯行《近思录序》。
④ (清)张伯行《广近思录序》,载于张伯行辑,(清)柳椿、陈绍濂仝校《广近思录》,清康熙五十年正谊堂刻本。
⑤ (清)李芳华《宋五子书后序》,收录在(清)李文炤著《宋五子书》,清雍正十二年四为堂刻本。
⑥ (清)李文炤《<近思录集解>序》,载于李文炤集解《近思录》,清雍正十二年四为堂刻本。
⑦ (清)王鼎《朱子原订近思录序》,载于(清)江永《朱子原订近思录》,清嘉庆十九年王鼎校次本。

是读北宋四子书的阶梯。后世近思践履者、学为圣贤者,"读是书者,其必潜心体验,由朱子之言尽通周、程、张子之道,以上探四子、六经之精奥"①。吕永辉编辑《国朝近思录》,云:"天下国家身心诚正之隆轨在是,为学者近思而力行之,则入圣阶梯不远矣。"②可见清末的他犹意在为当时求学者铺设入圣之阶。

由于朱子的精要之言未直接载于《近思录》,故明清学者都想续补《近思录》未收朱子语之缺憾,可是朱子著述宏博,非穷年毕月不可卒读,又如何在一部有进学之阶性质的读本中使北宋四子与南宋朱子融为一体,这就是宋以后理学家们不断研讨的课题,而且这个问题在清代亦逐步得以解决。所以有清一代学者们衍生的各式进阶之论,既遵从了朱学化进学路径的精神,又丰富了朱子进阶之说。

二、朱学化进学路径在朝鲜、日本的融通与本土化

程朱理学作为"新儒家"的学术思想代表,在高丽朝后期传入朝鲜半岛(以下简称"朝鲜"),十三世纪初期传入日本。随之而起的朝鲜朱子学、日本朱子学,则是该区域吸收消化朱子学而形成的本土学术思想。作为宣扬该思想的文献载体——《近思录》系列文献(包括《近思录》原文本、注本、仿编本等),也随着程朱之学流布到朝鲜半岛、日本,他们特别崇尚在中国已被"经典"的《近思录》,于是不断移植"《近思录》文献",加强本土化建设,形成《近思录》续编、仿编、注译、讲说、笔记等具有本土特色的后续著述。

《近思录》"具体而微地构造出了以实用伦理人生哲学为核心的二程理学体系",是朱熹"借用周、程、张的语言建立了自己简明精巧的理学体系"③,在后世与朱子学融为一体,以致言朱子学者,无不言《近思录》。朱学化的进学路径就是入门朱子学、入道圣贤之学的津梁。中国历史上《近思录》的大量注本、

---

① (清)应宝时《<近思录>跋》,载于(清)江永集注《近思录》,清同治八年江苏书局刻本。

② (清)吕永辉《国朝近思录序》,载于吕永辉编《国朝近思录》,清光绪二十六年永城鹤湖吕氏刻本。

③ 束景南《朱子大传》,商务印书馆2003年1版,第351页。

续仿编本的面世,历代学者构建的那些类似"羽翼"的进学之阶,都是以《近思录》朱子进阶之说为主干而延伸出的多条"入道之阶",不断满足着各时代学者的登阶之需。因而,与中国有着相同儒学文化根基的东亚其他国家,在接受程朱之学的同时也接受了《近思录》这部理学经典,那么朱子关于《近思录》的阶梯之说也很快流布该区域,在传播地生根发芽、开花结果。

(一)朝鲜、日本切实将朱学化进学路径本土化

理学传入朝鲜半岛、日本后,《近思录》很快被学界接受,此书也逐渐在该区域享受着"经典"待遇。

从东北亚区域《近思录》本土化的历程不难发现,早在高丽朝时期,李鲁叔就主持刊刻了叶采《近思录集解》,这是目前可知朝鲜半岛《近思录》最早的本土传本。究其刊行原因,李氏认为《近思录》是"造道之径,升堂之阶"①,这很明显是在肯定朱学化的进学路径。故而可以说在高丽后期,进阶之说已融入崇尚儒学的朝鲜社会。

之后的朝鲜李朝儒学者非常尊崇中国朱子学,吸收进化成朝鲜朱子学,对朱子《近思录》阶梯之说也推崇有加,通过抄写、刻印来扩大此书在本邦的流通,增强李朝社会对"入道之阶"的认知与理解。例如,李朝金汶在辅佐国君铸造活字刊印儒学经典时说:"臣汶谨考群书参其同异,凡诸改正阙疑悉受睿断,仍命铸字所模印颁赐,俾人人读《小学》书以正其操履,读《近思录》以识其门庭而不迷于所从。"②于是李朝社会早期便出现了多种活字印本《近思录》。

李朝社会真正意义上对朱学化进学路径的本土化,不仅仅是他们大量重刻、翻刻源自中国的"《近思录》文献",因为这些浅层次的接受再传播,尚不能真切将其溶于本民族文化的血液之中。而真正融合之后再呈现出具有本土化特性的,是他们将《近思录》阶梯之说与本邦朱子学家的学术思想相融合,将这些学者的语录融汇于《近思录》思想体系之中。例如,李度中仿照清初汪佑所

---

① 〔高丽〕李鲁叔《近思录跋文》,载于(宋)叶采集解《近思录》,高丽朝恭愍王十九年星山李氏刊本。

② 〔朝鲜〕金汶《近思录跋文》,载于(宋)叶采集解《近思录》,朝鲜李朝世宗十八年刻本。

编《五子近思录》，汇集李朝知名朱子学家李珥语录为《李子近思录》十四卷，并云："朱子后孔子，栗谷后朱子。此万世不易之言也。栗谷先生亚于生知，浑然天成，缵前烈之遗绪，迹三代之绝轨"，认为"为人君而有志于典学立政者，舍此书不得……为人臣而有志于致君泽民者，舍此书不得……为人师而有志于成就天下人材者，舍此书不得……为人士而有志于推寻圣贤正脉者，舍此书不得。"①可见，李朝学者在理学读本的本土化建设过程中，有意借助《近思录》体例编集本邦朱子学大家李珥之言，建立接地气、更易被本邦士子阅读理解的入道阶梯。而且，他们还仿照中国理学家的做法，将多位本邦儒学名家的语录进行辑录，编成供本土读者阅读的入门读物，如朴文烈《海东七子近思录》，汇萃李朝前期朱子学家金宏弼、郑汝昌、赵光祖、李彦迪、李滉、李珥、成浑七位的言语行事文字，"依《近思》门类汇分抄录合成一帙，以为我东之一经"②。

正是因为《近思录》嘉惠后世求学者甚多，因而能够在历史上的东亚形成共识。朝鲜读者与中国学者交相共鸣，确认它是"四书之津筏"③，因而促成李朝社会构建更易于本邦读者阅读、更贴近李朝社会现实的"《近思录》文献"，以至于李朝崇信朱子学的学者编撰了较多《近思录》仿编续补文献，以之作为求学入圣之道。如李汉膺仰慕本邦朱子学代表者李滉与宋代理学家东南三贤，有感于这些性理学家的著述"浩博，茫不知下手"，于是"乃敢採掇四子集要语篇目，一依《近思录》例，名曰《续近思录》……后之学者有意于四子者，由是而寻焉，则庶乎得其门而入也。"④他们以此类文本作为学习《近思录》之阶梯，进而让求学者进达四子、六经，与李滉"泝伊洛而达洙泗，无往而不可"的《朱子书节要》相呼应，其用心与中国明清续编、仿编《近思录》者不谋而合。

---

① 〔朝鲜〕李度中《李子近思录序》，见李度中编，(朝鲜)李垂校《李子近思录》，朝鲜笔写本。
② 〔朝鲜〕丰城后学《海东七子近思录序》，载于(朝鲜)朴文烈编《海东七子近思录》，朝鲜李朝写本。
③ 〔朝鲜〕吴熙常《续近思录序》，收录在(朝鲜)韩梦麟编《续近思》，朝鲜李朝纯祖十九年木活字本。
④ 〔朝鲜〕李汉膺《续近思录序文》，载于李汉膺编《续近思录》，朝鲜李朝时期木板本。

并且李朝学者在进行《近思录》续编仿编过程中渐趋自信,例如韩梦麟所编《续近思录》十四卷,从《节要》《学的》中"採其尤切于学者六七百言,又于四书注疏中取其紧要者数百条,编为一书,而一依《近思录》条目为次,号曰《续近思录》"。① 此书可与清代张伯行的续录仿编本相媲美,因而李朝吴熙常评价时,不无自豪地说:"异日是编倘入中国,而有具眼者则尚可见朱子书大明于左海,而绝徼之外亦有如张伯行者出焉,是不可以无传也。"②很显然,他们特别肯定了本邦著述的进阶功用,既是对朱学化进学路径的认同与再发展,也是对李朝朱子学学术思想的发扬光大。

同样在受儒学文化思想影响很深的日本,《近思录》及其整理本在相当长的历史时期一直被奉为"学者入道之阶梯,不可不好看也"③。历史上的日本朱子学者与朝鲜儒者在《近思录》进阶之说上认识基本相同,也是谨遵朱子的阶梯之说,在不断赞许其入道功用的同时又大力推广、发展。

儒学名家山崎嘉身体力行传扬朱子学,他在转引朱子语"《近思录》好看。四子,六经之阶梯;《近思录》,四子之阶梯"时,明确肯定道:"信哉! 是言也。孟子没而圣学不传者,其无此阶梯也。"④甚至将古代圣学在孟子之后不传的原因归结为没有人能像朱子那样建立此类入学之阶。他认为"学者苟志圣贤之道,而欲穷洙泗之渊源者,舍此书而无他途也。"⑤

日本社会在江户、明治时期除了不断翻刻、重刻源自中国或朝鲜的"《近思录》文献"外,日本朱子学者在本土又不断注释、讲读《近思录》及其注本,意欲建筑本邦的程朱理学进学路径。例如,宇都宫遯庵标注《近思录集解》十四卷,"欲阶梯《近思录》而示后学升堂之道,故校此于四先生之全书及《易》《诗》

① 〔朝鲜〕韩梦麟《续近思录》序文,见韩梦麟编《续近思录》,李朝纯祖十九年木活字本。
② 〔朝鲜〕吴熙常《续近思录序》。
③ 〔日〕山崎嘉《近思录序》,载于(宋)朱熹、吕祖谦同辑,(日)山崎嘉训点《近思录》,日本宽文十年洛阳武村市兵卫、大坂同佐兵卫刊本。
④ 〔日〕山崎嘉《近思录序》。
⑤ 〔日〕高津泰《近思录训蒙辑疏序》,载于(日)安袭著《近思录训蒙辑疏》,日本弘化四年刊本。

《书》《语》《孟》，其馀可解此书者，《朱子语类》《性理大全》等若干编汇集细释之。"①由此可见他是在为日本读者获得一个全面理解《近思录》的文本。

综观现存的日本"《近思录》系列文献"，其展现出来的形态多样，内容丰富且个性明显，这些保存至今的书面文献数量甚多，仅次于中国。其中最具特色的是日本学者讲说类《近思录》文本，将朱学化进学理念与日本本邦朱子学思想融合得很紧，如中村惕斋《近思录示蒙句解》，山崎闇斋《近思录讲义笔记》，浅见絅斋《近思录师说》，刚庵独录《近思录讲义》，室鸠巢《近思录道体讲义》等。这些文本或用汉字记载，或用假名、片假名记载，或用假名与汉字相结合的方式来记载。在基于传统儒学的基础上，其关于《近思录》的解读与日本本土文化结合得更紧密。在这一点上，相较于朝鲜，日本在改造"《近思录》文献"的记录手段方面，在用假名与汉字的结合体代替汉字媒介方面，日本要比朝鲜半岛走得更远，故而其构建的本土化《近思录》文献，更趋于独立性，诠释也更具民族特色。就此而言，日本社会已将朱学化的进学路径消化吸收得更为透彻。

由于日文的假名产生于《近思录》流布到日本之前，因而日本学者面对从中国南宋流布而入的朱子学文献，尤其是颇益于求学者修身尚贤的《近思录》文献，他们很快地采纳用日文加注的训点方式，方便本邦读者的接受，进而实现了朱子学思想传播与日本文化的有效融合，且这种融合趋势发展很快，到了十九世纪后期，朱学化的进学路径较多地借助日文本"近思录文献"来实现对读者的导引。而与日本文字产生时间有别的是朝鲜谚文，产生于《近思录》流布李朝之后，而且其世宗大王是想用谚文记录本民族的语言，可是我们在韩国调查存世《近思录》类文献后，几乎见不到二十世纪之前李朝社会用谚文抄写、刊刻的版本，对于来自中国的《近思录》文献，仅有少数传本用谚文标注句读。

总之，在朱学化进学路径的融合、发展方面，朝鲜、日本的共性远超差异，他们更多的是快捷地将朱学化进阶精髓融会于本邦理学文献建设之中，形成

---

① 〔日〕宇都宫遯庵《近思录集解跋文》，载于（宋）叶采集解，宇都宫遯庵标注《近思录》，日本延宝六年刊本。

具有本土色彩的可与朱学化进学路径相融通的入道阶梯。

(二)东亚朱学化进学路径建设表现出的主要特征

1. 东亚崇信理学者,对于朱熹"《近思录》,四子之阶梯"说一致表示认同。

朱子的《近思录》阶梯说,在《近思录》中国本土七百多年的传播历程中,为各朝所传承,并得到各时期学者的充实,使其内容与时俱进,表意丰富而明朗。今考察东亚朝鲜、日本的理学思想史,不难发现各国在传播《近思录》文献时,他们既有直接承传朱子进阶之说者,也有化用推新者,例如:

在高丽末期的刻本叶采《近思录集解》中,刊梓者李鲁叔肯定道:《近思录》是"造道之径,升堂之阶不外乎是"。在朝鲜李朝世宗十八年刻本叶采《集解》金汶的跋文中,他确信读《近思录》可以"识其门庭而不迷于所从"。

在李朝宣祖十一年,尹箕受君王之命在礼山县主持刊刻叶采《集解》,就是基于他对朱子阶梯说的真切感悟,进而肯定"《近思录》为四子之阶梯,初学之关钥"①。李朝纯祖十九年,韩梦麟认为《近思录》能"使初学之士领其要而得其门",因而仿其体例编纂《续近思录》十四卷。李朝高宗十一年,宋秉璿在多年阅读李朝赵光祖、李滉、李珥、金长生、宋时烈五位儒学大师著述的基础上,认为"五先生之学,即周、程、张、朱之道",可为"四子、《近思》之羽翼",因而仿照汪佑《五子近思录》之例,"条分类别"编就《近思续录》,以之为本邦读者进学之阶,且强调说:"学者不以人僭踰而废之,循是而进,亦庶乎得其门而入矣……则此书安知不为四子、《近思》之羽翼也欤!"②李朝时期李汉膺在编《续近思录》时,其序文直接引用"四子、《六经》之阶梯;《近思录》,四子之阶梯",赞赏朱子之论"大有功于后学",并确信自己的此编"又为《近思录》之阶梯,而以及四子、六经"。

日本儒学名家山崎嘉在用日文训点《近思录》时,直接引用朱子语"《近思

---

① 〔朝鲜〕尹箕《近思录跋文》,载于(宋)叶采集解《近思录》,李朝宣祖十一年礼山县刻本。

② 〔朝鲜〕宋秉璿《近思续录序文》,载于宋秉璿撰《近思续录》,朝鲜李朝高宗十一年木板本。

录》好看。四子,六经之阶梯";"《近思录》,四子之阶梯"。以之作为传播的最可信赖理由。延宝六年,宇都宫藤庵标注叶采《集解》时,直接引用"《近思录》,四子之阶梯"之言,且明确表示"我又欲阶梯《近思录》而示后学升堂之道",故而注释《近思录》。

　　日本享保五年,泽田希著《近思录说略》引用"《近思录》,四子之阶梯",以示对此书的信奉。天保二年在活字印制《近思录》时,安裝《活板近思录序》直接引用朱子阶梯之说,认为"欲学圣人之道者,不可不读四子,而读四子者尤不可以不读《近思录》"①;山内俊温在《活版近思录跋》文中,有强力肯定:"此书之为圣学之阶梯、大道之标表"②,是不易之定论。弘化四年刊刻《近思录训蒙辑疏》时,高津泰《近思录训蒙辑疏序》不仅引用朱子阶梯之说,犹云"学者苟志圣贤之道,而欲穷洙泗之渊源者,舍此书而无他途也。"

　　2. 在构建朱学化进学路径的"阶梯"——各式"近思录类"文本上,其类编体例相同。

　　《近思录》卷次的分类编排,体现出相当的层次性和理学逻辑结构。"是书虽约,然首明道之大体,以示之端,继言为学之要、修己治人方,终则辨别邪异,统论圣贤,以一其向。"③在后《近思录》时代,东亚出现的续编、仿编类文献,在编纂时承袭了朱熹、吕祖谦编纂《近思录》的编纂思路、主旨去进行文本类编。

　　例如,朱熹再传弟子蔡模选集朱熹语录编撰《近思续录》十四卷,辑录源自朱熹《文集》《语录》《易本义》《书传》《论语或问》《太极图》《论语集注》《孟子集注》《大学或问》《中庸章句》《中庸或问》《西铭解》《易学启蒙》《经说》《手帖》《诗传》等中的语录。各卷标题分别为:道体、为学、致知、存养、克治、齐家、出处、治体、治法、临政处事、教人、警戒、辨别异端、总论圣贤。此书在日本宽文八年还被日本学者重刻传播。像蔡模这般仿编的"近思录类"理学文本在明

---

① 〔日〕安裝《活板近思录序》,载于(宋)朱熹、吕祖谦同辑《近思录》,日本天保二年活字印本。
② 〔日〕山内俊温《活版近思录跋》,载于(宋)朱熹、吕祖谦同辑《近思录》,日本天保二年活字印本。
③ 〔清〕柯崇朴《近思续录原刻序》,载于清康熙年间重刻本蔡模《近思续录》。

清时期层出不穷,在此不再赘述。

《近思录》一直受李朝学术界、思想界、教育界的关注,其编纂思路自然会得到效仿。由于中国本土相继呈现的《近思录》文献,其编纂手段、结构体例易于效法,因而深受中国儒学思想文化影响的朝鲜半岛、日本与中国本土一样,依据这些不断面世文本的编纂程序、思路、方法而编纂的理学文本也相继产生。

朝鲜李朝"《近思录》文献"也沿袭了这种分类编纂的方法,如他们的多种《续近思录》文本,内容多取本邦学者之论说文字,分类编集,建构出适合本民族诵习的文本。李汉膺"採掇四子集要语,篇目一依《近思录》例,名曰《续近思录》"的做法,就是依照中国学者构建阶梯的思路去建立兼容中国、李朝的进学阶梯。又如,朴泰辅《海东七子近思录》十四卷,"循考亭之旧规,依样编辑"朝鲜历史上七位名儒的语录而成,其建设的入道之阶有着较为纯正的本土色彩。可见李朝学者编纂作为本土进学之阶的文本时,既取法于朱熹当初编集四子语录的初衷,又能效法中国各时期学者续编订补《近思录》的做法,其"发凡立例,一遵寒泉之成规"。

日本的《近思录》仿编本,多是依照《近思录》编纂路径、编次方式,去择录中国理学家的语录与本邦儒学家的语录。例如,古贺朴等编集的《近思录集说》十四卷,是石塚崔高、牧原直亮等学者从中国汉唐宋元明清、朝鲜李朝、日本本邦等多家著述中摘取各种解说,再分类编纂而成。又如,宇都宫遯庵讲学时,为了"下国远乡乏载籍者"能全面理解《近思录》,面对北宋四子"全书及《易》《诗》《书》《语》《孟》",和"《朱子语类》、《性理大全》"等,他"欲阶梯《近思录》而示后学升堂之道",对上述著述进行编纂汇集细释,撰就《鳌头近思录》十四卷,为读者提供了"博学笃志之便"。①

3. 东亚各国在"阶梯"的纲目体系建构上,均以朱子所拟理学体系为范本。

《近思录》十四卷,结构非常完整,纲目之间逻辑次序谨严,明代刘仕贤的

---

① 〔日〕宇由的《鳌头近思录》跋文,载于日本延宝六年刊本《近思录》,(宋)朱熹、吕祖谦合辑,(宋)叶采集解,(日)宇都宫遯庵标注。

话差不多道出了其中奥妙所在，"学莫先于知方，故首之以求端；方不可以徒知，故次之以用力；力必为乎己，故次之以处己；成乎己即成乎物，故次之以治人；是数者皆所以黜邪而居正也，故次之以辩异端、观圣贤终焉。"①可见《近思录》是整个儒学深造的阶梯，其十四卷体例，成为中外学者编辑理学读本的典型范式，影响深远。

《朱子语类》中载有朱熹所言的逐篇纲目②，其再传弟子叶采《近思录集解》在此基础上拟定了简明的篇名，分别是：道体，论学，致知，存养，克治，家道，出处，治体，治法，政事，教学，警戒，辨异端，观圣贤。它们在历史上最具代表性，后世仿编、续编《近思录》的文本在篇名的拟定上也多如此，如（宋）蔡模《近思续录》《近思别录》、（明）周公恕《新刊分类近思录》、（清）汪佑《五子近思录》、（清）江永《近思录集注》、（李朝）韩梦麟《续近思录》、（日）泽田希《近思录说略》等。

高丽后期、李朝时期的学者在进行相关文献再建时，主观上都很想体现出本土学术思想，或只收本邦人著述的语录，但在编集用意、体系架构上却不会僭越《近思录》的体例，有着浓浓的尊崇意识，均分作十四卷，各卷沿袭朱熹所拟纲目或叶采集解时的标目，或仿拟出文字相近的篇目。如：李朝郑晔、宋时烈《近思录释疑》十四卷，各卷标题为：论道体、总论为学大要止尊德性矣必道问学、论致知、论存养、论克己、论家道、论出处义利、论治体、论治法、论政事、论教学、论警戒、辨异端、观圣贤；李度中《李子近思录》十四卷，标题分别为：道体、为学、致知、存养、力行克治、家道、出处、治道、治法、临政处事、教人之道、警戒改过、辨别异端、总论圣贤。

历史上李朝的《近思录》相关文献与中国相比，最具特色者就是效仿《近思

---

① （明）刘仕贤《分类经进近思录集解序》，载于明嘉靖十七年刘仕贤刻本《分类经进近思录集解》，叶采集进，周公恕类次。藏国图、浙图、南图。

② 《朱子语类》卷一〇五，云："《近思录》逐篇纲目：一道体，二为学大要，三格物穷理，四存养，五改过迁善、克己复礼，六齐家之道，七出处进退辞受之义，八治国平天下之道，九制度，十君子处事之方，十一教学之道，十二改过及人心疵病，十三异端之学，十四圣贤气象。"第2629页。

录》编纂分类体例，兼而容和本邦朱子学家的著述，编纂了一系列仿编文本，如前文所述李汉膺编《续近思录》十四卷，韩梦麟编《续近思录》十四卷，宋秉璇编《近思续录》十四卷等。仿编者韩梦麟明确肯定朱、吕所编"条分类别，合为十四篇，名之曰《近思录》，使初学之士领其要而得其门焉，其惠后学深矣"①。

与朝鲜类似，历史上日本学者关于《近思录》的讲读本、译注本、仿编本，绝大多数分作十四卷，各卷篇名沿袭朱熹所拟纲目或叶采集解的标题，或仿拟出文字相近的篇目。如泽田希撰《近思录说略》、溪百年译注《近思录馀师》、佐藤一斋《近思录栏外书》，十四卷标题均是：道体类、为学类、致知类、存养类、克己类、家道类、出处类、治体类、治法类、政事类、教学类、警戒类、辨异端类、观圣贤类。古贺朴等编集的《近思录集说》，十四卷标题与叶采所拟相同。汤浅幸孙的日文注译本《近思录》，十四卷标题完全依据《语类》中朱子所云。正是因为有了这些眉目清晰的纲目，其本土求学者在理解、领悟文本内容过程中更易纲举目张。

三、东亚朱学化进学路径共通性的原因探究

"《近思录》一书无不切人身，救人病"，具有很高的学术思想价值，朱熹基于此书而建构的朱学化进学之阶在东亚社会形成广泛共识，该书在东方儒学文化圈一直被奉为"学者入道之阶梯"。后世《近思录》注本、续仿编本之多，有力地佐证了《近思录》如经书般受人尊崇的史实。那么，朱学化进学阶梯演变为东亚求学理学者共识性阶梯的主要因素，值得我们深思。

关于"《近思录》，四子之阶梯"说，是朱熹站在南宋历史文化背景下的认知，是针对本国求学者而言。但是随着历史上东亚文化交流的不断发展、各国朱子学思想的逐渐融合，程朱理学在朝鲜半岛、日本的被接受与再传播，进而本土化，"《近思录》文献"几乎在每个时间节点也流布东亚，朝鲜李朝社会与日本江户、明治社会先后对朱子之主张形成共识，在融通的过程中，借助朱熹建

---

① 〔朝鲜〕韩梦麟《续近思录》序文，载于韩梦麟编《续近思录》，李朝纯祖十九年木活字本。

构的朱学化进学路径,逐步构筑出本土化的入道之阶,使得朱学化的进学路径演化为各具民族特性的进学之阶。

东亚各国在朱学化进学路径上之所以能形成共通意识,有些要素是我们必须洞悉的。一是东亚儒学文化存在一体性,该路径之所以在东亚区域存在共通性,是基于历史上东亚各国深厚的文化渊源。考察朝鲜半岛、日本列岛的历史不难发现,各国有着长期的不间断的文化交流,而且历史上东亚主流学术思想在较长的历史时期表现为儒学文化观,中国传统儒学在该地域潜滋暗长,在很长的历史时期影响着他们的社会。宋代以降,当在传统儒学基础上发展而来程朱理学出现后,在东亚各国历史文化思想的同源相近密不可分背景下,各国又普遍尊崇朱子学的指引,很快予以接受,所以朝鲜、日本的朱子学都是在中国儒学思想的基础上发展而来,这种近亲血缘是朱子进学路径在各国存活、发展的历史基础。

二是在接受中国理学思想的历程中,各国存在诸多相同的文化要素。在漫长的历史时期,东亚区域各民族长期使用汉语言文字这一共识性的符号载体,可在汉字文化圈中进行对话交流,相互间存在着文化共性,这便是《近思录》之类理学文献流布的社会文化基础。随着汉字在朝鲜、日本的传入,被主流社会接受,于是形成汉文化的长期积淀,而当作为用汉字记录的《近思录》系列文献面世后,与中国有着紧密文化联系的朝鲜、日本,在阅读理解上已无大碍。再者这些文献又凭借着中国印刷技术的发展成熟,多以优质的物质形态流布他国,那么这也是东亚拥有的作为传载之用的印刷基础,于是便能快捷地将"《近思录》文献"在本邦落地生根。

三是朱学化进学路径被东亚各国接受,也与其相近的社会政治结构不无关联。儒学思想是中国古代思想统治主流意识,作为与古代中国有宗藩关系的朝鲜,与中国封建王朝有着非常相近的政治制度。作为长期仰慕中国的日本,与朝鲜一样,其社会也有着厚重的中国儒学思想基础,有着相近的社会结构。这些要素为东亚朱学化进学路径的形成、发展提供了保证。

四是《近思录》之所能在东亚区域成为普遍认可的理学经典,是因为《近思录》"最能反映、最能代表朱子的理学体系方面的构想和造诣",其内容不尚空论,在乎切近日用的修治践履。南宋后期,在朱门弟子眼里《近思录》已位踞"经书"①之位,成为宋代理学的首选经典。在后朱熹时代,"治宋代理学,无不首读《近思录》",因而在悠久而广泛的历史空间,该经典有着世界性影响,也被东亚各国尊奉为入道程朱理学的津梁,是认知研究朱子学思想必不可少的入门要籍。对于尊崇朱子学的李朝社会、日本社会主流来说,不能不倚重于《近思录》而上溯理学的宏大世界。

五是宋代之后朱学化的进学路径不仅得到本土学者响应,而且能得到朝鲜、日本儒学者共鸣。在中国历史上,《近思录》与科举考试有很大关联,早在南宋就有无名氏编撰的《文场资用分门近思录》行世,以之辅助士子科考。而且五经、四子书在元明清社会"为升选登进之阶。海内之士,争自濯磨学术,画然一出于正,以应朝廷之选","科场功令,命题一本五经、四子书,其援引传说,必以朱子为断,诚以朱子之道,孔孟之道也。"②而《近思录》作为阅读四子书、进升五经的阶梯,不但可以得到士子的认可,而且对于那些科场失意者也是一种慰藉,可借此近思修身,因而朱子关于《近思录》阶梯之说能一直为后世遵从,而且人们通过注释、续编、刻抄等手段加以深化、适时发展。李朝、日本社会在十六至十九世纪,也新生出大量与时俱进的《近思录》续编、讲说文本,很明显是在中国或其本邦《近思录》已有进阶基础上延伸出新的阶梯,是人们个体修身向贤的利器。

上述要素只是朱学化进阶之说在东亚各国拥有共通性的主要原因。正是由于东亚各国拥有了传播朱学化进学阶梯之说的历史文化积淀,所以一旦时机成熟,源于中国的朱子进阶之说,则完全可以摇身一变而成为东亚朝鲜、日本求学理学者的共识阶梯。但是,儒学思想文化在东亚各国既存在共通性,也有着差异性。各国对儒学(包括宋明理学)的接受存在差异,在自身消化、新生

---

① 朱熹再传弟子叶采说它是"我宋之一经,将与四子并列,诏后学而垂无穷者"。见(宋)叶采《近思录集解序》,载于叶采集解《近思录》,元刊本。

② (清)王鼎《朱子原订近思录序》。

推广方面也存在民族文化差异。由于朝鲜半岛在明清时期作为中国的附属国,政治体制受中国影响很深,对宋明理学大体上也是亦步亦趋,朱子学在李朝的发展成熟,主要还是政府推动的结果,如朝鲜王朝的活字印本、木板本基本保持中国版本的内容、体态,形神兼备,很好地传播了《近思录》思想,李朝学者的自主创造,也是借助中国味较浓的朱学化阶梯去建构本邦朱学化进学路径。日本与此稍有差异,历史上日本社会虽然崇尚中国文化,可是朱子学在日本的传播是在佛教流传的推动下产生的,佛教的传播对江户时代的日本朱子学曾发挥了积极的推动作用,由民间推动走向政府推动。关于《近思录》朱学化的进学路径,日本民族的学者自主创造意识更为明显,在进学之阶本土化方面表现了本邦民族文化的个性思想。

　　总之,朱学化进学路径,是由朱熹发端,该进阶之说能在东亚七百多年的历史长河不断繁衍,引发出各国学者前赴后继地构建具有时代特色或本邦特征的各式阶梯之说,微异之中却存在着普遍的共通之处。他们推崇朱子学,承继朱子阶梯之说,又将其本土化,形成了以"《近思录》,四子之阶梯"观念为本,以各自所建入道之阶为体,建设出供人们走向入圣之道的津梁,也为《近思录》历久弥新的传播发挥了积极历史作用。

巴西圣保罗州立大学孔子学院
汉语推广发展报告

苏宜梅*

一、巴西圣保罗州立大学孔子学院概况

巴西圣保罗州立大学孔子学院是巴西首家孔子学院,国内合作院校为湖北大学。自2008年11月建院以来,该院始终以创建世界一流的汉语教学机构为宗旨,现已成长为巴西乃至拉美地区最大的汉语教学机构,曾先后两次荣获"全球先进孔子学院"称号。目前已成为中巴两国文化交流的"重要纽带和促进两国友好合作的战略平台"。2016年8月3日,中国国务院副总理刘延东访问该院,并转达了习近平主席、李克强总理对圣保罗大家孔子学院师生的亲切问候和良好祝愿,指出孔子学院"在增进中巴人民友谊发挥了不可替代的重要作用"。

二、巴西圣保罗州立大学孔子学院汉语推广发展状况

巴西圣保罗州立大学孔子学院的汉语教学始于2009年初。建立在零基础之上的圣保罗州立大学汉语教学项目,在过去的几年里迅速发展,本报告重点

---

* 湖北大学外国语学院。

关注 2010 年 2 月至 2014 年 2 月间孔子学院的汉语教学推广工作情况。三年间,学院在册人数由 2011 年 2 月第一学期的 621 人,增长到 2013 年第二学期结束时的 2033 人(见表 1)。教学点由原来的 7 个增长到 16 个。办学形式由原来的三种增加到六种。六种现有办学形式分别为:1)圣保罗州立大学大学生选修课;2)针对社会人士培训课程;3)与当地其他高等学校的合作办学;4)与当地邻近政府机构的合作办学;5)与圣保罗州教育局合作的中学汉语课程;6)与当地网上语言教学机构的合作办学。

表 1　巴西圣保罗州立大学孔子学院在册学生数

年份	在册学生
2010	621
2011	928
2012	1421
2013	2033

(资料来源于巴西圣保罗州立大学年度简报 2011、2012、2013)

三、巴西圣保罗州立大学孔子学院汉语推广策略

(一)明确办学宗旨,打造一流汉语教学机构

圣保罗州立大学孔子学院孔子学院的管理者始终以汉语推广为中心,抓住汉语推广与教学这个主题不放,始终把汉语推广与教学放在首要位置开展工作。学院的管理者清醒认识到孔子学院的主要职能是"面向社会各界人士,开展汉语教学"。圣保罗州立大学孔院在发展规划制定、岗位设置、重要工作环节中体现了这一宗旨。圣保罗州立大学孔院每年年末的孔子学院年度工作总结中,都有对来年工作的目标设想,学生注册人数增长始终是孔院首要工作目标。为了有效推广汉语教学,除了中外方院长以外,孔院特地设置了一个经理岗,配备有两位行政助理,以及四位秘书,其中三位秘书负责教学工作。正是这种健全的岗位设置,为孔院汉语教学从推广,到实施以及到有效运转提供了保障,使得办学宗旨得以贯彻执行。每学期开学前的汉语推广,学期中期的

服务和管理,学期末的考试与反馈是学院的重要工作环节。为了扩大生源,学院采取电视宣传、海报宣传、奖励优先报名学员等措施吸引民众关注。为了提供一流教学服务,孔院对在岗的汉语教师志愿者和汉语教师提出了"站稳讲台,留住学生"的八字方针,并不定期地对汉语教师进行随堂听课,组织教师交流教学心得。学期末,学院采取学生采访和问卷评议方式对课堂教学和教学管理工作进行评价。这些行之有效的措施确保了教学质量的稳定,教学质量的稳定为学院的发展提供了必要基础和保障。遵照这一办学宗旨,孔子学院的在册学生人数呈快速递增状态。2011 到 2013 年三年内,在册学生人数翻了两倍。(见图 1)

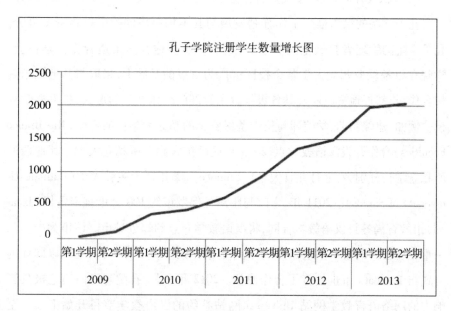

图 1 圣保罗州立大学孔子学院学生人数增长图(2009—2013 年)

(二)利用所在大学优势,打造"一院多点"的办学模式

巴西圣保罗州立大学孔子学院短时期内办学规模迅速扩大,在巴西,在南美乃至在世界范围内形成品牌效应,归功于其"一院多点"的办学模式。这一办学模式是建立在所在大学办学模式的基础之上的。巴西圣保罗州立大学位于巴西最发达的圣保罗州,该校是在"巴西实施多校区大学办学最成功的典

范"。学校现有 23 个校区,有序分布在整个圣保罗州。孔子学院充分利用该校的多校区优势,在短短几年的时间里,在 11 个校区相继设立了汉语教学点。这些教学点分别是阿拉拉夸拉(Araraquara),阿西斯(Assis),瓜拉奇瓜塔(Guaratinguetá),玛丽里亚(Marília),普雷西登特(Prudente),波图卡图(Botucatu),圣若泽多斯坎波斯(São José dos Campos),圣若泽里约普雷托(São José do Rio Preto),伊利亚索德拉(Ilha Solteira,圣保罗(São Paulo),圣维森特(São Vicente)。(见图 2)巴西圣保罗州立大学的多校区办学模式为孔院快速布点提供了优越的条件。推动了孔院的汉语推广项目快速发展。

(三)积极开展合作,多渠道合作办学

孔子学院的汉语推广工作强劲发展与其不拘一格的推广思路密不可分。孔子学院的管理者打破空间和领域限制,寻求多途径多渠道合作办学机会。学院在以圣保罗州立大学各个校区推广为重点的基础上,采取与其他兄弟院校合作,与邻近地方政府及其各级教育主管部门合作办学的形式,扩大办学规模。例如,建院初期,学院即与位于圣保罗市的私立大学白河学院(Rio Branco Faculties)合作开设汉语教学点,2013 年底已扩大到 3 所私立大学。其他两所所私立学校分别为:七月九日大学(Uninove),桑托斯天主教大学(Catholic University of Santos)。2011 年,学院与距离圣保罗市约 100 公里雅卡雷伊(Jacarei)市教育局签订汉语教学合同,将汉语教学布点到邻近城市。该市为中国三一重工在巴西的生产基地,对汉语人才需求强劲。2012 年 9 月,孔院以同样的方式与 Botucatu 市也签订了合作协议。2012 年 9 月,孔院与巴西当地极具影响力的网络语言教学网站 Universal 网站签约的汉语教学节目开始上线。至此,一个以孔院总部圣保罗市为中心,跨越巴西经济最为发达的圣保罗州,覆盖东西 800 公里、南北 580 公里的汉语教学点兼具网上汉语教学平台的立体化网络已初步建成。圣保罗州立大学孔子学院的汉语项目,在圣保罗州以及整个巴西的影响力得以建立。

(四)以孔子学院总部项目实施为依托,扩大孔院影响力

孔子学院总部的项目设置具有重大指导作用。为了加强汉语国际推广,

孔子学院总部设置了一系列常规项目。如汉语水平考试(HSK 和 YCT)、夏令营、孔子学院奖学金等。圣保罗州立大学孔子学院对待每一个项目都竭尽全力进行推广。学院每年至少组织两次汉语水平考试(含 HSK 和 YCT),通过组织汉语水平考试,一方面使得巴西的汉语学习者,包括非本院的汉语学习者有机会更好了解了学院;另一方面,也让学习者增加了汉语学习的兴趣,并为日后孔子学院奖学金申请创造条件。据不完全统计,2011 到 2013 年间,约有近1000 名学生参加了国家汉办组织的汉语水平考试。同时孔子学院每年都组织20 人以上的夏令营团赴湖北大学参加夏令营活动。湖北大学精心组织策划,在约三周的时间里,营员们亲身感受中国语言和文化,领略异域风情,该项目深受巴西学生欢迎,已成为孔院精品项目之一,为孔院招生宣工作起到很好的宣传作用。孔子学院的奖学金项目更是吸引无数巴西学生的热情和关注,申请者十分踊跃。据笔者统计,2011 到 2013 年间,孔子学院奖学金申请者和获得者成倍增长(见表2)。正是依托孔子学院总部常规项目的实施,孔院走上了良性发展轨道。

表2 　圣保罗州立大学孔子学院获得孔子学院奖学金学生人数

年 限	2011	2012	2013
学生数	14	37	43

四、结语

巴西圣保罗州立大学孔子学院的汉语教学项目,从无到有,从小到大,已初具规模。2014 年7 月16 日,中国国家主席习近平在访问巴西期间,在巴西国会发表演讲,指出"在巴西中文热、中华文化热不断升温。巴西是设立孔子学院和孔子课堂最多的拉美国家,已经开设的7 所孔子学院、2 个孔子课堂学生众多,后续生源踊跃。双方应该持续推动人文交流,积极创造条件,促进年轻人交往,让中巴友谊世代传承"。相信圣保罗州立大学孔子学院,一定能抓住历史发展机遇,稳步前进,为中巴两国语言和文化交流做出更大贡献。

乌克兰孔子学院汉语推广环境与策略研究

王东营*

一、中乌的关系发展

乌克兰地处欧亚大陆的交通要冲,位于欧洲东部,北邻白俄罗斯。中乌自1992年1月4日建交以来,两国在各个领域的友好互利合作关系发展迅速。目前,乌克兰是中国与原苏联国家中第三大贸易伙伴,经贸合作势头发展良好。

除了经济政治的往来,两国的文化交往也日益增多。"中国热"在乌克兰持续升温,乌克兰人民对中国的兴趣大大增加。现在乌克兰学习汉语的人越来越多,"汉语热""中国热"在乌克兰方兴未艾,学习汉语既是时尚,也是需要。还有很多大学生和中学生踊跃参加"汉语桥"世界中文比赛。

二、乌克兰孔子学院汉语推广的情况

随着两国关系的进一步加强、经贸关系的进一步密切,越来越多的乌克兰人渴望了解中国,希望学习中国文化。为了满足乌克兰民众学习汉语的需求,促进汉语教学的发展,截至2012年6月,国家汉办在乌克兰共开设了四所孔子

---

* 哈尔滨工程大学

198

学院。分别为乌克兰国立基辅大学孔子学院、乌克兰哈尔科夫国立大学孔子学院、卢甘斯克国立大学孔子学院和乌克兰南方师范大学孔子学院。由于国立基辅大学孔院的调研数据不全,现将其他三所孔院截止到 2013 年 1 月的发展概况列表如下:

表1 乌克兰孔子学院发展概况

孔子学院名称	揭牌时间	国内合作院校	教学点数量	学生人数	教师人数
卢甘斯克孔院	2007.05	浙江师范大学	8	767	12
哈尔科夫孔院	2008.12	安徽大学	9	999	18
南方师大孔院	2012.05	哈尔滨工程大学	2	64	3

乌克兰的面积比较大,但是目前只有四所孔子学院。因此乌克兰每个孔院的教学点数量比较多,并以向孔院本部所在城市的周边城市扩展为主要发展趋势。卢甘斯克孔院的八个教学点分布在卢甘斯克、安特拉奇特和雅尔塔三个城市。哈尔科夫孔院的九个教学点则分布在苏梅、波尔塔瓦、克里缅丘克和哈尔科夫四个城市。这些教学点除了合作方的大学以外,中小学的教学点居多。卢甘斯克的八个教学点有六个是中小学,而哈尔科夫的九个教学点其中有七个是中小学。南方师大孔院由于 2012 年 9 月才开始正式运行,所以教学点数量较少,不过正在逐步向敖德萨的周边城市扩展。哈尔科夫孔院虽然成立的时间比卢甘斯克孔院稍晚,但是 2012 年在册学生数量却高于卢甘斯克。其主要原因在于哈尔科夫市有一个巴里巴少批发市场。这个市场是乌克兰占地面积最大的批发市场,随着中乌两国贸易的发展,这个市场的中国商人也在日益增多,这就需要经商的人们掌握汉俄两种语言,因此学习汉语的乌克兰人也越来越多。同样,南方师范大学孔子学院的所在地敖德萨也具有这样的汉语学习需求。敖德萨的七公里市场是乌克兰也是黑海沿岸北部最大的华商批发市场。在"七公里"从事各种货物贸易的中国人有近千人,以东北、江浙一带人居多。因此南方师范大学孔子学院具有广阔的发展前景。除了新建孔院外,其他两所孔院的教师数量都比较大,在 10 人以上。三所孔院均承担了乌

方合作大学的汉英及英汉专业的教学。

三、孔子学院语言文化推广中面临的问题

(一)教师问题

随着乌克兰学习汉语人数的增加,乌克兰对汉语教师的需求也在增加。笔者对乌克兰四所孔子学院截止到2013年1月的汉语教师构成进行了调查,调查结果如下表:

表2　乌克兰孔子学院师资构成情况

	国内公派教师	国内公派志愿者	海外志愿者	本土教师
卢甘斯克孔子学院	3人(英语专业、外国文化、外国文学)	7人(俄语专业两人、对外汉语专业5人)	1人(俄罗斯文学专业)	1人
哈尔科夫孔子学院	4人(对外汉语专业)	9人(俄语专业两人、对外汉语7人)	无	5人
南方师大孔子学院	1人(对外汉语专业)	无	两人(美术专业1人,俄语文学1人)	无
国立基辅大学孔院	1人(对外汉语专业)	1人(俄语专业)	3人(音乐专业1人、其他专业两人)	无

从四所孔院的教师构成来看,乌克兰孔子学院的师资构成有以下几个特点。

首先,志愿者在师资构成中占有很大的比例,尤其是国内公派的志愿者。而在国内公派的志愿者中,对外汉语专业的志愿者比较多,俄语专业的志愿者占少数。海外志愿者的专业均不是对外汉语教学专业,因此聘请海外志愿者的弊端就是他们大部分对汉语教学一无所知,缺乏汉语教学的专业知识和丰

富的汉语教学经验。不过海外志愿者由于长期在海外学习工作,他们对当地风俗文化的了解和较高的俄语语言能力,都是他们在汉语教学中的优势。

其次,国内公派教师的数量很少。乌克兰的官方语言是乌克兰语和俄语,能熟练掌握俄语的汉语教师数量很少,掌握乌语的更是少之又少。语言不通对生活与工作都会产生消极影响,因此赴乌的公派汉语教师数量较少。在乌的公派教师在教授零起点的对象时,一般使用中介语英语。与俄语相比,用中介语解释语法项目和语言知识,学生接收和理解的速度会有些慢。而对乌克兰风俗文化的不了解,也会对汉语教学产生一定影响。

第三,本土教师的比例很小。在经历了欧洲的金融危机以后,乌克兰的经济状况一直不是很好,教师的平均工资水平也很低,因此很多汉语水平比较高的学生都不会选择留校任教,而选择待遇比较好的公司。本土教师在教学过程中,会很明确乌克兰学生在学习汉语过程中的难点和重点,以及乌克兰学生的真正需求。因此本土教师的流失是乌克兰孔子学院的一大损失。

(二)教材问题

乌克兰的四所孔子学院目前使用的教材均以中国编写出版的教材为主。笔者对四所孔院使用的主要教材也做了统计,如下表所示:

表3 乌克兰孔子学院使用的汉语教材

卢甘斯克孔子学院	《快乐汉语》《新实用汉语》《汉语乐园》《汉语新起点》
哈尔科夫孔子学院	《新实用汉语》《长城汉语》《快乐汉语》
南方师大孔子学院	《成功之路》《快乐汉语》
国立基辅大学孔院	《新实用汉语》《当代中文》《博雅汉语》

由此可见,除了中俄合作编写的《汉语新起点》以外,各个孔院使用的教材均为中国编写出版的。其中《新实用汉语课本》和《快乐汉语》使用得最多。《新实用汉语课本》主要是在高校里使用,而《快乐汉语》则适合少儿班使用。以上教材因为是在中国编写出版,教材内容的选择标准肯定是贴近中国人民生活。这种教材有助于乌克兰学生加深对中国的了解,但是从学以致用的角

度来说,会影响学生学习汉语的积极性。此外,汉办赠送的教材不能满足乌克兰学习汉语人数猛增的需求,所以孔院的大部分学生使用的是复印的教材,很多学生向孔院反映了复印的教材不清晰,因此开发本土汉语教材成为了乌克兰四个孔院的迫切任务。

(三)与乌方合作的问题

目前孔子学院基本上采取国内外机构合作的模式。就国内外合作模式而言,存在的问题不少。各国国情不同,因此在合作上出现的问题也具有差异性。孔子学院不具备独立法人资格,所有的运行都依托外方大学,在大学监管之下,各大学的校长决定财务支出,中方无法监管。教学归中方,文化和市场推广归外方。受乌克兰政策影响,很多事情实行起来很困难。比如学校领导太多,如果资金申请要得到批准,必须经该合作单位所有校长批准,所以实施速度很慢,效率很低。还有乌克兰的银行,款项到账速度比较慢,这就涉及到孔子学院的活动资金,包括孔院的校舍装修和设备更新。例如乌克兰南方师大孔子学院于2012年5月挂牌,但是由于资金问题,孔院的校舍装修2013年6月才完工。孔院的教师和学生只能借用合作单位的教室,教学场地的不足和教学设施的陈旧都对教学产生了一定影响。

四、孔子学院语言与文化推广策略

针对乌克兰孔子学院所面临的问题,笔者提出以下策略,以促进两国在经济文化方面的进一步交流。

(一)针对乌克兰孔子学院的师资构成特点,加大教师的培训力度

对于本土教师,国家汉办应该为他们提供更多来华的培训机会,进一步提高他们自身的汉语水平和汉语教学水平。对于海外志愿者,各孔子学院可以利用现有的教师资源,组织国内公派教师对志愿者进行培训,开展公开课观摩活动,讲解汉语语言的基本知识和汉语的基本教学理论,让海外志愿者在最短的时间内得到最大的提高。对于国内公派教师,孔院可以给他们提供学习俄语或乌语的机会,这样他们才能真正融入到乌克兰的文化中,提高汉语的教学

效果,促进乌克兰汉语教学的发展。总之,要发挥各自的优势,充分利用现有的人力资源,进行优势互补,加强教师队伍的整体素质与水平。

(二)中乌教师进行合作,编写适合乌克兰学生使用的教材

要根据乌克兰高校的汉语课的课时数和各专业的特点,编写适合乌克兰学生使用的教学大纲。课文内容的取材要贴近乌克兰人民的生活,使学生感到学有所用,激发学生学习汉语的主动性和积极性。教材中语法项目的编排,以汉乌语言对比的研究结果为依据,确定乌克兰学生学习的重点和难点,这样教师根据教材的编排,在讲解过程中可以详略得当,提高教学效率。由于乌克兰属于非汉字文化圈,乌克兰语和俄语都属于斯拉夫语族,因此针对乌克兰学生编写的汉语入门教材要增加汉字认读的练习,通过中乌教师的合作,建立乌克兰学生错别字数据库,进行乌克兰学生错别字类型研究。

(三)受乌克兰政策影响,很多部门办事效率很低,这就需要中国政府给予孔院一定的帮助与支持

几所孔院在搞活动时,也可以进行合作,不仅可以节省人力物力,还可以促进彼此的交流与学习。如汉办每年组织的孔子学院校长访问团,完全可以把四个孔院的校长合并成一个团。还有在编制适合乌克兰学生使用的汉语教材时,也可以几个孔院进行合作。因为编制教材的工作量比较大,任务繁重,如果几个孔院共同进行编制,可以提高教材的编制质量和效率。

(四)开展多彩的文化活动

语言是文化的载体,必须大力推展文化活动。孔子学院每年都会开展冬令营和夏令营活动,让回来的学生介绍中国,谈一下去中国的感受,激发其他学生对中国的兴趣。除了中国传统节日举办大型活动外,很多孔院还有自己的特色,哈尔科夫孔院的汉语角活动每一期都有不同的主题,如中国城市、剪纸、编中国结等等。卢甘斯克孔院除了开设太极拳、太极剑、太极扇的选修课外,还举办了孔院首届书法比赛、中国图片展、中文图书展、汉语知识运动会等活动。在举办活动时,我们要注重外方校长和当地媒体的作用,以此来扩大孔院影响,宣传中国文化。

五、对未来工作的展望

除了以上提到的教学工作和文化活动的开展外,孔院未来的发展还应注重一些学术活动的举办。哈尔科夫孔院已经举办了和汉字相关的研讨会,乌克兰卢甘斯克国立大学孔子学院于2011年主办了"乌克兰海外汉语教学研讨会",这些科研活动为新建的孔院提供了很好的借鉴。中共"十八大"以后,中国进一步发展,国内问题与国外问题浑然一体。世界渴望了解中国,孔院是主动让世界了解中国精髓、中国精神和中国文化的载体。虽然中乌双方在合作中会出现一些问题,但我们可以依托理事会的召开解决一些问题。总之,孔子学院不仅是乌克兰学生学习汉语、了解中国文化的窗口,也是连接乌克兰和中国的一座友谊桥梁。孔子学院的发展促进了中乌文化的进一步交流,也为中乌关系的进一步发展奠定了基础。

孔子学院短期汉语课程的实践与启示

周延松*

与国内对外汉语教学的目的语环境不同,孔子学院的汉语教学一般在学员的母语环境下进行。而同为母语环境,孔子学院与海外大学中文(语言)系的汉语课程也有一定的差异,后者多为学历教育或选修性质、被纳入学分体系的长期课程,虽然这也是孔子学院总部关于课程建设的长远发展目标之一,但在目前情况下,各种程度与形式的短期课程开设更为普遍。本文以澳大利亚皇家墨尔本理工大学孔子学院"大学员工短期汉语课程"为例,通过课程设计与实施情况的梳理与探讨,为孔子学院的课程建设提供借鉴与参照。

一、课程设计的背景和理念

(一)背景

1. 作为一个以移民为主体的国家,澳大利亚政府倡导多元文化,中国文化已不仅是一种外来文化,而是本土文化的重要组成部分。与此相关,各种语言并存,形成多元化的社区语言格局。统计资料表明,除英语外,汉语普通话是使用最多的家庭语言,广东话排名第四。

2. 澳大利亚是高等教育输出大国,中国留学生超过 15 万人,近国际学生

---

* 南京中医药大学国际教育学院。

总数的 30% 。在皇家墨尔本理工大学,中国留学生遍布各个学科专业,多年来一直占留学生总数的 35% 左右。

3. 随着中澳两国教育领域交流的日渐深入,皇家墨尔本理工大学与中国的高校及科研机构也建立了众多合作项目,加之对中国传统文化的兴趣,出于公务或私人目的的赴华旅行较为频繁。

4. 自 1980 年起,皇家墨尔本理工大学开始提供汉语课程,涵盖初、中、高各个层次,并设有全澳第一家汉语水平考试中心,孔子学院的汉语教学不能与之冲突,只可展开合作,或在其"业务范围"之外进行,以求共同发展。

基于上述背景,在皇家墨尔本理工大学,不少员工的家人、朋友、同事、学生、邻居或房客中,有很多华人,在工作与生活中,都有使用汉语的机会与可能。他们的汉语学习需求,大学语言系自然难以解决,孔子学院因而开设了"大学员工短期汉语课程"。

(二)课程理念

1. 功能与文化相结合。强调语言的功能和意义,而不注重语言知识的系统讲授,事实上,短期汉语教学一般都难以兼顾这一点。作为非目的语环境下的汉语学习,学员对中澳文化的差异缺乏直接的经验与感受,为此多结合语言材料,引导学员以身边的华人为对象进行观察、比较,从而更准确和得体地使用汉语,服务于现实交际的目的。

2. 采取交际任务模式。以语言功能为纲,围绕功能组织语言材料,无需考虑语法结构等,具有较强的灵活性和针对性;同时采取多种形式,增强教学的实用性、趣味性,切实提高教学效率。

二、课程目标与教学内容

(一)课程目标

"大学员工短期汉语课程"的教学对象是明确的,课程目标也相对单一,旨在训练学员日常交流所需口语交流能力。至于读写,尽管也有少部分学员表示了兴趣,但并不具有普遍性,我们在进行课程设计时便果断地放弃了。

（二）教学内容

交际功能项目应与学员的生活和工作密切关联，出于这样的考虑，课程的内容设计着眼于两点，一是实用性，二是本土化。先确定基本话题，再结合本土元素，编写教学讲义。以零起点初级班为例，前两课是"你好"和"我来介绍一下儿"，其后则以不同的疑问句式为标题，循序渐进，分别是："张先生在吗？""你喝不喝咖啡？""现在几点？""你去哪儿？""那是谁？""你喜欢什么颜色？"文化差异也是课程内容设计的考量要素之一。如，墨尔本是世界有名的咖啡之都，为此在"你喝不喝咖啡"一课编排有关于中国茶的内容，以增加话题的吸引力。

三、课程的实施与反馈

（一）课程实施概况

皇家墨尔本理工大学每年有 2 个学期，每学期 12 个教学周。学期初和学期末，各部门员工一般事务较多。针对这一情况，"大学员工短期汉语课程"从每学期第二周开始，持续 8 周。每周 1 次课，都安排在中午或下班后，这样对学员的工作不会造成影响，可最大程度地吸引员工的参与。

课程开设了多期，学员中既有来自教育、传媒、设计、工程、商科、法律等各学科专业的教学和科研人员，也有国际交流、人力资源、信息技术、学生工作和财务等部门的行政人员。根据学员的汉语水平，分为初级基础班、初级提高班和中级班。学员的语言、文化背景不同，学习的动机、动力不同，在一定程度上增加了教学的难度，而且课程对学员没有任何约束力，他们的学习完全由兴趣驱动，且受制于突发因素（如会议、临时课务及私人事务等）而导致的缺席情况时有发生，能坚持学完的大概在一半左右。

总体而言，初级基础班学员都来自非汉字文化圈国家或地区，人数相对较多，每期基本稳定在 15 人左右。基础提高班和中级班的情况则较为复杂，有的来自非汉字文化圈国家或地区，也有亚裔、华裔，甚至香港或广东、母语为粤语的移民；从汉语普通话的听、说、读、写各项技能来看，他们也是程度不等，部分学员且极不均衡。汉语基础不同,学习目的的差异也很大,如不少华裔学员的中文阅读几乎没有障碍,他们对中西文化的差异极为熟悉并深有体会,只希望学习汉语拼音、正音,加强对话实践,以提高运用汉语进行交流的熟练程度。如果学员人数过少,就不能开班,进行更细化的分班也不可能,我们只能面向大多数,这就导致部分学员的流失。

(二)反馈信息

1. 学员从事的工作性质不同,其可接受的教学方式和程度也随之而异。语言教师最快,接受和使用语言学术语,善于总结出一定的规则,并能灵活运用所学词汇和句型;其他学科专业的教学人员次之,完全熟悉和适应课堂教学的节奏;行政人员的接受相对较慢。此外,年龄也是影响接受快慢及程度的一个重要因素。

2. 学习动机方面,一是为去中国旅行提供便利,如私人旅游及教育合作与交流;二是工作中使用,如和华人同事、中国留学生的交流,英语语言教师则希望通过学习掌握汉语的基本特点,了解中英两种语言的差异,丰富自己的语言学知识,并用以分析中国留学生的英语学习偏误,进而提高教学效果;三是在日常生活中使用,如与华人邻居的交往,个别学员有华裔或学习汉语的家庭成员;也有纯粹出于兴趣的。部分学员不同程度地兼有上述学习动机。

3. 关于课后操练。能够坚持学完一期或两期的学员多会在课后进行主动的复习或练习,有的还能有意识地寻找网络汉语学习资源,如初级基础班适用的汉语拼音的音频,适合中级班的一些对白较少、语速较慢的中国电影等,同时积极与身边会讲汉语的同事、房客、家人等进行操练。

四、问题与启示

"大学员工短期汉语课程"的时间跨度虽然长达 8 周,但因为每周只有一次课,间隔的时间过长,极容易产生遗忘现象,除了新课开始前对上周学习内容进行简短的回顾与复习,一定要鼓励学员在课后进行巩固性操练。否则,学习的效果很难保证不说,遗忘使学习难度增加,极易对后续学习造成不良影响,进而形成恶性循环,造成学员的中途流失。

与有限的教学时间相关的是,课堂教学的内容必然相对较少,我们的设想是,把课堂教学作为激发学员兴趣的一个"跳板",在增强趣味性的前提下,引导学员课后的主动、继续学习,如推荐适合学员汉语学习程度的网络资源或平台,建立线上交流互动的群组,把课堂教学的成果延续下去。

随着汉语国际推广的逐步深入,汉语学习需求的日趋多元,短期汉语课程应有较大的发展空间。在融入外方合作院校的总体目标指引下,孔子学院的汉语课程也需适应学员的要求,大力促进课程的本土化,才能收到良好的效果。

多元文化背景下的非洲中国文化推广策略初探

孔令远*

一、核心概念

1. 多语种环境

由于历史原因,非洲多数国家拥有两种以上的官方语言。在这种多语背景下,如何争取当地政府将汉语纳入其国民教育体系中去,是个值得探讨的课题。

2. 多元文化环境

非洲由于长期处于殖民统治下,形成了多元的文化环境。这种多元的文化背景为当前汉语在非洲的推广带来哪些有利条件和不利因素,值得做深入的研究。

3. 学习者多语背景

处于多语环境中的非洲人,在学习汉语过程中,会遇到一些与处于单一语言环境中学习汉语的人所面临的不同的问题。

4. 学习者多元文化背景

非洲汉语学习者的多元文化背景对于学习者接受中华文化有何利弊,需

* 重庆师范大学历史与社会学院

要进行系统深入的研究。

二、汉语推广在非洲的现状

中非有着 2000 多年的友好交往史,明代庞大的郑和船队给非洲人民带去的是和平与友谊。坦赞铁路就是中非友谊的一座丰碑。中国历任领导在制定与实施对非洲发展策略中,均对文化因素给予了重视。孔子学院为中非教育文化交流与合作提供了一个平台。2004 年 12 月 19 日,在肯尼亚,中国驻肯尼亚大使与肯尼亚教育部副部长参加孔子学院揭牌仪式。这是非洲的第一家孔子学院,由此中国的孔子学院正式敲开了非洲的大门。截至目前 全球设立 500 余所孔子学院,非洲的孔子学院仅占孔子学院总数不到 10%,有着巨大的发展潜力。

在非洲,越来越多的领域需要汉语,学习汉语的人群也发生了很大变化,从最初的服务行业迅速扩展到很多行业,从简单的服务功能会话发展到比较全面的交流。随着汉语人才需求量的增加和层次的提高,汉语教师和政府官员需要与之相适应的汉语教育。需求改变了汉语学习者的要求。面对不断涌现的汉语人才需求,"汉语教育"专业的基础性定位就显得十分重要。我们认为,非洲孔子学院是服务于当地经济社会发展的,更是服务于当地人才需求变化的。满足当地汉语学习者的根本需求,是定位"中文教育"大学本科和硕士研究生培养专业设置的根本出发点。汉语学习者的根本需求,是"以汉语为职业工具,通晓汉语言文化知识,具有一定运用汉语作为职业工具去开展工作的技能,以从事与中国相关的诸如教师、公务员、企业员工和服务人员等工作为目标"。"中文教育"专业的设置就应当为此做出应有的贡献。只有这样,才能把握专业发展的后劲,才能受到当地汉语学习者的欢迎,才能得到长期稳定的生源。

目前汉语推广在非洲面临的核心问题是专业建设,这是孔子学院教育长期发展的重要一环。专业建设一定要与当地国民教育体系捆绑起来才能得到认可和规范发展。中文教育专业只有进入了当地高等教育学科体系,走上正规的专业学科教育平台,接受所在国高等教育评估体系的监督,才能引起双方的足够重视,才能得到正规化规划和管理,才能得到持久的培育和可持续的发展。准确地把握需求的动态变化情况,指导专业培养目标的制定十分必要。非洲的汉语人才需求,最初是从服务行业开始的,如空港服务员、饭店服务员、导游员等。这些行业人员在最初接触到中国游客时,需要用汉语进行简单的语言交流。这些行业对汉语人才的需求增长速度很快。

三、汉语教学课程类型在非洲的现状

1. 学分课程

如喀麦隆雅温得第二大学、马达加斯加塔那那利佛大学、津巴布韦大学和利比里亚大学,汉语专业学位教育 肯尼亚内罗毕大学、肯雅塔大学等 10 所孔子学院,汉语课程被纳入所在学校学分教育体系(二外或三外),马里阿斯基亚中学和南非开普数学科技学院孔子课堂,被纳入中学学生的选修学分课程。

2. 成人语言课程

如埃及开罗大学、苏伊士运河大学孔子学院,汉语导游班,肯尼亚内罗毕大学和尼日利亚拉各斯大学孔子学院,世博会汉语班;埃塞俄比亚的斯亚贝巴孔子学院、马达加斯加塔那那利佛大学,汉语实用班(外交部、公安部、海关);内罗毕广播孔子课堂、利比里亚大学和拉各斯大学孔子学院,广播汉语俱乐部以及卢旺达大学教育学院孔子学院面向大学生开设的汉语兴趣班等。

3. 中小学汉语课程

如卢旺达大学教育学院孔子学院为中卢友谊女子职业高中开设的汉语课程,马里阿斯基亚等中学孔子课堂,汉语教学点,学分体系 + 兴趣班。

四、汉语推广在非洲的问题及对策

(一)面临的问题

1. 中非文化交流存在障碍

中非文化差异巨大,反映在政治、宗教、风俗习惯等诸多领域。发现和了

解中非文化的差异(社交礼仪、时间观念、思维习惯等),对教学双方而言都相当重要。对教师来说,需要克服文化优越感和大国意识、文化偏见与文化普遍性意识,加强对非洲多语背景文化特点的认识。部分非洲国家的官员对孔子学院的认识存在误区,认为中国的汉语推广等同于欧洲过去推行的殖民政策。

2. 本土化程度不够

急需加快汉语教学本土化进程,当地的本土汉语师资缺乏,教材适应性差。

急需进行本土化教师培训,编写本土化汉语教材。

3. 汉语热的民间后劲不足

目前非洲汉语教学的主体还具有明显的官方色彩,民间参与不够。孔子学院应加强与国家组织、非政府组织、企业的合作,争取他们以多种形式(联欢、实习、奖学金、夏令营、就业)支持汉语教学。在社区开设兴趣班,进行文化推介活动,加强汉语学习市场的培育。

4. 汉语课程尚未纳入许多外方合作院校学分课体系,如卢旺达大学教育学院孔子学院的学生只能利用夜晚和周末来学习。学生也缺乏足够的学习动机,短期内学到的汉语不能应用于实践,对其进一步学习造成阻碍。对于中国政府奖学金,其他中国高校奖学金以及本地中资企业对汉语的需求,我院的培训短期内无法满足。

5. 非洲国家的多语种并存的现象,也对汉语推广产生不利影响。比如马里的广播电台按 7 种主要语言来分配播音时间,在乌干达,进行农村扫盲工作时,采用 26 种语言,乌干达电台的广播采用 16 种语言。无论就撒哈拉以南的非洲整体而言,还是就每个国家的内部来说,语言的使用情况都十分复杂。

卢旺达的语言相对要少一些,卢旺达的官方语言为卢旺达语、英语和法语,学生除母语卢旺达语外,还要学斯瓦希里语,外语学习负荷也较大,汉语的影响力有待提升,而且所有公立学校增设外语课程都需要教育部通过,这对汉语及中国文化的传播有一定的影响。因此,将汉语课程纳入当地学分体系是当务之急。

6. 师资队伍不稳定对当前及以后的汉语教学也会产生影响。如卢旺达大学教育学院孔子学院教学的主力军是汉办派出的汉语教师志愿者,而志愿者赴任和离任的时间不稳定,很多课程的衔接不能得到很好的连贯。有些课程是根据志愿者的特长开设,如果继任志愿者不具备前任的特长,课程就得取消。倘若,汉语纳入了当地的学分体系,则必须按照本地校历进行,这对师资队伍的稳定有很高要求。

(二)突破非洲汉语推广的瓶颈的对策

汉语在非洲的推广是迎合时代语言应用人才的需要而开展的,教学模式的建立也是为应用型人才的快速成才服务的。在孔子学院开设的课程教学中,"沉浸式"和"任务式"的教学模式有利于学生语言技能的快速提高。所谓"沉浸式"教学,是通过教师设计的应用操练框架,让学生"居"其中、"思"其中、"做"其中的教学方式。学生的个性在发展过程中得到保护,原有汉语技能在发展过程中得以升华。所谓"任务式"教学,是倡导"做中学"的训练模式。学生按照教师布置的语言教学任务,在实践中用汉语去完成,保留了学生的语言技能原型,丰富了语言交际经验,学习了语言使用方法,领悟了语言在实际应用中的实际价值。

马达加斯加塔那那利佛大学孔子学院以"突出本土教师教育特色"为定位,通过"加强实践性"的教学,突出实践环节,创建汉语教育本科专业,为合格本土汉语教师的培养营造良好环境。围绕这一特色定位,"汉语教育"专业大学本科课程和硕士研究生课程为当地本土汉语教师的培养,提供了学历教育,实实在在地帮助所在国家解决汉语教学的突出问题。"突出本土教师教育特色"的学科定位和"突出实践性教学"的教学定位,切合了当地特点,学生源源不断,毕业生供不应求。

非洲地区的孔子学院一方面应立足于所在学校,同时还有义务面向社区和全社会提供优质的汉语教学服务。这种服务将促进所在学校对社区和社会的贡献。特别是为所在社区和社会已有的汉语人才提供进修服务,这将有助于提高本土汉语人才从事汉语教学的积极性。如,内罗毕大学孔子学院、卢旺达大学教育学院孔子学院和利比里亚大学孔子学院所创建立的为当地留华人员服务的"汉语俱乐部",为本土汉语人才提供了继续学习服务,在当地颇受欢迎。汉语俱乐部也为优秀学生的发掘和再培养扩宽了领域,为促进本土汉语人才的成长创造了良好的环境。

针对非洲国家多语种并存的现状,卢旺达大学教育学院孔子学院将努力抓住机遇,将汉语与英语、法语以及斯瓦希里语等外语课程捆绑在一起,作为卢旺达大学教育学院外语系的方向之一。

中小学生是未来的希望,卢旺达大学教育学院孔子学院将在已有的基础上积极拓展中小学教学点。中小学汉语课程的引进将会培养未来潜在的生源,为以后大学的汉语教育打下基础。

汉语教育在非洲应加强与职业教育的结合,针对目前卢旺达中资企业对汉语人才的需求,卢旺达大学教育学院孔子学院计划与中资企业签署合作协议,为中资企业定向培养一批人才。鉴于本地学生的学习动机和学习诉求,将汉语和职业教育结合起来将会打开一个新的局面。

国家汉办主任许琳说:非洲将是孔子学院最有可持续发展潜力的地区。随着中非交往的不断加深,近期内非洲国家旅游业、饭店服务业、机场航空业及能源产业等对汉语人才的需求会不断上升,要求学习汉语的人会越来越多。非洲的汉语推广将很快会实现跨越式发展。

如何使孔子学院逐步融入大学学术共同体

一、问题的提出

我们上海外国语大学的孔子学院在那不勒斯东方大学已经存在十年之久。然而,遗憾的是,在这十年期间,我们的孔子学院未能充分利用机会,开展高质量的学术活动,认真充实孔子学院本身的教学和学术实力,从而令其存在能够真正进入它所在大学的学术共同体成员的视野。时间一久,所在大学的学术共同体的成员们似乎形成了这么一种或隐或显的看法:孔子学院的定位充其量就是一所汉语培训机构,辅以大众性文化活动,力图在当地(主要在来到孔子学院学习过的学生当中)产生一定的社会影响。但是由于孔子学院人员长期不大参加或者极少主动参加所在大学的学术活动,孔子学院似乎已经老早游离于大学的学术共同体之外了。这似乎是孔子学院当下面临的一个普遍问题。

面对这种现状,孔子学院该当如何让自己逐步融入到所在大学的学术共同体内,成为被其接纳的一员,从而提升孔子学院的办学品质呢?

---

[*] 上海外国语大学教授,博导,现任意大利那不勒斯东方大学孔子学院院长。

二、我们的思考

我们的回答是：一定要让我们的孔子学院融入进它所在大学的学术共同体内。一旦融入，孔子学院获得的益处将是持久深远的。这对于在不久的将来改善孔子学院的办学质量，提升孔子学院的形象和品质，积极发挥解释中国文化和各种意识形态的理念有百利而无一害。

仅以那不勒斯东方大学与上海外国语大学合办的孔子学院为例。那不勒斯东方大学是欧洲汉学研究的重镇之一，它历史悠久，具备相当雄厚的汉学师资力量。具体地说，他们在明清文学、中国戏剧、汉语语言学教学、中国历史，尤其是南海海洋史、社会学和人类学等方面皆有非同寻常的研究实力。如果我们孔子学院在这方面能够争取到他们的支持，利用他们现有的智力资源，无疑，这对于加强东方大学的本土资源与中国高校以及相关研究机构的深度合作和交流大有裨益。此外，双方如果有了实质性合作，这对于孔子学院能够获得顶层（大学校长）、中层（学院老师）和基层（学生）发自内心的关照和支持至关重要。我个人的经验和体会是，孔子学院只有做了促进大学学术共同体发展的事，孔子学院才能摆脱仅仅因为给所在大学提供了一定数量的财力支持而获得当地大学的认同这个窘境；相反，如果孔子学院因为自身拥有不可替代的价值和学术品格，它才会获得真正的认同。

三、初步的尝试

为了逐步融入大学的学术共同体，我们采取了以下一些具体做法：

1. 主动联系中国学或者汉学研究学者

比如这里的明清小说研究专家 Giovanni Vietinno，是东方大学从美国夏威夷大学聘请到东方大学工作的专家。因为我们都说英语，而且我对有关他的研究课题有所了解，所以沟通和联系格外顺畅。他曾在中国学习过几年，所以对于中国怀有一定的感情。他对于我们孔子学院的事务也有些兴趣。再如社会学教授 Paula Paderni 教授，早年曾在意大利驻中国大使馆任新闻参赞达八年之久。再比如毕肖特教授,她从事中国现当代戏剧研究,每年都把一部中国戏剧改写成意大利文的版本,并且让中文系学生来表演改编的戏剧。今年上演的是莫言的《蛙》。每次演出,他们都会隆重地邀请中文系教师和其他汉学家来观看,也邀请我们孔子学院老师和志愿者去参加。此外,我们孔子学院隶属东方大学语言中心,该中心主任从事应用语言学研究,每次召开国际学术会议,都邀请我们做大会发言。交流多了,看到我们认真准备,研究成果的呈现非常专业,他们的感觉和看法也有了改变。他们指导的硕士生和博士生也经常和我们一起讨论切磋学术话题,并且积极参加我们的各类活动。

2. 邀请汉学家轮流主持孔子俱乐部论坛

我们孔子学院下属的孔子俱乐部设有两个论坛,一个是"当代中国高级论坛",该论坛主要是讨论中国当下存在的问题,通过论坛,澄清西方人的一些错误看法,纠正固见或者正在形成的偏见;另一个论坛名为是"汉学研究系列工作坊",旨在活跃中国学研究气氛,让各类研究中国的学者有机会交流自己的研究成果。我们把论坛交给东方大学的汉学家主持,由他们邀请意大利、欧洲或者世界上在研究中国某个领域颇有建树的学者来讲学,拓宽孔子学院和东方大学学生的视野。这样一来,东方大学的汉学家们开始对我们孔子学院的学术活动或日常从事的教学项目有了兴趣,觉得我们非常尊重他们这些汉学前辈。他们曾经在二十世纪60和70年代最早留学中国,对中国的过去和现在有切身的感受。所以他们的选题有时候很有针对性,容易激发思想和文化的交流。我们孔子学院的老师毕竟是中国现实变化的亲历者,在现场可以解释听众的提问,甚至纠正错误的带有东方主义色彩的看法或偏见。他们也觉得,因为有了孔子学院老师的介入,他们的活动办得既有层次,又有实在的思想交流,论坛的目的达到了。

3. 积极推进所在大学与国内大学或对口研究院所的交流

为了促进他们跟国内大学或者对口研究院所的联系和交流,我们孔子学院利用自己的人脉,与国内多所大学联系,为东方大学校长带领的一行几人学术团队到这些大学访问做了大量工作。这样的举措,必然会给孔子学院中外方的合作带来无穷收益。东方大学高层和中层会都觉得,我们的孔子学院的确是在实实在在地为大学利益服务,因此也千方百计地帮助孔子学院。比如我们的办公硬件得到了极大的改善,我们的很多活动开展也因此得到了大学相关部门的支持和帮助。

4. 主动参加大学举办的相关教研活动

他们举办的很多教学研讨会,我们孔子学院的老师常常会去,尤其是中文系学生表演的与汉语或者中国文化有关的活动。参加频率多了,彼此就自然熟悉了。现在,他们有事都会到孔子学院办公室找我商量,针对他们的问题我会提问,对谈话做笔记,表示认真重视。如果他们举办需要汉办资助的一些活动,他们会把与活动有关的海报和报纸宣传和活动报道拿到办公室,展示给我们看,说明他们是如何精心策划和准备的,以及达到的目的和取得的社会影响。我们需要这些资料,作为活动证据的资料保存。这样做是为他们日后申请汉办资助做铺垫。同样的,我们举办各类讲座,都邀请他们参加,甚至主持,有时候一起共餐交流。日子久了,人往深处熟悉,以后办事有疑难问题,就可以与他们讨论,寻求他们帮助或支持就容易了。

5. 邀请大学共同体成员参加孔子学院举办的活动

我们举办活动的时候,常有很多师生参加。在必要的时候,我们还会请学术共同体的成员亲自出面,发挥他们特有的、我们无法替代的作用。例如,2016 年 5 月 9 日和 10 日,由我们孔子学院牵头协办的 2016 年上海欧洲教育展览会在那不勒斯圣卡罗剧场举行。到场的除了中方人员之外,有很多意大利的教育科技人员,还有当地八所大学的校长,以及一些中学的校长。展览会上,可谓人头攒动,人流如潮,家长老师和学生把整个展览摊位包围了。上海市教委国际交流处长说,这是八年来在欧洲办展览见到参展人数最多的一次。其实,这么多人的参与,与大学学术共同体成员发挥了重要的动员力量是分不开的。他们利用已经毕业的分散在全国的学生,让他们动员家长和学生参加。一层一层地动员和介绍,使得更多的人知道了中国上海的高等教育和中学教育。特别值得一提的是,由于高层(大学校长)对于这次展览高度重视,才有了中层和基层等给予的方方面面的支持和配合。

6. 为中文系的汉语教学提供互补性的教学服务

我们孔子学院开设的《初级视听说》《中级视听说》《高级视听说》《商务汉语》课程,还有将要开设的《高级报刊选读课程》《汉语写作课程》等在一定程度上大大地弥补了东方大学中文系开设课程的不足,尤其是中文系学生在汉语实践能力方面的缺陷。因为该系有600多学生,因为大学经费和教学场地问题,学生常常是大班上课,导致学生汉语能力严重不足。我们孔子学院对症下药,在课程设计方面,稳打稳扎,既有扎实的品牌课程,也有针对性的新课程。这多少吸引了中文系老师的注意力,觉得孔子学院有存在的必要性,在申请奖学金方面(今年达到了47人左右),为东方大学学生提供了出国留学的通道。在 HSK 和 HSKK 考试方面,我们孔院也提供了很好的服务,报名人数翻了几番。遇到东方大学学生前来寻求帮助,我带头为他们耐心细致地处理问题,树立服务意识,让他们在细节服务方面回去口口相传我们的敬业精神。就这样,我们既发挥了孔院在汉语教学方面的优势,又为本地大学提供了极好的服务。我们彼此信任,对对方都有发自内心的真实关切。目前,我们互相支持,争取到了一个精诚合作、友好配合、坦诚互信的难得的工作氛围。这种实质性的深入的尊重和信任都是靠自己的实力辛苦挣得的。

7. 利用有关学位项目,获得更多学术共同体成员的支持。

我们那不勒斯东方大学孔子学院拥有意大利所有孔子学院中唯一的获得意大利教育部认证的培养意大利本土汉语教师的硕士项目。为了提供最优课程教学,我们这个硕士项目负责人从意大利不少大学聘请专家前来授课。这本身就是一个群英荟萃的机会。利用这样的机会,我们孔子学院的教师与他们交流切磋汉语教学问题,这在一定程度上显示出我们孔子学院的专业性和职业性,显然,这对提升我们孔子学院形象和品质非常有益。

四、反思

我们认为,要提升孔子学院在下一个十年的办学质量,第一步就是要对孔子学院以前所从事的活动和实践进行总结、分析、反思,并提出相关合理的可行措施,换言之,所有的措施必须是建立在直面现实的理性分析基础之上。既然孔子学院是在大学里头办学,而不是在社会上租个房子或者租个办公楼搞校外培训,那么,我们就得严肃思考孔子学院的形象、品牌和价值的归宿究竟何在,而不是一任前十年的办学惯性办学。我想,孔子学院的真正进步可能要从严肃反思这里开始。从这一步出发,然后去寻找解决现有问题的途径或者方法。这一步迈出来很艰难,因为孔子学院有些领导和老师会觉得,何必那么辛苦,照以往的办法不就行了嘛。我们是来上汉语课的,活动多了必然会耗费更多的时间和精力。孔子学院的内部动员和取得共识这一步也是必须要走的。第三步就是,要赢得他者的尊重,必须靠孔子学院自身的文化和学术实力以及为大学、大学所在的社区做出的贡献,而这需要付出艰苦的代价。

以上我们总结了我们如何让我们的孔子学院融入到大学学术共同体的一些具体做法,其目的就是获得大学学术共同体的认同,为孔子学院在大学内持久地、深远地发展创造良好的环境和机会。我们的尝试还是初步的,有很多地方还需要精雕细刻。需要指出的是,我们的尝试是在认真反思的基础之上开始的。也就是说,我们是自觉地、不断地对孔子学院的行为进行严肃反思,而后才自觉地开始实践的。不断的多方位的反思极其重要。最后,我把康德"没有直观的理性是空洞的;脱离理性的直观是盲目的"的话修改一下结束此文,那就是,在孔子学院办学方面,必须直面严峻现实,因为"脱离实践的思考是空洞的,没有思考的实践是盲目的"。

依托孔子学院建立中国书法艺术
海外传播长效机制

朱玉山*

一、引言

作为中华传统文化艺术形式,中国书法在现代社会已经超越了书写的概念,成为一门跨学科性的艺术。随着汉语和中国文化在海外的推广和传播,书法艺术的海外传播速度、广度和深度也在不断增加,很多外国人把练习书法当作是学习汉字书写、体验中国文化的有效途径之一。但是目前的中国书法艺术海外传播还存在诸如传播区域不平衡和传播机制不完善等问题,导致书法在海外传播的速度和普及性都受到限制。在这种背景下,有必要依托一个稳定的文化传播平台来进行书法艺术海外传播。

目前,孔子学院总部已在全球五大洲 130 多个国家(地区)建立了 506 所孔子学院(以下简称"孔院")和 1007 个孔子课堂。作为中外文化交流的平台,除了分布区域广以外,孔院还有独特的书法传播优势:孔院一般都是和本地学术机构合作,可以提供很好的学术环境;孔院可以得到总部提供的包括专家在内的多种支持;孔院学生是稳定的书法传播受众群体;孔院有专职汉语教师和

---

* 上海外国语大学出国培训部及海外合作学院。

志愿者队伍,他们不仅可以教授汉语和推广中国文化,还可以积极从事与书法教学相关的研究,进一步推动书法海外传播的理论建设。因此,建立以孔院为平台的书法艺术海外传播长效机制,既符合中国文化走出去的国家战略,又能满足海外各层次民众和书法爱好者欣赏中国书法艺术的需求。

二、中国书法艺术海外传播的现状

当前,中国书法艺术在海外的传播呈现区域性的不平衡状态,例如在亚洲以及有些欧美发达国家的传播起步早、活动多,而非洲和拉美相对较晚,活动也相对少。一般来说,中国书法海外传播的渠道和形式主要有以下几种:文化和旅游部或侨办等国家相关部门组织的一些中国书法海外推广活动;国内外文化机构组织的中国书法家讲座或书法作品海外展;海外中国书法家或书法爱好者协会组织的相关活动;国外少数大学的中国书法学分课以及孔院和孔子课堂的书法体验课及相关活动等。

书法传播的渠道不同,其传播对象和目标人群也不同。国家文化部门或文化机构组织的中国书法讲座或书法展主要是面向华人华侨,由于受场地、时间、财力或物力等限制,活动时间一般较短,缺乏后续性和长效性。虽然世界五大洲的很多国家都有书法家协会,但其成员也主要是华人华侨,其活动主要也是联系国内外书法相关机构,举办一些书画展,宣传对象主要是华人华侨和当地高层人士。国外大学或孔院开设的书法课、书法讲座或举办的展览,主要是面向大学生、孔子学院学生及当地民众。

在孔院,中国书法课多数是文化体验课,极少数是常规课程。书法教师多数都没有书法专业背景,上课一般是根据需要自编教学材料,没有系统的书法教材。在课堂研究方面,有些孔院教师对书法的海外课堂教学方法进行过一些探讨,例如提出书法教学要融合中华文化元素,教学中应使用多媒体手段等。除了书法课外,孔院还会根据总部的安排,适当邀请国内书法家举行书法讲座,偶尔也会举办书法作品展。

从以上现状可以看出,要想让中国书法艺术走近各国民众,必须依托孔子学院这样一个稳定的文化交流平台,利用孔子学院的传播体系和学术环境,建立一种面向海外大众的、长效传播机制和科学传播体系,开展必要的书法教学和传播实践研究,使书法传播更适应当地的文化艺术环境,使更多的外国民众了解、接受、进而喜欢甚至是研究中国书法,让中华书法艺术的传播向纵深发展。

三、以孔院为平台的中国书法艺术海外传播机制

建立以孔院为平台的书法海外传播机制,需要实现书法讲座、书法培训和书法作品展三者的有机结合,通过专家讲、教师教、学生练和作品展等方式,实现书法海外传播的点、线、面全覆盖。这样既能让书法艺术传播到当地各层次的目标人群中去,又能稳定发展当地的书法爱好者群体,发掘和培养优秀的本土书法人才,使书法艺术不仅能"传"出去,而且能在当地"播"下种子,生根开花。

所谓"点",就是指通过国内外的书法专家讲座的形式,向海外民众宣传中国书法文化的艺术魅力和哲学意义。专家讲座还可以与当地民众分享中国书法与当地艺术形式的相通之处,来引导当地民众产生对书法文化艺术欣赏和本土艺术欣赏的共鸣,起到书法艺术文化传播的引领作用。

如果讲座为"点",那么孔院定期开办的书法课就是"线"。它贯穿于书法艺术传播的全过程。在专家团队的建议指导下,孔院教师可以通过书法课对书法爱好者进行系统的指导,还可以在教学中开展课堂教学研究,观察和研究本地学生的书法学习特点,分析他们在书法艺术学习和欣赏中的优势和劣势,为专家们研究书法传播理论提供实证资料,丰富书法艺术海外传播的理论研究。

书法传播中的"面"是指书法作品展览,包括中国书法家和本土优秀学员的作品展。书法作品展览,尤其是本土书法作品展览,可以向人们展示中国书法如何通过线条来表现人类美好的情感和智慧。它既是民族的,也是世界的。通过作品展览,还可以实现中国书法家和本土书法人才的互动与交流,更好地

促进书法艺术的进步,实现中外书法艺术的交流与互动。

四、实施书法海外传播长效机制的条件与保障

为了确保依托孔子学院为平台的书法传播长效机制能够顺利实施,需要做好以下工作:

首先是孔院要依靠总部建立稳定的书法传播专家团队,定期在孔院举办书法讲座或培训,为孔院的书法教学提供指导和建议。如前所述,书法在世界范围内的传播还存在不平衡,这就需要有专家对不同地区或不同国家的书法传播情况做出分析和比较,提出适合传播对象国或对象区域的传播方式和方法。专家团队最好是由中国和孔院驻在国的书法家及书法研究人员组成,只有这样的团队设计出来的活动或提出的建议才会更有针对性,更适合书法艺术在当地的传播与交流。

其次是孔院要在内部创造有利的书法传播环境。孔院可以结合汉语教学,将书法体验课变成常规的书法课,从时间上保证学员练习书法的时间。在师资培养上,针对目前书法专业人员缺乏的现状,孔院可以利用总部岗前培训和孔院岗中培训的机会,从书法教学的理念、方法和课堂研究范式上对即将赴任和在岗的书法教师进行培训,培养他们因材施教和开展课堂研究的能力,使他们能够科学地观察和总结当地人的书法学习特点,探索更有效的教学方法。另外,孔院还可以成立书法协会,把历届学习书法的学生组织起来,为他们提供书法交流的平台和各种学习机会,培养书法传播的"火种",并从中孵化出优秀的本土书法人才,树立书法传播本地化的标杆。

最后是要有本土化的书法教材作为引导。与中国书法学习者相比,海外书法学习者有着不同的语言文化背景、思维方式和审美角度,在书法学习理应使用本土化的教材。孔院可以依靠总部的教材编写资源,组织相关专家和外语人才组成教材研发和编写队伍,依靠专家的研究成果和教师的课堂研究资料,开发适合区域或国别的立体化本土教材系列,引导书法教学朝着系统化的方向发展。立体化教材系列应该包括教材、教参、名家教学影像和学习用品

(如练习贴、毛笔等材料)等。有了这样的立体化教材,教师就可以按照教材的编排进行授课,保证教学体系的连续性。学生也可以在课余时间跟着教学影像里的名师自学,将书法练习延伸到课外。

五、结语

中国书法艺术的海外传播任重道远。孔院作为中外文化交流的平台,在书法艺术传播方面具有其独特的传播优势,建立依托孔院平台的书法传播机制,中国书法家、海外华人华侨书法家以及海外书法爱好者就有了长期的传播交流渠道和互相学习交流的平台,来华留学生归国后也有了继续研修书法的机构。孔子学院也可以利用中外书法专家团队的智力支持,提高自身的书法教学质量和在当地的影响力,从而吸引到更多的本土书法学习者和书法爱好者,培养稳定的书法传播对象群体,发现和培养优秀的书法人才,让他们来讲好中国书法故事。在这样的传播机制下,孔院不仅是书法传播交流平台,而且还是培养本地书法人才的摇篮,从而可以更好地发挥其作为中外文化交流平台的作用。

全球化视域下高校中华文化海外传播路径研究

周晨曦*　　钱俊妮**

一、使命担当：高校在中华文化海外传播中的作用

国家文化是一个国家在全球舞台上具有竞争优势的重要因素。随着中国综合国力和国际地位的提升，中国日益走向世界舞台中央。在中国与世界更为紧密的互动中，增强国家文化软实力、提升中华文化国际影响力的要求更加紧迫。向世界讲清楚中国文化的特色和价值，努力消除中外误解、增强文化互动、增进相互理解，已经成为加强国家文化软实力建设、实施文化强国战略的重要内容。

高校作为文化传承的重要载体和思想文化创新的重要源泉，在"双一流"建设的大背景下，更具备让世界了解中国高等教育、扩大中华文化影响力的使命与责任。增强高校海外传播力是国家加强海外传播能力建设的必然要求，也是高校实施国际化发展战略的必然要求。

高等院校是社会主义核心价值体系建设的重要依托，是推动先进文化不断发展的动力之源，是向海外宣传中国先进文化的重要力量。与政府部门、新闻媒体、出版机构等单位相比，高校在理论创新、机制体制改革及人才培养等

*　华东政法大学。
**　上海外国语大学。

方面有着自身独特的优势。

在诸多对外文化传播实践中发现,以政府为主导的外宣由于被打上政治烙印而容易受到国际社会的刻意忽略或排斥。而当高校作为传播主体,师生海外访学、国际学术会议的组织与参与、智库成果的发表、外语网站的建立等方式,可以较为平稳有效地在中外人文交流过程中扩大中华文化海外传播的辐射力和影响力。

此外,扩大中华文化海外传播力,亟需一批具有国际水准和影响力的专业人才。在人才汇聚与培养方面,以立德树人为根本任务的高等院校更具有得天独厚的优势,可以为文化海外传播培育多层次优质人才。

高校具有丰富学术资源助力构建国际话语体系。提升海外传播力首先需要建立起一个具有中国特色、中国风格、中国气派的哲学社会科学话语体系。而在国际话语体系构建方面,高校由于其学科与学术资源优势,可以运用丰富的研究手段和研究方法,聚焦学术前沿,服务国家和社会发展需要,积极回应国家重大理论与现实问题。

因此,在中华文化海外传播中肩负着重要责任和使命的高等院校,应当通过积极、有效的海外传播,大力弘扬中国先进文化,在提升海外知名度和美誉度、高校办学软实力和核心竞争力的同时,更加强中华文化在世界其他国家的传播。

二、现实困境:当前高校在中华文化海外传播中面临的问题

在近现代西方国家主导的政治、经济、文化格局中,东西方文化交流长期被"西强我弱"的局势所主导,再加上缺乏具有全球影响力的国际媒体,中国文化在文化传播中一直存在较大难度。

随着"一带一路"和"互联网+"等国家重大战略的实施,中国传统优秀文化"走出去"越发受到关注,同时也面临越来越大的挑战:国人自身对中华优秀文化内涵认识存在偏差,深度介绍中国历史、正面展现中国现状的产品匮乏,过急地追求效果、过浓的宣传色彩反而招致疑虑和反感等。在高校层面,师生认同、体制机制以及人才培养等问题也日益凸显。

（一）师生对中华优秀传统文化认同亟待加强

在一项笔者进行的上海大学生对中华优秀传统文化的认同情况调研中，来自不同高校的近700名教师与学生受访者的问卷和访谈显示，当前高校师生对中华文化的基本价值（对中华民族的社会规范、文化价值观念的接纳程度）和重要程度普遍表示认同，然而对富有推广价值的中国文化符号的认识较为分散，"非常了解"的比例仅占3.51%，而"不太了解"的比例达到30.72%。对符号代表的中华文化的了解多停留于"一知半解"的程度；此外，高校师生在当前外来文化广泛的冲击下有一定的"文化失语"现象，83.2%的受访者认为自己能用外语表述本民族文化的能力处于"中等或较差的程度"，文化身份（被研究对象对于传统文化的态度、评价、归属倾向、自我认同和情感依附）较为模糊，文化自觉与自信亟待加强。

调研中，45%的受访大学生表示，自己以往的传统文化知识主要来源于学校教育，而此处的学校教育主要是指高中阶段的历史与语文课文知识。升入大学以后，由于课业重点的变化，需要投入更多的精力关注专业知识及社会技能的习得，对于中华传统文化，则有一种"原本熟悉所以不需要多花时间"的错觉，不再注重传统文化的深入了解与领悟。

（二）高校缺乏对于中华文化培育及传播的长效机制

调研显示，多达69%的受访者认为，老师在课堂上对于传统文化的重视程度"一般，很少提及"。虽然高校开设的通识教育选修课包含一些与传统文化相关的课程，但是此类课程比例较低，无法保障学生选修，作为文化教育的主阵地和主渠道，"课堂教学"这一块面的缺失，无法激励学生持久地对外来文化和传统文化保持同等的兴趣，使得学生对传统文化的习得成为一种可有可无的选择。

作为教育的直接实施者，教师往往对学生起到直接的示范作用，他们对于传统文化重视以及了解程度也直接影响学生的兴趣。在调研所及的上海高校中，评价体系中对于教师传统文化素养均无强制标准。大部分教师囿于其本身研究的专业领域,学校亦没有开设专门的传统文化师资培训,如果不是文化自觉或兴趣,很少会同时兼具专业造诣以及深厚的传统文化知识。

同时,校园的传统文化氛围不足也是导致学生兴趣的薄弱的原因。调研中,有92.6%的师生表示"在学校接触到的与传统文化相关的活动一般或较少"。虽然校园文化活动繁多,其中必然包含一些与传统文化相关的参观教育、展览活动,但是由于缺少整体规划、活动同质性高、部分活动流于形式等问题,很难让在校师生感受到传统文化氛围的熏陶。

以上原因也许可以解释为何中华文化的认同和培育在高校遇到瓶颈,然而对于助力中华文化"走出去"的方式方法,高校目前也还缺乏足够的经验和系统规划。许多高校对于海外传播缺少必要的、应有的重视,对其意义、地位、功能、作用等认识尚不清晰。

注重对内传播、对上传播,忽视、轻视海外传播,是当前高校普遍存在的问题。在许多学校,海外传播没有被列入议事日程和传播机构的工作内容。现行评价体系缺乏海外传播的相关指标。语言的障碍、文化的差异、人员的短缺等,进一步加剧了这种趋势的发展。此外,海外传播职责不明的情况,在一些高校也较为突出。大多数高校没有明确或设立专门的海外传播机构和部门。缺少长期规划和日常执行,遇到临时性的海外传播任务时,部门之间互相推诿,既缺少"牵头者",也缺少"实施者"。在有的高校,相关部门各自为战,缺少交流沟通协调统筹机制,导致海外传播任务难以落实、落细、落小。

(三)海外传播专业人才不足

专业的传播人才和队伍是高校中华文化在海外传播顺利实施的重要保证。从目前情况来看,高校海外传播人才和队伍建设相应滞后。高校海外传播对人才素质有特定的要求,既懂传播、又懂外语的人才相当匮乏,严重存在海外传播人才不够用、不适用、不重用的现象。长期工作和生活在海外的华人、校友,是高校海外传播的重要依靠力量,但他们的地域优势、语言优势等没有受到重视。海外传播人员匮乏、队伍建设薄弱,使得高校海外传播很难打开局面。

（四）传播渠道影响力有待加强

从人际传播、组织传播和大众传播这三种传播方式来看，目前高校文化对外传播的各个渠道作用有待加强。

人际传播数量众多，但成效并不显著。每年派出大量留学生、交换生，很多教师赴海外深造交流或参加国际会议，接收很多来华留学生和外籍教师。但这些人群在海外传播中的作用和优势并没有得到应有的发挥。

组织传播所能形成的海外传播效应尚不明显，组织传播尚未形成规模效益，一些高校缺少与国际名校间的交流沟通渠道和定期交流沟通机制，大部分传播活动借助临时性而非持续有计划的活动展开。

高校所能采取的大众传播渠道不多。难以借力社会媒体向海外传播，大部分自办的纸质媒体、网络媒体等难以与国际接轨、渠道不够通畅。出于网络安全考虑的有关规定，一定程度上使利用网络进行海外传播具有较大难度。除此之外，媒体的语言种类较少也是海外传播渠道不足的主要问题之一。

三、路径研究：高校如何加强传统文化海外传播

随着全球化和电子传播时代的到来，高校对中华文化的海外传播，既迎来了新的机遇，也面临着新的挑战。高校要高度重视海外传播，可以选择适宜的路径，积极采取更有效的措施，在中华文化的海外传播过程中扮演更为积极的角色。

（一）加强顶层规划：培育传统文化认同及传播的长效机制

充分的战略重视是高校顺利实施文化海外传播的必要保障和先决条件。高校应明确海外传播的重点任务和阶段目标，为传播过程提供必要的物力、财力和制度保障。比如，可以设立高校海外传播专项资金，落实对外网站建设、中英双语宣传片制作等专项经费。建立高校海外传播的长效机制，切实创造条件将海外传播纳入制度化、规范化、科学化、长效化的轨道。加强高校海外传播前沿热点问题的研究，为增强高校海外传播力提供理论依据和科学支撑。

作为高等教育的决策者、管理者和教育实施者，高校应重视中华优秀传统文化在高校教育中的重要地位。为培育长效机制，建议还可从加入教学计划保障、扶持教师培养、开发校本课程等三方面着手。

1. 加入教学计划保障

对于大学生来说，中华传统文化不应该是可有可无的课外消遣，数次的文化体验或偶尔的课堂讨论不能激发学生长久的文化自觉意识，如果能够将传统文化教育与语言课程一样，加入教学计划保障，相信会对培育传统文化从根本上起到长效作用。

以上外英语学院为例，在推行"人文化"教学改革的过程中，以"中国文化英文课程暑期项目"和"中国文化英文系列讲座"为先导，为学校打造和完善高品质的中国文化英文课程体系奠定了基础，并将此有机纳入英语专业本科生教育，为培养中国文化国际传播和跨文化交际的高素质人才拓展了路径。

以华东政法大学为例，国际文化交流学院为培养留学生对中华传统文化的兴趣和基本认知，每年都会组织部分留学生赴汉学馆聆听国学讲座，开启一段文化体验之旅，感受中华传统文化的魅力和博大精深。另外，国际文化交流学院还定期为汉语语言留学生组织"古诗词欣赏"语伴活动，通过构建留学生和中国学生之间的文化交流平台，增进留学生对中国传统文化的认知，使留学生能够领略中国文化的魅力所在。来自俄罗斯、哈萨克斯坦、塔吉克斯坦、日本、韩国等国家的留学生和中国学生共同参与活动。

2. 重视中华文化海外传播专业队伍培养

高校紧应该从战略的高度，认识海外传播人才队伍建设的重要性。尽快构建具有国际视野、中国情怀的专家队伍，还需要具有一大批具有扎实的学科基础，并熟谙国际文化传播的基本规律的实践人才。高校作为人才培育的摇篮，一方面，需要解决对外文化传播领域的人才短缺问题，满足国家对外文化传播界的需要，一方面，需要师生在实践中加强海外传播能力，才能实现中国文化走出去的宏伟战略目标。

要设立海外传播机构，配备专兼职人员队伍。采取有效措施，大力培养既了解高校情况，又熟悉海外受众、精通外语与传播的复合型、专门化的海外传播人才。既要加快培养进程,又要留住优秀的海外传播人才。建立培养、选拔、管理和激励机制,营造有利于高素质海外传播人才成长的优良环境。广泛吸收和广泛动员高校师生、海外校友等积极参与海外传播,成为高校的形象大使,共同努力承担海外传播重任。

具体而言,高校可以通过探索中国文化走出去国际化高端文化人才培养新模式,尤其加强国家战略急需非通用语种人才培养力度;或是采取"走出去""请进来"相结合的原则,对国外政府高级官员、国家对外文化传播人员、外向型企业高级管理者进行中国国情及世界多元文化专题培训。

在校内,要将传统文化教育落到实处,需要有一支既有专业造诣,又具有深厚传统文化素养的专业教师队伍。如果能够建立起长效的培养、扶持机制,建立起一支有力的师资队伍并非难事,也必然有效地推动传统文化教育的进程。

以上外为例,不乏在国外孔子学院任教或担任过中方院长的优秀教师,在调研访谈中,学生反映这些老师往往更能将中国优秀传统文化教育自然融入专业课程,能够对中国传统文化进行科学地判断和分析,帮助学生充分认识中国传统文化的精华及其缺陷所在。

以华政为例,众多精通国学的教师潜移默化地将中国优秀传统文化融入到专业课堂当中,不仅有助于学生了解,更使得他们深入思考并反思,帮助高校学生修养品行、了解历史、传承文化。

3. 开发优秀校本教材

在师生访谈中,对于教学中缺少一本优秀的"用外语讲述中国传统文化"的教材,成为很多人的共同遗憾。每年语言技能学习教材层出不穷,却少有优秀的传播中华传统文化的外语教材,即便已经开发的类似教材,也参差不齐、或因各种原因无法进入课堂让学生获益,进而长远地影响文化海外传播效果。

当前大学生传统文化教育堪忧,很大的一个问题正是相关教育内容"不成体系",无法让学生接受完整的传统文化熏陶,如果能从政策和措施上鼓励开发此类"校本教材",恰能弥补这一遗憾。

（二）提升文化自信：在文化自觉中批判重构

习总书记在"七一讲话"中指出，文化自信是更基础更广泛更深厚的自信，文化作为人们行为的理念和思想的前提，是国家稳定与和谐的基础，是社会根本制度规范的基础。文化自信首先表现为文化自觉，既一个民族对自身文化之由来、发展历程、内在特色、现实状况、发展趋势的理性把握，对自身文化与其他民族文化之间的理性把握。其次文化自信表现为自觉的文化批判和价值重构，在积极传承中华优秀传统文化同时，能够清楚地看到民族传统文化的不足，通过文化批判为新的价值重构创造条件。

高校应当在多种社会实践中加强文化自信培育的针对性。鼓励、指导学生适度地参与跨文化交往。无论是出国交换学习、参加国际暑期班、海外实习，还是参与本地举办的国际性盛事（如上海世博会、上海国际艺术节等志愿者活动），让学生在跨文化沟通中感受相关能力的不足，能一定程度地激发学生的文化自觉自信意识。上外学生通过"中俄青年圆桌论坛""中拉青年发展论坛"、世界青年联欢节等活动，近两年与40多个国家的1000多名外籍青年展开深入交流。上外学生积极参与世界互联网大会、中欧人文交流机制高级别会议等各类外事活动的志愿服务。在中外人文交流增强对世界的认知，促进世界对中国的认知。

以华政为例，2018年可供学生们选择的暑期班就达到了17个，其中不乏加拿大蒙特利尔大学、美国乔治城大学、英国国王学院等著名大学的暑期项目，学生们通过学习不同文化背景下的法律知识，在跨文化沟通中锻炼自我并输出中国文化，对比民族传统文化，增加文化自觉自信意识。

创新设计校园动态文化活动。学校可以在专题讲座、特色活动积极融入中国文化。活动可以是丰富多彩的中华文化体验活动（比如汉服体验活动、京剧脸谱绘制，成语、古诗词大赛），更可以是双向沟通的用外语诠释中华文化活动（比如上外举办的鲁迅作品多语种朗读会、巴金作品翻译大赛等），还可以如上外德语系党总支一样，在党员和入党积极分子中开展"《中国典籍》读书活动",对《中国典籍》中的经典篇章进行多语种微视频创作。

(三)复调传播:积极构建海外传播大格局

在单一传播主体效果有限的情况下,高校可以构建全方位、多层次、宽领域、立体化的对外传播格局,更好地适应和满足海外受众多元化的选择与需求。

在高校内部,通过提升中国师生的文化传播意识与能力,以及加强对留学生、访学教师以及来华进修的国外政府官员、高级管理者的文化传播,可以多层次多渠道建立起中华文化对外传播的"组合拳"。

鼓励师生自发通过社交软件和自媒体开展人际传播。上外学生创立的Melody C2E,自发将中文流行音乐翻译成英文,传唱广泛,取得了极好的社会效应和海外传播成效。上外学子组成的 China Youth 社团,在面向海外受众使用的知乎类网站 Quora 上设立了"中国问题回答小组",对境外人士感兴趣的涉华问题用英语进行问答。一年多来,累计回答涉及中国的问题(如"南海问题始末""中国政体""中国民众为何反对萨德")超过300条,浏览量超过120万,传播积极的中国青年之声。

重视高校智库在中华文化海外传播方面的重要作用。一流智库具有政策研究和舆论影响的双轮驱动能力,智库完全可以走出象牙塔,积极影响大众舆论。在公共外交实践中,智库被证明在对外传播活动中颇有成效。同时,高校智库在面对全球舆论场的同时,还可以巧妙地设置有利于本国的本土化议程。

在当前形势下,依托高校的优势学科群,将多方传播主体如政府部门、科研院所、行业企业以及国际组织等建立深度合作,形成协同创新的高校智库,开展基于对中华文化海外传播历史规律和特点的研究,是提升国家对外传播效果的有效途径。

(四)创新手段:尊重传播规律,构建话语体系

增强高校海外传播力,创新手段必不可少。要切实研究传播者、传播内容、传播对象、传播渠道和传播效果等方面存在的问题,创新手段加强中华文化海外传播。

随着新媒体和互联网技术日新月异的发展,新的传播手段层出不穷,这为高校利用媒介融合优势、扩大海外传播效果提供了可行性;"人人都是传播者,个个都有麦克风"时代的到来,多层面、多渠道、多模式的传播成为可能,其影响也越来越大。这也为高校加大海外传播力度、尽快在世界范围内扩大影响创造了必要的条件。

充分利用网络平台的力量,创新网站载体模式,可以建设多语网、网络电台等。例如华东政法大学为留学生服务的 Study at ECUPL 网站,为校内外的留学生群体提供优质的信息与文化传播服务。上海外国语大学近年来举全校之力推进的极具特色的"多语种外文网站群",下设 21 个语种网站,打造了一个弘扬中国优秀文化的新窗口和学生进行语言专业实践的新平台。聚焦中国优秀传统文化(如二十四节气等)、当代中国改革开放故事(如中国高等教育成就)、中外人文交流(如学生国外访学见闻)等三大主题,由学生撰写外语习作,教师指导修改后发布,三年来该平台发表各语种文章超过 5000 篇,受到各国驻华使领馆和相关外交机构的转发和关注。

此外,上外与英国 Futurelearn 慕课平台合作上线了国内第一门英语慕课课程"跨文化交际",目前已播送 6 轮,来自190 多个国家超过 5 万学生选修,上外学生实时在线回答选修该课程学生的问题,在互动中提升了基于中国立场的全球沟通和全球话语能力。

总之,高校海外传播的内容必须具有一定的针对性,必须满足海外受众的需要和话语体系的需求。要不断创新方式方法,研究构建适合海外受众的话语体系,采用科学的传播技巧,广泛采取互动传播模式。要拓宽思路、丰富形式,讲求技巧、创新方法、注重实效。要建立完善海外传播制度,采取科学的评价指标体系。要努力搭建海外传播的新平台,科学协调海内外传播,内外兼顾、内外结合、内外双赢。

外语教育史视域下的外国语大学"双一流"建设

衣永刚*

回顾近代中国外语教育发展史可以发现,外语教育与中国经济社会的发展演变息息相关。新时代中国经济进入新常态,如何及时把握转型期外语教育的新趋势,进而找准外语院校办学的新定位,积极引领外语人才培养的新模式,这是外语院校教育工作者必须要思考的战略问题。

一、近代以来中国外语院校的历史发展

从外语院校在中国近代150多年的历史发展来看,外语院校不仅对中国近代教育的创新与发展起了举足轻重的作用,而且整个与中国经济社会发展密切相关。考察外语院校本身的发展历史可以发现,不同时期外语教育的人才培养目标是不同的,外语院校人才培养机制和专业教育内容也在不断变化。

(一)外语学校开创了中国近代新式教育的先河

外语教育在中国近代的发端是从19世纪初期外国传教士在华设立的教会学校开始的。教会学校的共同特点是"根在外国,权在教会,西人为主,外国方式",其目的在于"培养一批将来有希望掌握中国政权的上层人物,并通过他们影响中国,进而统治中国"。当然,也有很多教会学校里的教师"真心实意地

＊ 上海外国语大学党委宣传部部长。

向中国学生传播科学文化知识",确实培养了一批卓有成就的人才。

1862 年北京开设的京师同文馆是中国人自办的第一所专门性外语学校,办学的主要目的是根据《天津条约》中未来条约需以英语、法语为正本的规定,培育足够的外语人才来应付外交事务。1863 年上海开设了广方言馆,1864 年广州开设了广方言馆;湖北、湖南等都开设了类似的外语学校。这些最早的外语学校除教授英、俄、德、法、日等语言科目之外,同时开设数、理、化等自然科学和史、地科目,因此,中国近代新式教育是从自办外语学校开始的。

中国最早的外语学校有三个特点:一是开创了中国新式教育;二是以专门性类型的学校出现,即以教授和学习外语为主要科目和办学特色;三是办学目的是培养能读"西书"、译"西学"、学"西洋"的人才,以便"能尽阅其(西方)未译之书,方可探赜索隐,由粗显而入精微"。

(二)外语学校是中国共产党培养探求救国道路人才的肇始

1920 年成立的上海外国语学社是在中国共产党早期组织(上海共产主义小组)直接指导下创建的,以学习俄语为主、为青年革命者赴俄留学做准备,这也是中国共产党第一所培养干部的学校。学员"既是学生又是革命者,既学外语又兼学别样,团员与青年从学社中受到很好的革命影响,有助于他们树立革命的世界观和价值观,正确的认识和处理问题"。

抗日战争期间,中国共产党同样非常重视外语学校。1941 秋在延安大学成立俄文系,几乎同时成立了延安抗日军政大学三分校俄文队(1944 年改为延安外国语学校)。1942 年 2 月,毛泽东在《反对党八股》中说:"要从外国语言中吸收我们需要的成份。我们不是硬搬或滥用外国语言,是要吸收外国语言中的好东西,与我们适用的东西。"延安外国语学校培养目标明确,从实际出发,充分发挥教师和学生的积极性、主动性和创造性,培养中国革命亟需的外语人才。

中国共产党早期创办的外语学校有三个特点:一是外语学校办学直接与培养干部人才、探求救国道路、进行革命斗争紧密结合在一起;二是对人才培养的综合素质特别是思想政治素质要求更高;三是根据革命实际,规定外语教学内容,创新外语教育方法。

(三)外语院校是新中国成立前后探索建设道路的人才培养基地

中华人民共和国成立前后,创办外语院校是中国共产党建国大业诸多头绪中的重点工作之一。1948年底,在解放战争初期成立的哈尔滨俄语专门学校改名为哈尔滨外国语专门学校,哈外专的办学目标是培养"全心全意为人民服务的俄语翻译干部",要求学生毕业后能运用俄语从事军事、政治、财经、文化、宣传等部门的翻译工作和大中学校的教学工作。1949年一年里中国共产党成立了3所外语院校,分别是1月成立的北京外国语学校(1954年更名为北京外国语学院),10月成立的北京俄文专修学校(1955年更名为北京俄语学院,1959年与北京外国语学院合并),12月成立华东人民革命大学附属上海俄文学校(1952年更名为上海俄文专科学校,1956年更名为上海外国语学院)。

1956年后,外语院校办学中开始发展西方语言教学(英语、德语、法语、西班牙语等语种)。1964年10月,《外语教育七年规划纲要》提出了新建和扩建16所高等外语院校等具体举措,对英语、法语、西班牙语、俄语、德语、阿拉伯语、日语等师资的发展规模都提出了明确的目标。并指出,外语人才"在数量和质量上都远不能满足国家社会主义建设和外事工作的需要,整个外语教育的基础,同国家需要很不适应,呈现出尖锐的矛盾","既需要大力改变学习俄语和其他外语人数的比例,又需要扩大外语教育的规模,这样才能把外语教育的发展纳入同国家长远需要相适应的轨道,由被动转为主动。"

中华人民共和国成立前后中国外语院校的发展特点可以归纳为:一是外语语种专业设置与国家建设需要紧密结合在一起,"一荣俱荣、一损俱损";二是外语人才培养和外语教育规划实际上已上升至国家战略层面;三是外语专业人才培养模式(包括人才培养目标、外语教学方法、教学内容、课程设置)等在不断总结经验、及时改进。

(四)外语院校对中国改革开放事业发挥了举足轻重的作用

中国的改革开放事业同样是以关注和改革外语院校的办学为先声。1978年8月底至9月初教育部在北京召开了全国外语教育座谈会,会上提出了《加强外语教育的几点意见》,指出:"迫切需要加强外语教育,培养大批又红又专的外语人才","高水平的外语教育同时也是提高整个中华民族科学文化水平的重要组成部分,是一个先进国家、先进民族所必须具备的条件之一","加强对外语教育的领导","努力创造外语学习的条件,让师生接触现代外语,迅速改变外语教育的封闭状态","千方百计地提高外语教育质量"。外语专业学生要"打好政治、外语和文化知识三个基本功","毕业时至少掌握两门外语";努力把外语院校办成"既是教学中心,又是科研中心";"语种布局要有战略眼光和长远规划"。

一方面,外语院校的飞速发展推进了改革开放事业的发展。另一方面,改革开放也对外语院校的办学和外语人才培养提出了更高的要求:"越是要搞改革、开放,对外事工作人员的数量和质量要求就越高","对外语院校来说,特别要加强爱国主义教育","在外语学院里,思想工作……有它更大的重要性,特别是民族自尊心对外语学校非常重要","学生毕业后都要接触外事工作,他们必须具有民族自尊心和民族精神,具有远大的理想、高尚的情操和高度的组织纪律性"。

改革开放以来中国外语院校得到了长足的发展,一是更加注重外语人才培养的专业性和规范性,在外语专业教学计划、外语专业课程设置、外语专业教学大纲、外语专业教材编写等方面都取得显著的进步和成效;二是注重复合型专业人才的培养,不仅加强语言专业教学,同时开设了新闻、经济、法学、教育、金融等非语言类专业;三是在强调教学的基础上,加强学术研究,成立了一批专门的研究机构,出版学术研究刊物。

二、认识新时代外语教育新常态

中国近代外语院校发展史表明,外语院校在中国整个经济社会发展中起着引风气之先、启民智之蒙的作用;改革开放以来,外语院校的办学更是成为中国经济社会发展的风向标。新时代,中国经济社会步入新常态,办好外语院校,首先必须认识中国外语教育的新常态。

中国已进入"后外语时代",所谓"后外语时代"并非指外语不再成为社会所亟需,而是说外语尤其是通用语种已成为越来越多的人所掌握的基本技能,不再是稀缺技能;一方面如同计算机和互联网技能甚至驾驶技能一样,外语成为受过教育的人掌握的基本工具,另一方面,随着互联网技术和资本国际化驱动的全球化的越来越深入,不同区域、不同语言、不同文化背景的人们交流日趋频繁和深入,社会对专业外语人才的需求标准越来越高,卓越人才依然稀缺。

(一)外语教育正从营造语言环境到转向融入互联网"地球村"

"地球村"的到来让"习得(acquisition)"语言从理论成为现实。在 20 世纪60、70 年代,语言学家提出了一个重要的外语教育研究范式——第二语言习得(Second Language Acquisition /SLA,简称"二语习得"),语言教育中的"习得(相对应地另一个概念是'学得')"一般指学习者在自然的语言环境中,通过言语交际活动,不知不觉地获得母语(第一语言)的过程。简单来说,我们通常将母语(本族语)以外的语言称为"外语",外语教育则是在本国学习的目的语(外语)。而第二语言是跟第一语言相对的概念,上海外国语大学长江学者讲座教授 Rod Ellis 认为,当我们把母语或本族语称为第一语言时,"第二语言"是相对于第一语言外的任何一种其他语言而言的,而"二语习得"就是指在目的语环境中习得和使用的第一语言以外的语言。同样是在 20 世纪 60、70 年代,学者提出了"地球村"这一概念。飞速发展的互联网技术让"地球村"从概念变为现实,世界是"互联互通的",即使是世界上最偏僻的一角,只要接入互联网,无论讲什么语言,无论是哪个国家的居民,都变成同一个"村"里的人,同住地球村的"居民",借助互联网的力量极大拉近了距离,消除了距离感,面对面的沟通、交流成为现实。

互联互通的互联网构建的"地球村"让"二语习得"理论如鱼得水,长期以来制约中国人学习外语的最大瓶颈和障碍——语言环境不再是学习者的困扰。同时"互联网+"效应越来越被凸显,"互联网+"在教育领域的最佳应用就是外语教育和外语学习,各种语言学习的在线教育资源,还有近来慕课势如破竹的发展,这些都是中国外语教育面临的首要新常态。

(二)外语教育正从"敲门砖"导向逐渐回归到交际功能

改革开放以来,对外语人才的社会需求与学校外语教育的普及推广两者叠加刺激了中国人学习外语的热情,有两大表现:一是中国人学习外语的年龄不断提前,从中学到小学现在甚至提前到幼儿园;二是外语成为"敲门砖",大概没有比外语考试名目更多的其它考试名目了,所有阶段的学校教育,从小学到中学到大学到研究生考试,甚至工作以后,外语都是必须考察的条件之一。

同时,必须承认,中国外语教育长期徘徊于费时低效阶段,中国人外语学习的应试倾向明显。外语教育界对中国外语教育存在的问题的也一直在反思,包括对外语教学方法的探索,从语法 – 翻译法(阅读领先)到听说领先再到情景教学然后到交际法等;对外语教育模式的反思,从分段教学,到大中小学"一条龙"教育;以外语考试的改革,包括上海取缔"通用少儿英语"等外语测试名目,高校推动大学公共英语四、六级考试和专业外语四、八级测试改革,对中国人影响最大的高考外语考试的改革更是引起了全社会的广泛关注和讨论。所有这些,都是为了一个目标,把教外语、学外语导向用外语、"说"外语。

(三)通用语种与非通用语种人才培养结构趋优

通用语种人才培养量升质低。以联合国除了中文之外的其他五种工作语言为例,全国本科院校中有近80%的高校开设了英语本科专业,英语专业被称为中国高校"第一专业";全国共有130多所高校经教育部备案开设了法语本科专业,每年招收学生超过5000人;全国有110多所高校开设了俄语专业,除了在学人数超过2万人俄语专业学生,还有4万多名学生以俄语为公共外语;有40多所高校开设西班牙语专业;开设阿拉伯语专业高校有20多所。此外,有420所左右所高校开设了日语专业;有100所左右高校开设了朝鲜语本科专业;有近100所高校开设了德语专业。在通用语种专业人才培养过程中,因师资、课程等跟不上,造成了人才培养的质量下降,各高校语言专业同质化明显,缺乏个性化的人才培养特色和办学特色。即以英语专业为例,虽然为高校"第一专业",但是培养的人才中能够担任中英会议同传的高级翻译专业人才仍为数不多,能够担任英语与其它语种之间同传的高级翻译人才更是屈指可数;即便是一般的中英之间的书面翻译也常出现失之毫里、差之千里的困境,媒体时有报道。其它通用语种专业人才质量更是堪忧,以联合国等国际组织职员后备人才考录为例,每年被录取的中国人数量仍十分有限,录取比率非常低,其原因之一是受到了语言水平和语言能力的限制。

与上述形成鲜明对比的是,中国非通用语种人才仍然紧缺,去年年底全国留学工作会议上提出的《外语非通用语种人才培养意见》指出,目前和我国建交的 175 个国家中,涉及到的常用语种约 95 种,而中国目前能开设的语言课程仅有 54 种,还有 40% 多的相关国家常用语言亟需培养相关的专业人才储备。

三、找准外语院校办学新定位

新常态下,外语院校必须找准新时代办学新定位,继承外语院校在中国近代成立以来的优良传统,不断强化中国外语院校在世界高等教育中的鲜明特色。

(一)立足语言,强化办学特色,培养卓越人才

夯实并强化语言文学学科,开展语言/文学专业教学,培养有外语特长的卓越人才是外语院校的安身立命之本。无何时代如何变迁,语言/文学专业是外语院校的特色和基础不会变,牢牢抓住并强化语言/文学专业学科的优势和核心不会变,变化的是学科的内涵/外延和人才培养机制/模式。

承担民族使命、对接国家战略,加强非通用语种专业人才储备。外语院校要承担中华民族复兴的伟大使命,密切对接国家战略,特别是"一带一路"战略,做好非通用语种的规划,在非通用语种人才培养上做好战略布局。上海外国语大学中国外语战略研究中心研究表明,与发达国家相比,中国的语言战略还有较大差距,无论是语种布局和语言教学,还是人才培养和人才储备,都有很大的发展空间。从全球范围看,美国提出"语言武器"的概念,制定了《国家语言安全行动计划》,推出"国际语言工程"、"关键语言计划"等重大举措。据统计,目前美国大学拥有 270 种语种的教学能力,仅哈佛大学就开设有 90 个语

种课程,其非洲研究拥有 24 种非洲语言课程;欧盟提出《促进学习多种语言的战略计划》等;英国伦敦大学亚非学院有超过 100 种非通用语种课程;法国、德国、俄罗斯等国家的一些高校都具有开设上百个语种课程的教学能力和研究能力。相比之下,我国目前在非通用语种数量上还很不够。目前中国仅有一所高校能够开设不到 60 种的语种课程,其他几所外语院校的非通用语种课程大都最多在 20 种左右,这显然远远无法满足当前中国实施国家战略的需要。

创新培养模式、提高教学质量,引领通用语种专业人才培养机制。外语院校的通用语种教学如何开展? 如何突出个性化的教学? 外语类院校的外语专业与综合性大学的外语专业、各个行业性和领域性的高校英语专业相比,特色和优势如何体现? 如何避免通用语种外语专业人才培养的同质化? 以外语院校的英语专业为例,如何体现人才培养的特色和优势? 无论是强调外语专业的语言专业优势,还是关于外语专业的人文教学改革争论,重要的是体现人才的差异化培养。再如,如何把互联网技术与外语专业教学紧密结合起来,提高人才培养的效率和质量? 通用语种专业与非通用语种专业之间如何互补和促进? 语言文学专业与非语言文学专业之间如何平衡和有机整合? 这些都是亟待解决的问题。

强化语言优势、设置复合多语,探索外语特长卓越人才培养路径。外语院校要通过开设翻译专业,加强翻译学科,设立专业翻译硕士和学术翻译硕士,建设高级翻译学院等措施,继续加强中外双语翻译专业人才的培养,更重要的是,外语院校要努力探索三语交传、三语同传等卓越外语人才的培养——即除了母语之外,至少掌握两门第二语言,并能实现两门第二语言之间的直接翻译,比如除了中英、中日翻译人才之外,探索培养可以进行英日、英俄、英法、英德、英阿或者法德、法日等之间的直接翻译的专业人才。上外高翻学院已正式成为国际高校翻译学院联合会(CIUTI)今年新设的亚太工作组会址,并计划于两年内增设包括法汉、俄汉英、阿汉英、朝汉英、西汉英、泰汉英、日汉英等在内的多个双语和三语语对高端翻译人才培养项目。

(二)诠释世界,紧盯前沿研究,打造新型智库

"天下之事理,未有离其本始者"。"后外语时代",外语院校要立足语言,以语言为核心,强化语言专业特色和学科优势,更要围绕语言、超越语言,突破语言的限制,透过语言对世界"依具体事实,详加诠释",丰富语言文学学科的内涵和外延,实现办学的转型发展。

打破语言文学学科与非语言文学学科之间的分立。自 20 世纪 80 年代以来,经过 30 多年的发展,外语院校是否要建设非语言专业的争论早已解决,建设多科性外国语大学成为外语院校的共识和实践。当下我们要反思的是,外语院校的多科性向何处去? 非语言文学类学科如何定位、怎样发展? 语言文学学科与非语言文学学科之间如何打破樊篱实现互补共促? 以上外为例,最早实践开设新闻、经济、法学等非语言文学类的专业,经过 30 多年的发展,除了文学学科,教育学、经济学、法学、管理学等学科都取得了一定的发展,但是无须回避的是,因为学科分立等原因,这些学科发展的特色并不明显,虽然各专业都加强英语教学,但是学科的特色支撑仍显不足,特别是随着英语教育的普及,当英语作为外语优势不再明显时,外语院校如何实现非语言文学类的学科与语言文学学科之间的互动与内促这一命题就更加凸显。外语院校的非语言文学学科必须依托语言文学学科,强化两者之间的内在联系,加强两者的互相支撑,如此,才会相得益彰,共生共荣。学科本身并非目的,所谓多科性根本上还是要突出特色,如此才有生命力和竞争力。

从偏重人文文本分析传统转向注重哲学社会科学方法运用。人才培养和学术研究,建立在科学的基础上。当下,外语院校的办学和人才培养必须从偏向人文科学属性向重人文传统与强社会科学并重,"世界"包括自然界,更指人类社会和人类自身。一方面,增强文学、史学、哲学、艺术等人文基础学科,另一方面,要逐渐强化社会学、法学、政治学、教育学、地理学等社会科学。所谓强化社会科学并非一定要追求大而全的学科点设置,而是说要在人才培养中更加注重对学生的社会科学研究方法的教学和训练,要在学术研究中不断运用田野调查、统计计量、数据分析等社会科学研究方法。观察世界需要人文精

神,分析世界必须掌握科学方法,诠释(理解)世界才能深入透彻。

从应用复合型到协同创新型。外语院校必须从固守于培养应用型、复合型专业人才的思路和办学定位中走出来,加强与相关院校、社科院、国际问题研究院、跨国企业、外交外事机构和国际传播机构等的密切合作,盯住前沿,强化学科交叉融合,如语言科学与神经科学的交叉研究、人文科学与社会科学的交叉研究,加强区域国别研究,打造高端新型特色智库。上外正以教育部人文社科重点基地中东研究所为核心,整合英国研究中心、欧盟研究中心、俄罗斯研究中心等教育部国别区域研究基地,对接"一带一路"战略和国际组织人才培养,打造高端特色新型智库。又如,上外承担的国家重大社科项目"多语种涉华国际舆情案例数据库",对接"一带一路"及"互联网+"国家战略,发挥多语种、跨学科融合的学科优势,与外文局、新华社等全国多家国际传播研究机构和复旦大学、浙江大学等高校协作,以可积累的案例数据库为切入点,力图实现多语种文本研究与国际舆情研究结合、应用性研究和学术性研究结合、文科研究团队与信息技术团队相结合的中国特色国际舆情研究话语体系。

(三)成就未来,弘扬中华文化,推动文明进步

语言是思维的工具,是思维的载体,但语言绝不仅仅是工具,语言影响甚至决定思维,"掌握第二种语言就拥有第二个灵魂",语言不是思想的外壳而是与思想互为表里。语言与人类文明进步休戚相关,语言关系未来。上海外国语大学中国外语战略中心有一个常设的学术工作坊,名称就是"语言与未来"。

吸收人类文明先进经验,在学习中激发原创。人类文明发展表明,每一种文明都有独特的语言,而每种语言都蕴含了一种独特的世界观,反映了文明千百年来的对世界的认知方式。同时,文明之间也是互相交流、互相影响、相互借鉴的,这种交流、影响、借鉴很多时候是以语言文字的方式和形式表达和呈现出来。中华文明曾对世界其它文明有过深入的交流和影响,中华文明也从其它文明中吸收借鉴了很多优秀的成果。这种互相交流、吸收以语言文学为媒介,深刻影响了整个人类社会的进步。在互联网带来的地球村时代,不同文明之间的交流、学习更加深入和便捷,而语言文字是这种交流学习中最重要的

媒介,中国正以更加开放包容的姿态,加强同世界各国的互融、互鉴、互通,吸收借鉴世界各国优秀文明成果。加强同世界各种不同文明的对话和沟通,才能发现各种文明的不同之处、独到之处。

推广中华优秀传统文化,在传播中弘扬中国精神。经过改革开放30多年的发展,中国从"引进来"为主已发展为"引进来"与"走进去"并重,从单向引进为主到双向平等交流转型,不仅要把世界介绍给中国,更要把中国介绍给世界,让世界各国人民更好地感知中国、了解中国。要"讲清楚中华优秀传统文化是中华民族的突出优势,是我们最深厚的文化软实力。"一个国家的文化软实力,主要表现为自己的价值理念、话语体系、生活方式、社会制度等方面,不仅为本国人民所认同,且为世界各国理解和接受。外语院校就是要发挥语言优势和专业特色,用外国人"听得懂"的话语,把中国故事"讲清楚"、"说明白",大力弘扬中华优秀传统文化,在世界上弘扬中国精神,在传播中华优秀传统文化的过程中树立国民的民族自尊心和自信心,要打造具有中国特色、中国风格、中国气派的哲学社会科学理论学术话语体系。

探究中外历史不同道路,在比较中培育核心价值。社会主义核心价值观凝结着人类文明的优秀成果,既有中国五千年一脉相承的传统文化结晶,也有近代以来世界各国共创共享的文明成果。全球化时代,社会主义核心价值观更要放在国际视野中定位,正确认识核心价值观与世界文明的辩证关系,社会主义核心价值观是对全人类文明共享的价值元素的继承和提升。更重要的是,我们决不能简单地奉行"拿来主义",外语院校要在探究中外历史发展不同的道路中,通过比较,一方面学习和引进,另一方面始终要立足中国历史、立足民族传统的"根"。社会主义核心价值观是中国发展道路的精神支撑,要在中外历史比较中弘扬核心价值观,在核心价值观的培育中深刻理解中外历史发展的不同道路。

后 记

本书是参加 2016 年 12 月上海外国语大学举行的"自信·自觉·自洽——中华文化海外传播论坛"的作者论文结辑。

近年,中华文化海外传播已经取得了显著的成绩。据统计,截至 2018 年 12 月 31 日,全球 154 个国家(地区)建立 548 所孔子学院和 1193 个孔子课堂。孔子学院在 147 国(地区)共 548 所,其中,亚洲 34 国(地区)126 所,非洲 43 国 59 所,欧洲 41 国 182 所,美洲 24 国 160 所,大洋洲 5 国 21 所。孔子课堂 83 国(地区)共 1193 个(缅甸、瓦努阿图、格林纳达、莱索托、库克群岛、安道尔、欧盟只有课堂,没有学院),其中亚洲 22 国 114 个,非洲 18 国 41 个,欧洲 30 国 341 个,美洲 9 国 595 个,大洋洲 4 国 102 个。

除了孔子学院,还有海外中国文化中心。从 1988 年启动建设,至今已经过 30 年,海外中国文化中心已建成运营 35 个;到 2020 年,海外中国文化中心总数将达到 50 个,形成覆盖全球主要国家和地区的中国文化对外传播推广网络。

中华文化海外传播的效果如何?与其他国家相比,中国在文化的海外传播方面有哪些异同?如何在当前"一带一路"倡议推进的良好态势下更好地促进中华文化对外传播?带着对这些问题的思考,2016 年 12 月上海外国语大学举办了中华文化海外传播论坛,论坛的主题为"自信·自觉·自洽",论坛收到了文化传播研究学者、孔子学院专家学者、外国语大学宣传部门工作者的积极支持和踊跃参与。主办方决定将与会专家提交的论文结辑出版,以求教于方家。